Marci-Boehncke | Rath
Kinder – Medien – Bildung

MedienBildungForschung *Band 2*
Schriftenreihe der Gesellschaft für Medienbildungsforschung
Herausgeber: Gudrun Marci-Boehncke und Matthias Rath

Die Reihe MedienBildungForschung umfasst Studien, in denen die Vermittlungs- und Anwendungsdimension medialer Kommunikation und medialer Praxen im Vordergrund stehen. Damit soll die Spannweite der Medienbildungsforschung dokumentiert und einem breiteren Fachpublikum jenseits bestimmter Disziplingrenzen vorgestellt werden.

Gudrun Marci-Boehncke | Matthias Rath

Kinder – Medien – Bildung

Eine Studie zu Medienkompetenz und vernetzter Educational Governance in der Frühen Bildung

Unter Mitarbeit von Anita Müller
und Habib Güneşli

kopaed (muenchen)
www.kopaed.de

Bibliografische Information Der Deutschen Nationalbibliothek Die Deutsche Nationalbibliothek verzeichnet diese Publikation in der Deutschen Nationalbibliografie; detaillierte bibliografische Daten sind im Internet über http://dnb.ddb.de abrufbar.

ISBN 978-3-86736-372-3
Druck: docupoint, Barleben

© kopaed 2013
Pfälzer-Wald-Str. 64, 81539 München
Fon: 089. 688 900 98 Fax: 089. 689 19 12
e-mail: info@kopaed.de Internet: www.kopaed.de

Inhaltsverzeichnis

Abbildungsverzeichnis   8

Tabellenverzeichnis   11

1. Einleitung   13

2. Medienbildung in der Frühen Bildung   19
    2.1 Medienbildung allgemein   20
    2.2 Medienbildung als Medienkompetenzvermittlung   22
    2.3 Akteure der Medienbildung   24
       2.3.1 Erzieherinnen   24
       2.3.2 Eltern   25
       2.3.3 Kinder   25
       2.3.4 Das Projekt *Medienkompetent zum Schulübergang*   26

3. Theoretische Vorannahmen   29
    3.1 Kapitalsorten- und Habitustheorie (Pierre Bourdieu)   29
    3.2 Medienbildung als „metakognitive Lernprozesse" und Apprenticeship   32
    3.3 Educational Governance und Action Research   34

4. Strukturelle Umsetzung   37
    4.1 Grounded Practice als metakognitive Reflexion   38
    4.2 Projekt-Ebenen   40
    4.3 Kapitalienflüsse im Rahmen des Gesamtprojekts   47
       4.3.1 Ökonomisches Kapital   50
       4.3.2 Kulturelles Kapital   52
       4.3.3 Soziales Kapital   55
       4.3.4 Symbolisches Kapital   56

5. Methodisches Vorgehen   57
    5.1 Verortung der qualitativen Studie   57
    5.2 Datenerhebung   58

6. Rahmenbedingungen des Projekts 61
6.1 Soziodemographische Daten 61
6.2 Themenfelder der Studie 64

7. Ergebnisse 67
7.1 Soziales Feld „Kita" 68
    7.1.1 Selbstwirksamkeitserwartung der Erzieherinnen 68
    7.1.2 Vorerfahrungen und Vorwissen im medienpädagogischen Handlungsfeld 70
    7.1.3 Bildungsauftrag Medienerziehung? 72
    7.1.4 Selbsteinschätzung der Qualifiziertheit im medienpädagogischen Kontext 73
    7.1.5 Motivation, mit neuen Medien zu arbeiten 77
    7.1.6 Kompetenzzuwachs der Erzieherinnen 78
    7.1.7 Digitale Mediennutzung während der Projektarbeit 80
    7.1.8 Digitale Mediennutzung außerhalb der Projektarbeit 86
    7.1.9 Einschätzung der Kinder nach Auskunft der Erzieherinnen 86
    7.1.10 Gesamtbewertung des Projekts durch die Erzieherinnen 95

7.2 Soziales Feld „Familie" 97
    7.2.1 Mediennutzung in der Familie 97
    7.2.2 Medienerziehung in der Familie 102
    7.2.3 (Vor-)Leseklima in der Familie 105
    7.2.4 Medienhelden 106
    7.2.5 Medienreaktionen 109
    7.2.6 (Medien-)Kompetenz-Entwicklung der Kinder 111
    7.2.7 Erwartungen an die Kita und Gesamteinschätzung 112

7.3 Ergebnisse der qualitativen Interviews 113
    7.3.1 Thematisierung der eigenen Medienaneignung 113
    7.3.2 Handlungsleitende Themen 115
    7.3.3 Geschlechtsidentität und Rollenbild 125
    7.3.4 Medien-Kompetenzen: Was Kinder wissen und machen können 132
    7.3.5 Verknüpfung von Medieninhalten und Spielpraxis 140
    7.3.6 Medienangebote 142
    7.3.7 Das soziale Umfeld 146
    7.3.8 Schlussfolgerungen 155

Inhaltsverzeichnis

7.4 Teilnehmende Beobachtungen	157
7.4.1 Software-Nutzung im Projekt	159
7.4.2 Teilnehmende Beobachtung der Akteure – ein Beispiel	161
7.4.3 Resümee der Teilnehmenden Beobachtung	178
7.5 Der fokussierte Blick	179
7.5.1 Jungen und Mädchen – eine geschlechtsspezifische Datenanalyse	179
7.5.2 Medien und Migration	191
7.6 Schlussfolgerungen	207
8. Die medienpädagogische Intervention	**211**
8.1 Beschreibung der Intervention	211
8.2 Die Projekte – kurzer Einblick in die Intervention	213
9. Zusammenfassung und Schlussfolgerungen	**231**
9.1 Konzeption und Zielsetzung	231
9.1.1 Ziele der Intervention	232
9.1.2 Ziele im Bereich Forschung	232
9.2 Ergebnisse und Schlussfolgerungen	233
9.2.1 Erzieherinnen	233
9.2.2 Die Kinder	236
9.2.3 Die Eltern	239
9.2.4 Die Studierenden	244
9.2.5 Governance-Ebene	247
10. Literatur	**249**

Abbildungsverzeichnis

Abbildung 1: Kapitalien-Struktur nach Pierre Bourdieu 31
Abbildung 2: Bildungsnetzwerk des Projekts 37
Abbildung 3: Ebenen des Projekts 41
Abbildung 4: Ebene der metakognitiven Reflexion als Querschnittsebene 42
Abbildung 5: Bildungspolitische Ebene 43
Abbildung 6: Governance-Ebene (Administration/Projekt Management) 45
Abbildung 7: Ebene der Fortbildungen 45
Abbildung 8: Durchführungsebene 46
Abbildung 9: Ebene der metakognitiven Reflexionen 47
Abbildung 10: Kapitalienfluss zwischen den beteiligten Systemeinheiten 49
Abbildung 11: Kapitalienfluss zwischen den beteiligten Handlungsfeldern und Akteuren 49
Abbildung 12: Eine KidSmart-Station in einer Kita während des *Puppet Interviews* 51
Abbildung 13: Verlauf der Datenerhebung, parallel zur Intervention 60
Abbildung 14: Stadtbezirke Dortmund 63
Abbildung 15: Erzieherinnen: Hindernisse für pädagogische Arbeit 69
Abbildung 16: Erzieherinnen: Wünsche für pädagogische Arbeit 70
Abbildung 17: Erzieherinnen: Medienerziehung in der Ausbildung 71
Abbildung 18: Erzieherinnen: Wichtigstes Thema in der Kita-Arbeit 72
Abbildung 19: Erzieherinnen: Selbsteinschätzung Medienkompetenz vor der Intervention 73
Abbildung 20: Stellungnahme der Erzieherinnen zu der Aussage: „Neue Medien wirken sich langfristig negativ auf die Gesundheit der Kinder aus", vor Durchführung des Projekts 75
Abbildung 21: Stellungnahme der Erzieherinnen zu der Aussage: „Neue Medien wirken sich langfristig negativ auf die Gesundheit der Kinder aus" allgemein 76
Abbildung 22: Stellungnahme der Erzieherinnen zu verschiedenen Aussagen zur Medienwirkung vor und nach dem Projekt 77
Abbildung 23: Erzieherinnen vor Projektbeginn: Mediennutzungskompetenz 78
Abbildung 24: Digitale Medienarbeit 80
Abbildung 25: Erzieherinnen zu Projektbeginn: Lieblingsbeschäftigung des jeweiligen Kindes 88

Abbildungsverzeichnis

Abbildung 26:	Medienpräferenz nach Geschlecht	89
Abbildung 27:	Anschlusskommunikation	90
Abbildung 28:	Förderbedarf in medialen Fertigkeiten nach Geschlecht	90
Abbildung 29:	Selbständigere Mediennutzung der Kinder	93
Abbildung 30:	Erzieherinnen nach Projektabschluss: „Was hat Ihnen am besten an der Projektarbeit gefallen?"	95
Abbildung 31:	Erzieherinnen nach Projektabschluss: „Was hat Ihnen überhaupt nicht an der Projektarbeit gefallen?"	96
Abbildung 32:	Eltern: Lieblingsbeschäftigung allgemein	97
Abbildung 33:	Eltern: Lieblingsbeschäftigung alleine des Kindes	98
Abbildung 34:	Eltern: gemeinsame Mediennutzung in der Familie	99
Abbildung 35:	Eltern: Mediennutzung des Kindes allgemein	100
Abbildung 36:	Eltern: Lieblingsmedium des Kindes	101
Abbildung 37:	Eltern: Medienkompetenz der Kinder besser als der Eltern	102
Abbildung 38:	Eltern vor Projektbeginn: Medienerziehung in der Familie	103
Abbildung 39:	Eltern nach dem Projekt: Veränderungen in den Familien	103
Abbildung 40:	Eltern nach dem Projekt: Veränderungen in den Familien mit und ohne Migrationshintergrund	104
Abbildung 41:	Eltern vor Projektbeginn: Vorlesen in der Familie	105
Abbildung 42:	Eltern vor Projektbeginn: Vorlesen in der Familie nach Migrationshintergrund allgemein	106
Abbildung 43:	Herkunft der genannten Medienhelden	107
Abbildung 44:	Eltern vor Projektbeginn: Medienhelden	109
Abbildung 45:	Eltern vor Projektbeginn: Medienhelden nach Geschlecht	109
Abbildung 46:	Eltern vor Projektbeginn: Beobachtete Medienreaktion der Kinder	110
Abbildung 47:	Beobachtete Nutzung der Edsmart-Software im Projektverlauf	159
Abbildung 48:	Nutzung der angebotenen Edsmart-Software-Pakete	160
Abbildung 49:	Nutzungsdauer der Kidsmart-Stationen in Minuten	160
Abbildung 50:	Verwendete Medienarten	169
Abbildung 51:	Einflussfaktoren in der medialen Projektarbeit	176
Abbildung 52:	Eltern: Lieblingsmedien des Kindes	181
Abbildung 53:	Erzieherinnen: Präferierte Beschäftigungen der Kinder am Computer	183
Abbildung 54:	Veränderung der familialen Medienpraxis	188
Abbildung 55:	Angaben zum Migrationshintergrund der 4- bis 5-Jährigen	191
Abbildung 56:	Sprachsozialisatorische Praxis in Familien	193

Abbildung 57: Verneinung der Frage „Hat Ihr Kind durch das Projekt zusätzliche Fähig- und Fertigkeiten hinzugewonnen?" durch Eltern 198
Abbildung 58: Verneinung der Frage „Hat das Kind durch das Projekt zusätzliche Fähig- und Fertigkeiten hinzugewonnen?" durch Erzieherinnen 199
Abbildung 59: Verneinung der Frage „Hat Ihr/das Kind durch das Projekt zusätzliche Fähig- und Fertigkeiten hinzugewonnen?" mit Migrationshintergrund 199
Abbildung 60: Verneinung der Frage „Hat Ihr/das Kind durch das Projekt zusätzliche Fähig- und Fertigkeiten hinzugewonnen?" ohne Migrationshintergrund 200
Abbildung 61: Angabe der Lieblingsmedien mit Migrationshintergrund 201
Abbildung 62: Angabe der Lieblingsmedien ohne Migrationshintergrund 201

Tabellenverzeichnis

Tabelle 1: Migranten nach Geschlecht in Dortmund über Stadtbezirke 61
Tabelle 2: Sozialstruktur der Bevölkerung in Dortmund über Stadtbezirke 62
Tabelle 3: Beteiligte Kitas über Stadtbezirke 63
Tabelle 4: Motivation und Freude der Erzieherinnen 166
Tabelle 5: Medienumgang der Erzieherinnen 167
Tabelle 6: Mediale Kompetenzentwicklung der Kinder 172
Tabelle 7: Motivation („Mot.") und Beteiligung („Bet.") der Kinder 174
Tabelle 8: Rangordnung Lieblingsbeschäftigung „Kita" und „Familie" 179
Tabelle 9: Übersicht über die Projekte der ersten und zweiten Projektphase 214-227
Tabelle 10: Eckdaten des Projekts 229

1. Einleitung

Medien- und literarische Kompetenz stehen seit Jahren im Fokus unserer Forschungen. In einem auch konzeptionell (vgl. Marci-Boehncke & Rath 2006) interdisziplinär angelegten Forschungsprojekt *Jugend – Werte – Medien* haben wir die Mediennutzung, die Medienpräferenzen und die relevanten Werturteile im Rahmen der konvergenten Medienpraxis von Jugendlichen zwischen 12 und 16 Jahren in verschiedenen bundesdeutschen Ländern sowie in Österreich in den Blick genommen (Marci-Boehncke & Rath 2007a) und daraus Folgerungen für die schulische Medienbildung abgeleitet (vgl. Marci-Boehncke & Rath 2009a).

Parallel dazu haben wir ein erstes Interventions- und Forschungsprojekt im Bereich der Frühen Bildung[1] gestartet (Marci-Boehncke & Rath 2005), das quasi als Pretest für das hier vorzustellende Interventions- und Forschungsprojekt *Medienkompetent zum Schulübergang* verstanden werden kann. Im Gegensatz zum *Jugend – Werte – Medien*-Projekt war dieses Projekt zur frühen Bildung auf einen konkreten Ort, eine Kleinstadt in Baden-Württemberg, bezogen und im Sinne der *Action Research* (vgl. Kapitel *3.3 Educational Governance und Action Research*) als Prozess der reflexiven Einbindung aller Akteure konzipiert. In dieses Projekt wurden mit der Verkopplung von Intervention und Forschung bereits zukünftige Lehrkräfte beteiligt und methodisch das *Puppet Interview* mit 5- bis 6-Jährigen erstmals angewandt (vgl. Marci-Boehncke, Weise & Rath 2009 sowie Kapitel *7.3 Ergebnisse der qualitativen Interviews*) – eine Folgeerhebung mit us-amerikanischen Preschool-Kindern konnte direkt an diesen Pretest angeschlossen werden (vgl. Weise 2010; 2012). Darüber hinaus wurde in diesem ersten Projekt bereits die Rückbindung an die politischen Vorgaben im Rahmen einer *Educational Governance* reflektiert (Bromberger, Marci-Boehncke & Rath 2006). Ergebnisse dieser ersten Studie sowie – auf der Basis der in diesem ersten Projekt gemachten Erfahrungen – Handreichungen für die konkrete konvergente Medienarbeit von Erzieherinnen[2] in der frühen Bildung wurden in zwei stark

---
1 Unter „Früher Bildung" verstehen wir einen institutionalisierten Bildungsabschnitt, logisch vergleichbar mit „Schule" und „Kita". Als Bezeichnung für einen bildungsbiographischen Lebensabschnitt wird im Folgenden „frühe Bildung" verwendet.
2 Im Folgenden wird ausschließlich die Form „Erzieherin" verwendet, da auch nach den aktuellen Zahlen des Statistischen Bundesamtes (Stand März 2011) nur 3,6% der beruflich in Kindertageseinrichtungen Tätigen Männer sind (vgl. Destatis 2012).

praxisorientierten Handbüchern zur Medienkompetenzvermittlung in der Frühen Bildung veröffentlicht (Marci-Boehncke & Rath 2007b; 2010).

Das hier im Folgenden vorzustellende Forschungs- und Interventionsprojekt *Medienkompetent zum Schulübergang* geht über die bisherigen Forschungen hinaus. Es steht im Kontext der Vorbereitung auf den häufig als problematisch beschriebenen Übergang aus der frühen Bildung in die Schule (vgl. Rath 2011b; Neuschwander & Grunder 2010) und wird im Gesamtablauf die Lese- und Medienkompetenz von Kindern ab 4 Jahren in Kindertageseinrichtungen und in Offenen Ganztagsschulen im Primarbereich (OGS) umfassen. Durch kreative Medienarbeit wird in den beteiligten Kindertageseinrichtungen und OGS der Stadt Dortmund ein Gegengewicht zur eher passiven Mediennutzung geschaffen. Ziel ist es, die beteiligten Einrichtungen zu unterstützen, auf breiter Ebene nachhaltige Konzepte medienintegrierter Interventionen zu entwickeln, um damit die Bildungsunterschiede von Kindern bereits vor Schulbeginn und in der Grundschule auszugleichen. In Anbetracht dessen ist sowohl die Erfassung und Beobachtung der kindlichen Medienrealität erforderlich sowie eine gezielte „medienbildnerische" Intervention (vgl. zu dieser terminlogischen Wendung ausführlicher Fußnote 3), die bereits in der Frühen Bildung greift und die Erzieherinnen ebenso wie die Eltern als Bildungs- und Erziehungspartner mit einbezieht. In der hier vorliegenden Studie werden die Ergebnisse der Begleitforschung und der Intervention in den Kitas vorgestellt.

Unter wissenschaftlicher Leitung von Gudrun Marci-Boehncke von der Technischen Universität Dortmund (TU Dortmund) und Matthias Rath von der Pädagogischen Hochschule Ludwigsburg (PH Ludwigsburg) wurde und wird das Projekt konzipiert und wissenschaftlich begleitet sowie auf seine Nachhaltigkeit hin evaluiert. Für die Projektdurchführung hat IBM Deutschland im Rahmen eines gemeinnützigen CSR-Projekts 33 Kindertageseinrichtungen sowie rund 30 OGS in Dortmund mit insgesamt über 100 kindgerechten Computern, sogenannten „KidSmart-Stationen", und entsprechender Lernsoftware ausgestattet.[3] Die enge

---

3 Dieses Engagement der IBM wurde auch in der Presse zur Kenntnis genommen und führte, auch schon in einigen unserer bisherigen Publikationen (vgl. Marci-Boehncke & Rath 2005; 2007b; 2010; Marci-Boehncke, Rath & Müller 2012; Marci-Boehncke, Weise & Rath 2009), zur Kurzbezeichnung „KidSmart-Projekt", wohl wissend, dass die Bezeichnung „KidSmart-Projekt" inzwischen natürlich für eine ganze Reihe nationaler (v. a. in Berlin, vgl. Senatsverwaltung für Bildung, Jugend und Sport 2006, und dem Land Brandenburg, vgl. Bethge 2004) und internationaler Praxisprojekte Verwendung findet (vgl. IBM KidSmart 2009; O'Rourke 2004; Siraj-Blatchford & Siraj-Blatchford 2001; 2004).

1. Einleitung

Kooperation mit der Stadt Dortmund ermöglicht die Durchführung des Projekts in Kindertageseinrichtungen des städtischen Trägers FABIDO (Familienergänzende Bildungseinrichtungen für Kinder in Dortmund) sowie in den Grundschulen mit den Trägern der OGS-Angebote und die Unterstützung des IT-Dienstleisters der Stadtverwaltung Dosys (Dortmunder Systemhaus), der die Verantwortung für die Auslieferung und den Anschluss der KidSmart-Stationen sowie die Einrichtung einer Lernplattform übernahm.

In individuell erarbeiteten Projekten, die sich an der Bildungsvereinbarung (2003) bzw. den Bildungsgrundsätzen (2011) in NRW orientieren, wird im Kontext lebensweltlich angebundener Themen und Inhalte ein breites Spektrum an kreativer Medienarbeit vermittelt. Die KidSmart-Station stellt dementsprechend nur ein Medium unter vielen dar, die zur aktiven Gestaltung im Projekt mit den Kindern genutzt werden. Das Besondere des Projekts liegt zum einen in der Begleitforschung, die kontinuierlich in die Kitas zurückgespiegelt wird und damit die Möglichkeit zur *metakognitiven Reflexion* bietet – durch die Konfrontation der Erzieherinnen mit ihren eigenen Einstellungen hinsichtlich Medien und Medienerziehung sollen sie zu einer aktiven und kritischen Auseinandersetzung mit ihrer bisherigen Haltung und Denkweise angeregt werden (vgl. Kapitel *3.2 Medienbildung als „metakognitive Lernprozesse" und Apprenticeship*). Zum anderen sollen durch kontinuierliche Begleitung der Erzieherinnen in der selbstgestalteten Medienarbeit vor Ort durch medienkompetente Studierende Sicherheit und Nachhaltigkeit für die Erzieherinnen erreicht werden. Dahinter steht die Vermutung, dass Erzieherinnen über eine kontinuierliche und niederschwellige Unterstützung von Studierenden in den Einrichtungen nachhaltiger fortgebildet werden und einen kompetenten Medienhabitus ausbilden als über zentrale Fortbildungsangebote allein, die nicht in die tägliche Arbeit hineinreichen.

Das hier vorzustellende Projekt soll modellhaft im sozialen Feld „Kita" den Erzieherinnen als langfristige Multiplikatoren Medienkompetenz vermitteln und ihnen vor allem didaktische Umsetzungshilfen während der täglichen Arbeit anbieten, da auch andere Studien (Six, Gimmler & Frey 1998; Six & Gimmler 2007; Schneider u.a. 2010) gezeigt haben, dass Erzieherinnen immer noch unzureichend auf mediengestützte Bildungsarbeit vorbereitet sind und es ihnen in diesem Bereich an Sicherheit und Zutrauen mangelt. Unklar ist auch vielfach, inwieweit Medienbildung überhaupt schon Teil der Kita-Arbeit sein soll. Hier stehen nicht selten ideologische Vorbehalte einer Bildungsarbeit im Weg. Über regelmäßigen Austausch, die didaktische Unterstützung durch die Studierenden und die positive

Verstärkung auch durch den Arbeitgeber sollten hier Unsicherheiten abgebaut werden und pädagogische Offenheit für Medienbildung gefördert werden.

Das Projekt hat vor allem das Ziel, bildungsbenachteiligte Kinder in ihren verschiedenen sozialen Feldern zu unterstützen – deshalb auch die Ansiedlung vorrangig im Dortmunder Norden, der nach Sozialatlas besonders förderbedürftig ist. Viele Kinder bringen hier einen Migrationshintergrund mit. Um sie und ihre Familien auch im Rahmen der Begleitforschung erfassen zu können, wurden die Evaluationsbögen an die Eltern in den sieben wichtigsten Sprachen der Kinder zur Verfügung gestellt. Damit werden nicht nur alle Familien mit Migrationshintergrund sprachlich erreicht, sondern an das Bildungsnetz angebunden (soziales Kapital) und für die Projektziele sensibilisiert.

Das „Bildungsnetzwerk" des Projekts (vgl. dazu Kapitel *4. Strukturelle Umsetzung*) verbindet IBM, die Stadt Dortmund (mit Kita-Träger FABIDO und Dosys), die beteiligten Kindertageseinrichtungen, die Träger der OGS-Angebote mit den beteiligten Grundschulen und die Universität in einem gemeinsamen bildungspolitischen Ziel: der Stärkung der Medienbildung von Anfang an, von der Kita in die Schulen hinein. Es geht um *Vertrauensbildung* und *Stärkung pädagogischer Kompetenz*:
a bei den Eltern – durch die Erhebung und Rückspiegelung der Ergebnisse, u. a. in entsprechenden Elternabenden – und
b bei den Erzieherinnen – durch die persönliche und individuelle Begleitung durch die Studierenden über ein Kita-Jahr und ebenfalls fachorientierte Fortbildungen mit Rückmeldung über die Erhebungsdaten als Impuls zu metakognitiven Reflexionsprozessen über die eigene Arbeit.

Auf diese Weise wird Beteiligung und Nachhaltigkeit erreicht. Ein weiterer gewünschter Effekt bezieht sich auf die *Stärkung pädagogischer Kompetenz* und *Einübung selbstgesteuerter Qualitätssicherungsprozesse* der Zielgruppe
c der beteiligten Studierenden der TU Dortmund, die ihren Weg in die Schulen sowohl mit Kenntnissen über „kleine Empirien" (vgl. Kapitel *3.3 Educational Governance und Action Research*) ihrer Gruppen vor Ort beginnen als auch mit realistischer Vorstellung vom kindlichen Medienalltag und kindlichem Medienkönnen und der eigenen Fähigkeit zur Gestaltung medienintegrierter Projekte – dann hoffentlich auch im Schulalltag. Nicht zuletzt geht es auch um die möglichst frühzeitige Einbindung Studierender in Forschungskontexte im Rahmen der „forschenden Lehre".

1. Einleitung

Gerade die Anknüpfung an die Mediennutzung – einen der wesentlichsten Bereiche kindlicher Beschäftigungsvorlieben, der gesamtgesellschaftlich auch in pädagogischer Hinsicht sehr sensibel und kontrovers betrachtet wird – soll helfen, Bildungsunterschiede vor Schulbeginn auch über kulturelle und soziale Grenzen hinweg auszugleichen, damit alle Kinder mit möglichst breitem Medienwissen und -können die schulische Bildungsarbeit beginnen können. Durch die enge Vernetzung von Familie, Kita und, im weiteren Projektverlauf, der Offenen Ganztagesschule OGS soll eine kontinuierliche und konsekutive Förderung in der Bildungsbiographie aller Kinder gesichert werden.

Im Folgenden werden die theoretische, konzeptionelle und methodische Basis des Interventions- und Forschungsprojekts *Medienkompetent zum Schulübergang* dargestellt, zudem werden die Ergebnisse der Projektphasen in den Kindertageseinrichtungen der Stadt Dortmund vorgestellt. Das Projekt wurde und wird über diesen Stand der Auswertung hinaus weiter durchgeführt und ausgewertet. Über diese Ergebnisse wird in weiteren Publikationen zu berichten sein.

Dieses Projekt ist die gemeinsame Anstrengung vieler Menschen. Zunächst danken wir den Erzieherinnen, Eltern und den vielen Kindern, die uns teilhaben lassen an ihrem gemeinsamen Arbeiten, Lernen und Spielen mit Medien – den Freuden, aber auch den Problemen, die sie dabei begleiten. Dann danken wir den Verantwortlichen in der Dortmunder Administration und in den beteiligten wissenschaftlichen und pädagogischen Institutionen, die uns den Raum geboten haben für diese Forschung, und Bits21, Berlin, für die erste Fortbildungswelle.

Alle Konzeptionen müssen auch konkret umgesetzt werden. Wir danken dafür unseren Studierenden Lisa Barein, Annika Bargenda, Cana Bayrak, Vanessa Böhnke, Nina Debo, Kristin Externbrink, Nathalie Franitza, Carina Gehlmann, Ann-Kristin Graf, Habib Güneşli, Silke Jäckel, Myriam Jörges, Kristina Klein, Sarah Krause, Michael Kroll, Ann-Kristin Lange, Britta Miaskowski, Janine Müller, Anita Müller, Katharina Neuhaus, Sophia Polisoidis, Martina Reiner, Christina Rother, Miriam Schwerhoff, Cosima Vanessa Sell, Martin Spieckermann, Martin Stadtfeld, Kristina Strehlow, Lena Strukamp, Caroline Suchard und Ricarda Trapp, die die Projekte in den Kitas begleitet und die Daten vor Ort erhoben haben. Anita Müller danken wir darüber hinaus für die Organisation des Gesamtablaufs, die Koordination des Datenflusses und vor allem für die Fortbildung der beteiligten Erzieherinnen.

Für die Mühe des Lektorats danken wir Minu Hedayati-Aliabadi und Kristina Strehlow.

Für die Erlaubnis, Passagen aus ihren Abschlussarbeiten abzudrucken, danken wir Anita Müller (vgl. Kapitel 7.1.7) und Myriam Jörges (vgl. Kapitel 7.4.2)

Für die Abdruckgenehmigung der Fotografien auf der Umschlagseite 4 sowie im Kapitel 4.3.1 danken wir Jürgen Huhn, Dortmund.

Schließlich gilt unser Dank der IBM Deutschland, die sich nicht nur mit ökonomischem Kapital an diesem Projekt beteiligt hat und immer noch beteiligt, sondern auch durch ihren CSR-Beauftragten, Herrn Peter Kusterer, dessen großes persönliches Engagement an vielen Stellen geholfen hat, Hürden abzubauen. Mit dem wohltuend pragmatischen Blick von außen hat er im besten Sinne *Educational Governance* geleistet und Verantwortung wahrgenommen.

Ludwigsburg und Dortmund, im Dezember 2012

Prof'in Dr. Gudrun Marci-Boehncke
Prof. Dr. Matthias Rath

2. Medienbildung in der Frühen Bildung

Bereits vor Schuleintritt geht in Deutschland eine Bildungsschere auf, die vor allem Kinder aus bildungsfernen Milieus und mit Migrationshintergrund betrifft (vgl. Becker & Lauterbach 2004; Kreyenfeld 2004; Becker & Biedinger 2006; Diefenbach 2007; Rabe-Kleberg 2010). Die Bildungsdefizite ziehen sich durch die gesamte Bildungsbiographie, bildungsnahe Milieus geben ihren Bildungsvorsprung an die nachwachsende Generation weiter, die Kinder und Jugendlichen bildungsferner Milieus, vor allem bei Migrationshintergrund, steigen mit einem objektiven Bildungsunterschied ein, den die Bildungsinstitutionen über die gesamte Bildungslaufbahn auch nicht kompensieren (vgl. Ehmke & Jude 2010). So wird der Bildungsunterschied zur lebenslangen Bildungsbenachteiligung. Im Folgenden soll das Augenmerk auf die frühe Bildung gelegt werden, allerdings mit einer über diese Phase hinausweisenden Intention. Denn je früher Bildung gelingt, desto weniger werden herkunftsbedingte Bildungsunterschiede zum bildungsbiographischen Schicksal, wird der Schulübergang, wie Bildungsübergänge überhaupt, zur bildungsbiographischen Chance (vgl. Rath 2011b) und nicht zum Spielball ethnisch-kultureller Disparitäten (vgl. Baumert u.a. 2010). Dies gilt auch für die *Medienbildung*.[4]

---

[4] Innerhalb der Medienpädagogik hat sich 2009 und 2010 eine rege Diskussion um den bzw. die Leitbegriffe der Medienpädagogik entsponnen. Dabei waren vor allem die wissenschaftstheoretischen Aspekte relevant und die maßgeblichen Akteure, Bernd Schorb (2009), Dieter Spanhel (2010) und Gerhard Tulodziecki (2010), vermitteln den Eindruck einer grundlegenden, zumindest dichotomen Orientierung: der Position der Bildungstheoretiker und der Position der Kompetenztheoretiker. Gerhard Tulodziecki hat dabei einen Vermittlungsversuch vorgelegt, der Medienbildung als Prozessbegriff und Medienkompetenz als Zielvorstellung fasst. Diese Diskussion ist inzwischen auch dokumentiert (Moser, Grell & Niesyto 2011). Wir werden im Folgenden explizit auf den Medienbildungsbegriff abheben, zum einen, weil wir die hier vorzustellende Forschung nicht als primär medienpädagogisch (im Sinne der Medienerziehung) ansehen, sondern als ein wissenschaftskonvergentes Projekt, das interdisziplinär ansetzt (vgl. Marci-Boehncke & Rath 2011a), zum anderen, weil „Medienerziehung" im strengen Sinne die aktive Bildungsleistung des Individuums und den Inhaltsaspekt der Medienbildung eher vernachlässigt (vgl. Rath 2011a).

2.1 Medienbildung allgemein

Kinder und Jugendliche sollen Medien und Medieninhalte verantwortlich und reflektiert nutzen können – das ist normatives Ziel aller Medienpädagogik und Medienbildung. Basis dieser Zielverwirklichung ist jedoch eine differenzierte Kenntnis der tatsächlichen medialen Kompetenzen dieser Alterskohorten. Was sie *technisch* alles können, erfassen in Deutschland regelmäßige Nutzerstudien. So wurden in der jährlich vom *Medienpädagogischen Forschungsverbund Südwest* erhobenen JIM-Studie zur Mediennutzung der 12- bis 19-Jährigen im Jahr 2011 (MPFS 2012b) neben Angaben zu der Medienausstattung bzw. dem Medienbesitz und den Medienbeschäftigungen die Befragten diesmal unter anderem dazu aufgefordert, ihre aktuelle Lebenssituation mit der ihrer Eltern zu vergleichen. Hier interessierte nicht mehr nur das „was", sondern auch die Reflexion darüber. Die Ergebnisse dieser Studie zeigen, dass sich mehr als die Hälfte der 12- bis 19-Jährigen im Vergleich zu ihren Eltern im Vorteil sehen. Als Gründe nennen die Jugendlichen den technischen Fortschritt (18 %) und größere Freiheiten (17 %) im Vergleich zur Elterngeneration. Am gravierendsten aber scheinen dieser Altersgruppe verbesserte mediale Möglichkeiten, die von etwa einem Drittel der Heranwachsenden als positive Entwicklung wahrgenommen werden (vgl. MPFS 2012b, S. 40 f.).

Doch mediale Erfahrungen werden nicht erst in der Adoleszenz gemacht. Schon pränatal erleben Kinder Medialität. Denn „Kinder werden nicht in einer *medienfreien Blase* geboren" (Marci-Boehncke 2011a, 9), sondern sie haben schon vorgeburtlich auditiv Medien wahrgenommen und Medienreaktionen ihrer Mutter erfahren: die gute Laune beim Lieblingslied, die Spannung beim Krimi und ähnliches. Ein künstlich medienfreier Schonraum für Kinder ist somit eher ein Rückschritt. Allerdings bedeutet dies nicht, dass die medialen Praxen der Familien quasi „ungefiltert" an die neuen Familienmitglieder weitergegeben werden sollten. Vielmehr ist dieser mediale Lebensraum unausweichlich, und Kinder müssen sukzessive und mit Hilfe von Eltern und Pädagogen lernen, sich in einer zunehmend medialen Lebenswelt (vgl. MPFS 2010; Marci-Boehncke, Rath & Müller 2012) zu orientieren.

Damit wird deutlich, diesem Projekt liegt ein breiter Medienbegriff zugrunde, der nicht nur die neuen oder elektronischen Medien in den Blick nimmt, sondern Medialität generell berücksichtigt. In einem solchen Verständnis, das der Medien-

2. Medienbildung in der Frühen Bildung

wissenschaftler Harry Pross (1972)[5] zu einer inzwischen gängigen Systematik zusammengefasst hat und die auch erweitert wurde, stehen Zeichenhaftigkeit wie Sprache gleichberechtigt neben Bild und Schrift, also den Praxen Malen, Schreiben und den Formaten z. B. Film und Buch, wie auch den neuen hybriden Medienwelten, die der Computer und das Internet aufreißen. Kinder und Jugendliche wachsen heute „im Zeitalter der elektronischen Medien" (Mikos 2012, 42) auf, ihre Lebenswelten sind konvergent verfasst (vgl. Marci-Boehncke & Rath 2004, 224; Weise 2011, 50), d. h., die Medien werden thematisch zentriert und parallel verkoppelt genutzt. Medien sind also Teil der kindlichen Lebenswelt und gewinnen mit zunehmendem Alter noch an Bedeutung (vgl. Feierabend & Mohr 2004, 460). Dies gilt kulturübergreifend, wobei sich unterschiedliche Nutzertypologien im europäischen Kontext beschreiben lassen (vgl. Livingstone & Haddon 2009, 19). Danach kann man – auf eine knappe Formel gebracht – unterscheiden zwischen den nordeuropäischen Ländern, wo schon die Kinder intensive Nutzer auch des Internets sind und ein pädagogisch eher „riskantes" Verhalten zeigen, den südeuropäischen Ländern, die das Internet eher wenig nutzen und dementsprechend risikoarm agieren, und schließlich den osteuropäischen Ländern, die von Livingstone und Haddon als „new use, new risk" (ebd., 17) beschrieben werden. Studien zur Mediennutzung von Kindern und Jugendlichen mit Migrationshintergrund, die in Deutschland leben (vgl. Marci-Boehncke, Rath & Günesli 2012), lassen vermuten, dass diese Typologie nicht nur in den Herkunftsländern Gültigkeit besitzt, sondern möglicherweise auch in Deutschland die Mediennutzung von Migranten aus den genannten geographischen Regionen determiniert. Auftrag der Bildungsinstitutionen überhaupt, vor allem aber der Frühen Bildung, ist es deshalb, „gleiche Ausgangsbedingungen zum Schuleintritt auch in Sachen Mediennutzung zu ermöglichen" (Marci-Boehncke & Weise 2007, 45).

Wenn man bedenkt, dass Deutschland erst und bisher nur im zweiten Durchgang der OECD-Studie *Starting Strong II* (OECD 2006) zur frühkindlichen Bildung und

---

5   Pross (1972) klassifiziert Medien nach der Notwendigkeit ihrer Enkodierungs- und Dekodierungstechniken. So sind die primären Medien dadurch gekennzeichnet, dass sie keine Hilfsmittel sowohl bei der Enkodierung als auch Dekodierung benötigen. Diese finden sich vor allem im Bereich der menschlichen Kommunikation (Sprache, Gestik, Mimik). Zu den sekundären Medien gehören alle Medien, die auf der Produktionsseite ein technisches Gerät benötigen, nicht aber beim Rezipienten (z. B. Zeitung, Buch, Gemälde, etc.). Die tertiären Medien umfassen alle Medien, die sowohl auf ein technisches Hilfsmittel bei der Produktion als auch bei der Rezeption angewiesen sind (z. B. Schallplatte, Film, Fernsehen, DVD, Internet, Handy, etc.). Angesichts der technischen Entwicklung kann man heute bei digitalen Medien, die reziprok den Rezipienten zum Produzenten werden lassen (Web 2.0 im Internet), von quartären Medien sprechen (vgl. Marci-Boehncke/Rath 2007a).

Betreuung partizipiert hat, so scheint diese Forderung noch keine konsequente Berücksichtigung in Politik und Bildungsforschung gefunden zu haben. Dabei unterstreichen die Ergebnisse des internationalen Leistungstests PISA bei 15-Jährigen die Wichtigkeit der Vorschuljahre für eine gleichberechtigte Teilnahme und bessere Partizipationschancen in späteren Jahren (vgl. OECD 2011, 357) – die Bildungsbiographie beginnt lange vor der Schule. Dies gilt auch und ganz besonders für das Thema Medienbildung. Als sogenannte „Querschnittkompetenz" ist Medienkompetenz genauso relevant wie die Lesekompetenz – und der selbständige Medienumgang beginnt früher als das eigenständige Lesen-Können. Doch die Situation in den Einrichtungen der Frühen Bildung ebenso wie die Kompetenzen und Einstellungen des pädagogischen Personals ermöglichen anscheinend nur bedingt „integrative Medienbildungsmaßnahmen".

2.2 Medienbildung als Medienkompetenzvermittlung

Erzieherinnen sowie Eltern sehen jedoch die Medien eher als ein randständiges Thema im Kita-Alltag an und stehen ihnen auch größtenteils mit Skepsis gegenüber (vgl. Marci-Boehncke, Rath & Müller 2012; Herfurtner 2010, 27, 15; Schneider et al. 2010, 11). Dabei variiert das Verständnis von Medienkompetenz stark. Oft verstehen Erzieherinnen unter Medienbildung vor allem die technisch-funktionale Kompetenz, d. h. das „Bedienen-Können" von elektronischen Medien. Dabei wird vergessen, dass „integrative Medienarbeit" nicht nur neue Medien, sondern alle zur Verfügung stehenden Medienformate und -formen – angefangen bei der Stimme – zum Einsatz bringt und darüber hinaus den Fokus auf die „Ganzheitlichkeit der Medienbildung" richtet (vgl. Fthenakis et al. 2009, 17ff; Marci-Boehncke, Rath & Müller 2012; Six & Gimmler 2007, 25ff). Im Folgenden sollen die verschiedenen Aspekte der Medienbildung anhand der von dem Bielefelder Medienpädagogen Dieter Baacke bereits in den 1990er Jahren (vgl. z. B. Baacke 1996) formulierten Kategorien der Medienkompetenz beleuchtet werden:[6]

1. *Medienkritik*: Verarbeitung von Reflexion des eigenen Umgangs und eigener Erfahrung mit Medien
2. *Medienkunde*: Erfahrungen und praktische Kenntnisse im Umgang mit Medien

---

6 Wie in den meisten europäischen Ländern setzte sich in den 1990er Jahren ein verstärktes Bewusstsein für die Notwendigkeit der Medienbildung durch – trotz unterschiedlicher historischer Vorbedingungen. Zu einer vergleichenden Übersicht vgl. Fedorov (2008).

2. Medienbildung in der Frühen Bildung

3. *Mediennutzung*: Nutzung von Medien für eigene Anliegen, Fragen und sozialen Austausch
4. *Mediengestaltung*: Kenntnisse und Reflexion der Machart und Funktion von Medien

Diese Kategorien wurden auch von frühpädagogischer Seite rezipiert und übernommen (vgl. Fthenakis 2009). Allerdings werden wir diese vier Kategorien noch um eine weitere ergänzen:

5. *Medienkommunikation*: Über und in Medien (selbst) sprechen und die Medienkommunikation der Medien reflektieren.

Sie ist in ähnlicher Form bereits 2002 von Norbert Groeben unter dem Begriff der „Anschlusskommunikation" diskutiert worden, allerdings hat Groeben eben ausschließlich auf die Inhalteebene fokussiert: „Unter Anschlusskommunikation sind in Abgrenzung davon [von E-Mail, Chats, etc. im Internet] solche Kommunikationsformen gemeint, die außerhalb der medienspezifischen bzw. -bezogenen Rezeptions- und Partizipationsmuster ablaufen." (Groeben 2002, 178) Es geht ihm um Gespräche über Medien, die allerdings auch wieder selbst in elektronischen Medien ablaufen können. Bei unserer Verwendung des Begriffs der Medienkommunikation soll aber explizit auch das mediale Kommunikationsverhalten selbst und die Reflexion darüber mit gemeint sein.

Somit fördern diese fünf Bereiche nicht nur technische Kompetenz, sondern auch
- ästhetisch-sinnliche,
- ethische,
- kritisch-analytische und schließlich
- aktive sowie produktive
- und kommunikative und kommunikationsreflexive Fähigkeiten

im Umgang mit Medien. Die Medienbildung, als praktische Umsetzung der Medienpädagogik und in diesem Sinne als „Prozessbegriff" (Marci-Boehncke & Rath 2011a, 22) verstanden, beabsichtigt „durch gezielte Strategien und Maßnahmen Kompetenzen für einen zielgerichtet-funktionalen, kreativen, selbstbestimmten und selbstregulierten, gleichzeitig aber auch persönlich verträglichen und sozial angemessenen Medienumgang zu fördern" (Six & Gimmler 2007, 23).

Ohne medienerzieherische Maßnahmen in der primären „Mediensozialisationsinstanz Familie" (Herfurtner 2010, 27) und den erforderlichen medienpädagogischen Kompetenzen der Erzieherinnen in den jeweiligen institutionalisierten Kindertageseinrichtungen kann Medienerziehung und demzufolge eine entsprechende Förderung der Medienkompetenz von Vorschulkindern nur schwerlich für alle Kinder, unabhängig von ihrer sozialen Herkunft, gelingen (Marci-Boehncke, Rath & Müller 2012; Schneider et al. 2010, 16). Denn die Kinder sind zwar, was ihre Medienwelt angeht, handlungsaktiv, aber noch lange nicht handlungsautonom (vgl. Marci-Boehncke 2011a, 8). Allerdings dokumentieren Untersuchungen zu Bedingungen und Handlungsformen der Medienerziehung in der frühen Bildung seit der Mitte der 1990er Jahre bis heute eine „allgemeine Orientierungslosigkeit" (Schneider et al. 2010, 111) in den Kindertageseinrichtungen und der Erzieherinnenausbildung.

2.3 Akteure der Medienbildung

Wie sieht nun die Forschung zu den maßgeblichen Akteuren für die Medienkompetenz bzw. die Mediennutzung von Kindern in der Frühen Bildung aus?

2.3.1 Erzieherinnen

Da die Medienwelten von Kindern unter sechs Jahren bisher in der empirischen Forschung nur wenig berücksichtigt wurden (vgl. Feierabend & Mohr 2004, 453; Weise 2011, 51f), sind momentan noch Kenntnislücken in der frühkindlichen Mediennutzung auch beim erzieherischen Personal erwartbar. Verschiedene Studien zum Medienhandeln von Erzieherinnen (vgl. Six, Gimmler & Frey 1998; Six & Gimmler 2007; Schneider u. a. 2010) zeigen die Bedingungen der Medienbildung in Kindertageseinrichtungen (vgl. Six 2010). Zum einen wird ein Zusammenhang mit institutionellen bzw. strukturellen Rahmenbedingungen der Einrichtungen und Kindergruppen deutlich – hierzu gehören Medien-, Finanz- und Personalausstattung und die Zusammensetzung der zu betreuenden Kindergruppen. Zum anderen ist Medienbildung abhängig von den individuellen Voraussetzungen der Erzieherinnen. Darunter fallen die medienpädagogische Ausbildung – sofern sie den Grundstein für das medienpädagogische Verhalten und Handeln der Erzieherinnen legt –, eine adäquate Vorstellung von Medienerziehung in der Kita sowie die eigene Medienkompetenz und Motivation, mit Medien in der Kita zu arbeiten. Erst wenn bei den Erzieherinnen die Einsicht vorhanden ist, dass Medienerziehung in der Kita notwendig, sinnvoll und umsetzbar ist, besteht die Chance, dass Medienerziehung in den Kita-Alltag integriert wird.

2. Medienbildung in der Frühen Bildung

2.3.2 Eltern

Im Bereich der Medienerziehung verweisen Erzieherinnen, laut der Studie von Six, Gimmler & Frey (1998), auf die Verantwortung der Eltern. Ergebnisse internationaler Studien (vgl. Christakis 2009; Huerta 2010) zeigen, dass eine kritische und reflektierte Mediennutzung nicht in jeder Familie selbstverständlich praktiziert und den Kindern vermittelt wird, selbst wenn Eltern die grundsätzliche Notwendigkeit zu medienpädagogischem Handeln erkennen. Dementsprechend muss bereits zum Eintritt in die Kita eine professionelle Begleitung in Fragen der Medienerziehung im Familientag anschließen (vgl. Marci-Boehncke 2011b). Ohne ein medienpädagogisches Vorverständnis der Erzieherinnen ist dies jedoch nicht möglich. Aber auch im Bereich der *Medienintegration* hat sich bislang gezeigt, dass Erzieherinnen immer noch unzureichend auf mediengestützte Bildungsarbeit in der Kita vorbereitet sind und es ihnen auf diesem Gebiet vor allem an Sicherheit und Zutrauen mangelt (vgl. Marci-Boehncke & Rath 2007b). Da sich jedoch Nutzungsmuster im Medienbereich gerade angesichts der rasanten Geschwindigkeit der Medienentwicklung rapide verändern, folgt man etwa den KIM- und JIM-Studien des *Medienpädagogischen Forschungsverbunds Südwest* (MPFS 2010; 2012b), ist ein kontinuierliches Monitoring auch der pädagogischen Entwicklung in den Einrichtungen nötig.

2.3.3 Kinder

Auch die Kinder selbst sind als Akteure in diesem Prozess der Medienbildung anzusehen. Medienbildung ist ein komplexer Prozess, der nicht passiv erlitten, sondern, wie Bildung überhaupt, als eine aktive Aneignung zu verstehen ist. Empirisch zugänglich ist meist nur die Nutzung selbst, also das Ergebnis einer „Medienaneignung" (Schorb 2009).

Die gängigen Studien zum Medienbesitz und -gebrauch von Kindern untersuchen vorrangig die Mediennutzung von Kindern im Grundschulalter. Das Medienverhalten von Klein- und Vorschulkindern erhält im Forschungskontext momentan noch eine verhältnismäßig geringe Beachtung. Dabei belegen die wenigen Studien, die das Mediennutzungsverhalten von Klein- und Vorschulkindern erforschen, dass bereits Kinder im Vorschulalter eine breite Medienpalette nutzen (vgl. Grüninger & Lindemann 2000; Feierabend & Mohr 2004; Marci-Boehncke & Rath 2007b), um in erster Linie altersspezifische Entwicklungsaufgaben und Entwicklungsanforderungen zu bewältigen (vgl. Theunert 2005). Hierbei rezipieren sie nicht wahllos, sondern wählen Medien bewusst themen- und interessenabhängig nach eigenen Motivationen und Bedürfnissen aus und integrieren diese in den Alltag. Kinder bevorzugen dabei Inhalte, die zu den eigenen Wünschen, Sorgen, Ängsten und Konflikten in Beziehung stehen oder ihnen neue, bislang unbekannte Handlungsmuster aufzeigen (vgl. Theunert 2005; Weise 2011).

Damit nutzen auch Vorschulkinder bereits die gesamte Medienpalette zur Identitätsarbeit. Ein Kindheitsbegriff, der noch immer einen (z. B. „medienfreien") „Schonraum" für Kinder als Grundstruktur der verschiedenen Bildungsinstitutionen propagiert, geht daher an der lebensweltlichen Realität der Kinder (und Jugendlichen) heute vorbei und wird disfunktional. Dies muss Folgen für die Ausbildung von Pädagoginnen und Pädagogen und für das pädagogische Leitbild von Kindertageseinrichtungen haben.

2.3.4 Das Projekt Medienkompetent zum Schulübergang

Das hier vorzustellende Forschungs- und Interventionsprojekt *Medienkompetent zum Schulübergang* zielt auf die Erfassung der Medienkompetenz aller beteiligter Akteure im Prozess institutionalisierter frühkindlicher Mediensozialisation sowie auf die Begleitung eines strukturierten Interventionsprozesses, der direkt auf die Medienkompetenz der Kinder, aber auch auf die Medienkompetenz der Erzieherinnen zielt. In doppelter Weise unterscheidet sich das Projekt damit von den meisten bisherigen Untersuchungen zur Medienkompetenzförderung in der frühen Bildung:

- *Medienkompetent zum Schulübergang* ist interventiv angelegt, das heißt, das Projekt greift in sein Forschungsobjekt ein, ermöglicht kontrollierte Maßnahmen zur Veränderung und Verbesserung der Medienbildung in den untersuchten Einrichtungen. Dazu gehören materielle ebenso wie personelle und konzeptionelle Ressourcen.

- Das Projekt nimmt das gesamte Handlungsfeld der Frühen Bildung und seine Akteure in den Blick: die Erzieherinnen, aber auch die Kinder und die Eltern. Damit wird das Projekt der Tatsache gerecht, dass soziale Handlungssysteme multifaktoriell bestimmt sind, also jeder Handlungsfaktor das Gesamtsystem mit beeinflusst.

Eine breite Medienbildung verlangt auch eine breite medientechnische Ausstattung in den Einrichtungen. So genannte „sekundäre Medien" (Pross 1972) wie

2. Medienbildung in der Frühen Bildung 27

Bücher, Papier, Stifte etc. sind in den Kitas häufig vorhanden, ein TV-Gerät ab und an, CD-Player (als „nächster Schritt" zum Kassettenrekorder) auch, digitale Fotoapparate häufig nicht, digitale Filmkameras meist nicht. Vor allem das Hybrid-Medium Computer, das unterschiedlichste Medienformate in sich vereint und über das Internet auch eine breite Daten- und Angebotspalette zur Verfügung stellt – auch schon für die Jüngeren –, fehlt meist; wenn überhaupt, stehen solche Geräte im Büro. Für ein Projekt wie *Medienkompetent zum Schulübergang* musste daher eine Unterstützung gefunden werden, um diese Technik auch zur Verfügung zu stellen – zumal PCs im häuslichen Bereich nicht nur bundesweit weitgehend selbstverständlich sind. Nach Zahlen des Statistischen Bundesamtes von 2011 (vgl. Czajka & Jechová 2012) sind im Durchschnitt 81 % aller Haushalte in Deutschland mit Computern ausgestattet, 71 % der Haushalte verfügen auch über einen Internetanschluss. Besonders bemerkenswert ist, dass bei steigender Anzahl der Personen eines Haushalts die Durchdringung mit Computern und Internet steigt. Darüber hinaus scheinen auch Kinder die Durchdringung *zusätzlich* zu befördern. So sind Ein-Personen-Haushalte ohne Kind (unter 16 Jahren) zu 67 % mit einem Computer ausgestattet, 62 % haben einen Internetanschluss. Bei Drei-Personen und mehr ohne Kind steigt die Versorgung auf 98 % mit Computerausstattung und 97 % mit Internetanschluss. Bei Ein-Personen-Haushalten mit mindestens einem Kind bewegen wir uns schon im Bereich über 90 % (95 % Computer, 92 % Internet) und bei Haushalten mit drei oder mehr Personen und mindestens einem Kind liegt Vollversorgung beim Computer (100 %) und fast Vollversorgung beim Internet (98 %) vor (ebd. 416).

Auch die jährlichen Erhebungen der KIM-Studie des Medienpädagogischen Forschungsverbunds Südwest zur Mediennutzung von 6- bis 13-Jährigen (MPFS 2011, 7) konstatieren für 2010 bei 91 % der befragten Haushalte mit Kindern in diesem Alterssegment eine Computer-Ausstattung und bei 89 % einen Internetzugang. Und die FIM-Studie des MPFS (2012a) sieht für 2011 bei Familien mit Kindern von drei bis 19 (!) Jahren unterschiedslos zu 97 % einen Internetzugang und bei Familien mit Kindern von 3 bis 5 Jahren zu 95 % einen Computer, bei 6-11-Jährigen zu 94 % und bei 12-19-jährigen zu 93 % eine Computerausstattung.[7]

Als einen der wichtigsten Unterstützer für dieses Projekt konnte daher die IBM Deutschland gewonnen werden. IBM engagiert sich in Deutschland seit 2001 mit

---

[7] Die Diskrepanz zwischen Internet und Computer resultiert wahrscheinlich aus der hohen Durchdringung aller Haushalte mit Smartphones (98 %) bzw. mit Tablets/iPads (17-24 %), die auch über einen Internetzugang verfügen können.

seinem KidSmart-Programm im Bereich Medienbildung in der Frühen Bildung.[8] Das IT-Unternehmen stellt weltweit Kindertagesstätten kindgerecht robust verpackte Computerstationen zur Verfügung, die internetfähig sind. Auf diesen Geräten ist neben den gängigen Office-Programmen und ggf. weiteren Programmen der jeweiligen projektteilnehmenden Einrichtungen eine Lernsoftware (EdSmart), die jedoch im Rahmen des Projekts *Medienkompetent zum Schulübergang* nicht gezielt verwendet wurde. In den bisher von IBM international durchgeführten Projekten ging es vordringlich um ICT-Kompetenz in der Frühen Bildung, so dass die Durchführung weitgehend auf die PC-Station konzentriert blieb (vgl. Siraj-Blatchford & Siraj-Blatchford 2001, 2004; O'Rourke 2004). Das gilt auch für die bisherigen in Deutschland durchgeführten und immer noch laufenden KidSmart-Projekte bzw. den KidSmart-Einsatz, z. B. in Berlin: „Ziel des Programms ist die Unterstützung der frühkindlichen Förderung in Kindertageseinrichtungen und insbesondere die Qualifizierung der vorschulischen informationstechnischen Elementarausbildung." (Senatsverwaltung für Bildung, Jugend und Sport Berlin 2006, 7).

Die Zielsetzung unseres Projekts war jedoch eine andere. Uns ging es bei *Medienkompetent zum Schulübergang* um die eigenständige, kreative und medienübergreifende (konvergente) Nutzung von Medien überhaupt und daher um einen breiten Begriff von Medienkompetenz. Dabei war der PC als Hybridmedium und der Zugang zum Internet als Ressource wichtig, aber nicht zentral. Im Zentrum steht die breite, eigenbestimmte und souveräne Medienpraxis. In diesem Sinne unterscheidet sich auch die Projektstruktur von *Medienkompetent zum Schulübergang* grundlegend von anderen Projekten, auch von den bisherigen KidSmart-Projekten. Dennoch darf die Breite unseres Medienkompetenzansatzes nicht über die besondere Bedeutung der computergestützten Medienarbeit hinwegtäuschen. Der Computer, vor allem in Verbindung mit dem Internet, ist längst schon zum technischen Taktgeber ebenso wie zum zentralen medialen Arbeits-, Kommunikations-, Bildungs- und Unterhaltungsinstrument geworden. Selbst da, wo Medien nicht-digital verfasst sind, werden sie in ihrer Nutzung an der Digitaltät gemessen und z.T. auch digital weiterverarbeitet. Unsere Lebenswelt ist im weiten Sinne mediatisiert (vgl. Krotz 2001, 2007) und das Internet ist als digitaler Verteiler die „Mutter aller Medien" (Rath 2003).

---

8 Vgl. dazu IBM KidSmart (2009), die Plattform http://www.KidSmartearlylearning.org/ sowie die Selbstdarstellung des Unternehmen unter http://www-05.ibm.com/de/ibm/engagement/projekte/kidsmart.html.

3. Theoretische Vorannahmen

Ziel des Projekts *Medienkompetent zum Schulübergang* in Dortmund ist, allgemein gesprochen, Medienbildung in der Praxis zu implementieren. Im Detail heißt das, im Projekt werden medienbildnerische Interaktionsprozesse zwischen Erzieherinnen und Kindern in der Kita befördert und beforscht und ebenso medienpädagogische Weiterbildung von Erzieherinnen durch Lehramtsstudierende sowie mediendidaktische, medienpädagogische und medienwissenschaftliche Aus- und Weiterbildung von Lehramtsstudierenden in universitären Kontexten geleistet. Damit ist eine Netzwerkstruktur geschaffen, die Aus- und Weiterbildung in allen öffentlichen Bildungseinrichtungen miteinander verbindet. Auch die Familien sind miteinbezogen über Forschung zu ihren und ihrer Kinder Mediengewohnheiten.

Diese komplexe Forschungsstruktur baut auf mehreren theoretischen Vorannahmen auf, die diese Gesamtstruktur bestimmen:

1. die Kapitalsorten- und Habitustheorie nach Pierre Bourdieu,
2. das Konzept der metakognitiven Lerprozesse,
3. die pädagogische Interaktionsform des *Apprenticeship*
4. sowie das Konzept der *Educational Governance* und der *Action Research* im Nachgang zu Kurt Lewin.

3.1 Kapitalsorten- und Habitustheorie (Pierre Bourdieu)

Das Projekt ist konzipiert vor dem Hintergrund der Kapitalsorten- und Habitustheorie des französischen Soziologen *Pierre Bourdieu* (vgl. Bourdieu 1983; 1992). Im Fokus steht der „Habitus" in Fragen der Medienbildung und zwar bei unterschiedlichen Akteuren, die mittelbar oder unmittelbar sozialisatorischen Einfluss auf Kinder nehmen. Ziele des Projektes sind,

- über verschiedene Forschungs- und Interventionsschritte und -methoden ein möglichst umfassendes Bild des frühpädagogischen Bildungsbereichs Medien zu bekommen,
- diesen interventiv nachhaltig positiv zu beeinflussen,

- damit bei möglichst vielen Akteuren das kulturelle und soziale Kapital in Fragen der Medienbildung zu stärken und
- sehr konkret den Kindern eine größtmögliche Chancengleichheit in ihrer Medienbiografie bereits zum Schuleintritt zu sichern.

Wir verstehen den Prozess der Sozialisation dabei allgemein und den der Mediensozialisation im Besonderen als *Habitualisierung*. Wir schließen dabei an den *Habitus*-Begriff bei Bourdieu (vgl. Bourdieu 1982) an, für den *Habitus* ein System dauerhafter und übertragbarer Wahrnehmungs-, Denk- und Handlungsschemata bezeichnet, die das Individuum erworben hat und mit denen es in einem kulturellen Raum agiert. Die Breite, das Repertoire solcher Habitus machen den Handlungsraum aus, über den ein Individuum verfügt, und entscheidet über seine Position, die es im sozialen Raum einnimmt.

Bourdieu geht davon aus, dass die *Handlungspraxis* von Menschen die Resultante mehrerer Faktoren darstellt, die nach dem Modell von Investition und Rendite funktionieren. Er nennt diese Faktoren in Anlehnung an Marx *„Kapitalien"*. Für die Breite und soziale Relevanz dieser Handlungspraxis ist nach Bourdieu nicht nur das lernende Individuum als Akteur maßgebend, sondern auch sein Kapitalvolumen (vgl. Bourdieu 1992). Hierzu zählt vorrangig das ökonomische Kapital, aber auch *kulturelles (inkorporiertes, objektiviertes und institutionalisiertes Kulturkapital)* sowie *soziales Kapital* sind ausschlaggebend für die Stellung eines Individuums im sozialen Raum (vgl. ebd.). Dieses „soziale *Feld"* ist der Rahmen, in dem sich die Handlungspraxis vollzieht, und es entscheidet über die Möglichkeiten und Grenzen des Kapitalien-Einsatzes und des Kapitalien-Erwerbs.

Neben dem klassischen Ökonomischen Kapital (Geld oder Geldwert) unterscheidet Bourdieu *Soziales Kapital* (die Vernetzung und die sozialen Beziehungen, über die ein Handelnder verfügt), *Kulturelles Kapital* (die Kompetenzen, über die ein Handelnder verfügt und die er objektiv institutionalisiert hat) sowie als Summe dieser Kapitalien das *Symbolische Kapital* (der Ruf, Status, Stellung in der Gesellschaft). Das Kulturelle Kapital ist in Bildungszusammenhängen von besonderer Bedeutung. Bourdieu unterscheidet drei Arten dieses Kapitals:

- *Inkorporiertes Kulturelles Kapital*, das sind Denk- und Handlungsschemata, Haltungen/Einstellungen und Kompetenzen. Sie können in Bildungsarbeit erworben werden.

3. Theoretische Vorannahmen

- *Objektiviertes Kulturelles Kapital*, das sind Materialisierungen des Inkorporierten Kulturellen Kapitals, z. B. Bücher, Medien, Kulturgüter im weitesten Sinne, die auch ökonomisch bewirtschaftet werden können.
- *Institutionalisiertes Kulturelles Kapital*, das sind Titel, Bildungsabschlüsse, Zertifikate, die eine objektive Auskunft über Inkorporiertes Kulturelles Kapital geben.

Bildung ist demnach das soziale Feld, in dem jungen Menschen Angebote zum Erwerb Inkorporierten Kulturellen Kapitals gemacht werden. Ziel wäre die Institutionalisierung dieses Kapitals als Bildungsabschluss, das dann, transferiert in andere Felder (Schule, Berufsleben), Soziales Kapital und Symbolisches Kapital (z. B. Beruf) ermöglicht, die wiederum für den Erwerb ökonomischen Kapitals maßgebend sind.

Die Form dieser Transferierung sowie des Erwerbs von Kapitalien ist der *Habitus*. Hier setzt die zentrale Bedeutung von Bildung an. Für die hier vorzustellende Studie heißt das: Gesellschaftliche Milieus grenzen sich durch ihre jeweilige soziale, in unserem Fall auch mediale, Praxis voneinander ab. Dementsprechend untersuchen wir, ob sich die Medienpraxis (als Resultante aus *Habitus, Kapital* und *Feld*) der Kinder und die des pädagogischen Personals je nach kulturellem und sozialem Hintergrund sowie Geschlecht differenzieren lässt. Da wir hier mit Bourdieu Bildung als *soziales Feld* (vgl. Bourdieu 1987; Bourdieu & Wacquant 1996) begreifen, offerieren wir Kindern im Bereich der Intervention *inkorporiertes kulturelles Kapital* in Form von Medienbildungsangeboten.[9] Als Ziel könnte z. B.

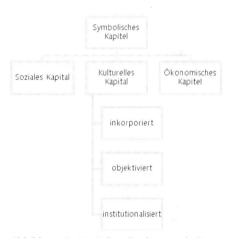

Abbildung 1: Kapitalien-Struktur nach Pierre Bourdieu

---

9   Die hier knapp umrissene Bildungskonzeption auf der Basis von Bourdieus Kapitalien- und Habitustheorie kann und muss an dieser Stelle nicht weiter differenziert werden. Einige Hinweise sollen die Weiterentwicklung andeuten: Das Bourdieusche Modell der Praxis als Resultate von Habitus * Kapital + Feld (vgl. Bourdieu 1982, 175) enthält das dynamische Modell der sozialen (individuellen wie kollektiven) Entwicklung nur implizit. Es ist die von Marx und damit Hegel übernommene „Arbeit", die als Selbstbestimmung und Selbstschaffung die Intention von Praxis ausmacht. Inwieweit diese Praxis als Arbeit in originär pädagogischen Begriffen (nämlich Bildung und Erziehung) abgebildet werden kann, muss an anderer Stelle behandelt werden.

die Institutionalisierung dieses Kapitals als Bildungsabschluss betrachtet werden, das dann, transferiert in andere Felder (Schule, Berufsleben), *soziales Kapital* (Beziehungen) und *symbolisches Kapital* (z. B. Beruf) begünstigt, die wiederum für den Erwerb ökonomischen Kapitals relevant sind. Ziel ist es, bereits zu Beginn der Bildungsbiografie eines jeden Kindes, in den verschiedenen Herkunftsmilieus einen medienaffinen Habitus anzulegen.

Aber nicht nur die Kinder, sondern auch die Bildungsinstitutionen mit ihrem pädagogischen Personal werden durch das Projekt gefördert: durch ökonomisches Kapital, welches zur Verbesserung der Medienausstattung beiträgt und durch *inkorporiertes Kulturkapital* in Form von Fortbildungen und studentischer Unterstützung bei der aktiven Medienarbeit vor Ort. Damit bietet das Projekt durch die enge Vernetzung der einzelnen Bildungsinstitutionen (Kita, Universität, Schule) *soziales Kapital* und ermöglicht dem pädagogischen Personal die Erwirtschaftung von *symbolischem Kapital*, z. B. im Sinne von Aufmerksamkeit und Anerkennung durch den Träger und die Öffentlichkeit.

3.2 Medienbildung als „metakognitive Lernprozesse" und Apprenticeship

Die Medienbildungsprozesse in unserem Projekt sind als *metakognitiver Prozess* der Lehrenden und Lernenden gestaltet (vgl. Lai 2011). Das pädagogische Konzept unseres Projekts setzt dabei an einer Veränderung von Lernprozessen für sehr viele Akteure an. Wir nehmen nicht nur die Kinder und nicht nur die Erzieherinnen in den Blick, sondern versuchen gleichzeitig, auch diejenigen mit zu beteiligen, die in der nächsten Bildungsinstanz für die Kinder Einfluss gewinnen: die Lehrkräfte an Grundschulen. Studierende für das Grundschullehramt der TU Dortmund werden – noch während ihrer Ausbildung im Studium – als Mittler zwischen Universität, dem pädagogischen Personal und Kindern in den Kitas in den gemeinsamen Lernprozess integriert, erhalten einen Einblick in die Gestaltung von Bildungsprozessen und werden darüber hinaus für den Schulübergang sensibilisiert. Damit erhalten sie nicht nur Rückmeldung aus unterschiedlichen pädagogischen Perspektiven, sondern lernen ihre eigenen pädagogischen und didaktischen Leitvorstellungen und Handlungsorientierungen zu reflektieren (vgl. McNamara 1995; allgemein Hatton & Smith 1995).

Wer in „natürlichem Umfeld" Medienverhalten von Kindern beforschen will, nimmt Einfluss auf ein System: sei es die Familie oder sei es eine Institution der Frühen Bildung. Insofern ist hier Forschung immer intervenierend (vgl. Krainer, Lerchster & Goldmann 2012). Gleiches gilt für den Ansatz der Qualitätssicherung. Allein die

3. Theoretische Vorannahmen

Aufforderung zur Reflexion über eine durchgeführte Maßnahme verändert den Blick auf diese und ermöglicht den Beteiligten dabei *idealiter* eine metakognitive Reflexion (vgl. Weinert 1984). Die Steuerungsfunktion der Metakognition resultiert aus der Reflexion nicht mehr auf die Objekte des Handelns, sondern auf die Handlungen selbst bzw. ihre kognitiven Grundlagen.

> „Metakognitive Aktivitäten heben sich von den übrigen mentalen Aktivitäten dadurch ab, dass kognitive Zustände oder Prozesse die Objekte sind, über die reflektiert wird. Metakognitionen können daher Kommandofunktionen der Kontrolle, Steuerung und Regulation während des Lernens übernehmen" (Hasselhorn 1992, 36).

Kitas sind dabei ihrerseits kein kontextloser Raum: Medienbildung findet institutionell und sozial-politisch (vgl. Fricke 2011) determiniert statt – Weiterbildungsmöglichkeiten, Ressourcen technischer, zeitlicher und personeller Art spielen hier ebenso eine Rolle wie explizit gemachte Bildungsanforderungen oder implizite bewahrpädagogische Ängste und Einstellungen. Insofern stand das Projekt *Medienkompetent zum Schulübergang* vor der Herausforderung, ein ganzes System in den Blick zu nehmen, das einerseits öffentlich ausgerichtet ist und eine allgemeine Bildungsfunktion übernehmen soll, andererseits damit aber auch bestimmten Schutz genießt und nicht beliebig zum Forschungsobjekt gemacht werden kann. Allerdings kann ein realistischer Blick auf Bildungsarbeit eben nicht in einzelnen Labor-Einrichtungen generiert werden, deren Zusammensetzung eben gerade nicht die normalen Umstände widerspiegelt – weder was das Personal und seine Ausbildung angeht, noch im Hinblick auf die Zusammensetzung der Kinder und den, ganz wichtig, institutionellen Rahmenbedingungen. Das heißt: Normalität kann eben nur durch den Blick auf eine soziale Faktizität beschrieben werden.

Dieser Untersuchungsansatz ist nicht genuin medienpädagogisch – er gilt für Feldforschung im Allgemeinen. Insofern wurden auch die Überlegungen angestellt, die für diesen ethnographischen Ansatz seit längerem bekannt sind: Neben der Offenheit im Forschungsprozess, für den sich die Grounded Theory (vgl. Glaser und Strauss 1998; Krotz 2005) als Zugang anbietet, steht das Vertrauen der Beforschten zu ihren Forschern, was wir durch die frühe und häufige Einbindung der tutoriell agierenden Studierenden in den Kita-Alltag zu sichern suchten. Darüber hinaus wurden die Rollen der verschiedenen Forschungssubjekte im mehrmethodischen Design des Forschungsprozesses gesplittet: die Studierenden vor Ort waren nur im Nachhinein protokollierend tätig. Die Erhebungen mittels Fragebögen wurden von einem Forscherteam konzipiert, das zwar bekannt und vertraut war, aber selbst nicht aktiv in die Kita-Arbeit eingriff. Der gesamte Forschungs- und Interventionsprozess wurde engmaschig von einem Koordinationsteam aus Projektverantwortlichen der unterschiedlichen Ebenen und Akteure begleitet.

Die Kompetenzvermittlung selbst erfolgt nach dem Prinzip der *Media Apprenticeship* – was auch in der Leseförderung eine wichtige Rolle spielt (vgl. Jacobs & Paris 1987; Schönbach et al. 2006) – als interaktiver Prozess aller Beteiligten. Pädagogisches Personal, Studierende und Kinder nehmen wechselseitig Rollen als „Meister" und „Lehrling" ein. Die Erzieherinnen lernen von den Studierenden, diese wiederum von den Erzieherinnen und beide lernen von den Kindern. Die Kinder sammeln indessen neue Medienerfahrungen und eignen sich, durch die Erzieherinnen und Studierenden pädagogisch angeleitet, Medienkompetenz an. Die gemeinsame Projektarbeit bindet alle Beteiligten aktiv in die Medienarbeit mit ein und offeriert ihnen neue Herausforderungen in der „Zone der nächsten Entwicklung" (Wygotski 1964, 236). So führt ein Projekt dieser Komplexität idealiter nachhaltig zu einer über die Projektdauer hinaus reichende Veränderung der *medialen Kultur* einer Einrichtung, einer Kita oder einer OGS, aber auch der familialen Medienpraxis, der Medienaffinität zukünftiger Lehrerinnen und Lehrer und natürlich und vor allem der eigenbestimmten Medienkultur der am Projekt beteiligten Kinder (vgl. Brown; Collins & Duguid 1989).

3.3 Educational Governance und Action Research

Educational Governance ist in deutschsprachigen medienpädagogischen Abhandlungen noch nicht häufig zu finden (vgl. Heinen 2010, 234), wird allerdings in der allgemeinen Erziehungswissenschaft (vgl. Amos 2010) und der Sozialethik (vgl. Heimbach-Steins und Kruip 2011) bereits seit mehreren Jahren diskutiert. Grundgedanke ist, dass Bildungsgerechtigkeit nicht von einzelnen Akteuren, sondern immer nur wirksam im Verbund unterschiedlicher Verantwortungsträger hergestellt werden kann. Gerade Kindertagesstätten stehen dabei in einem

> „komplexen Spannungsfeld unterschiedlicher und nicht leicht miteinander vereinbarer Erwartungen, die von den Eltern, der Schule bzw. dem Bildungssystem, der gesellschaftlichen Öffentlichkeit und den Interessengruppen der Wirtschaft sowie – für die Einrichtungen in kirchlicher Trägerschaft – von der Kirche an sie herangetragen werden" (Heimbach-Steins 2011, 124).

3. Theoretische Vorannahmen

Die Frage vor Ort in der Bildungsverantwortung bleibt: Was kann man tun, um Bildungserfolg zu vergrößern? Was hier Not tut, ist parallel zu den großen Linien der quantitativen Bildungsforschung eine passgenaue Analyse der jeweils individuellen qualitativen systemischen Voraussetzungen für Bildungsprozesse und eine parallel zur und mit der *Grounded Theory* entwickelte *Grounded Practice* (vgl. Kapitel *4.1 Grounded Practice als metakognitive Reflexion*) zu etablieren, die in einer Verschränkung mit den Forschungsergebnissen und im Konsens mit den Akteuren in einem definierten sozialen Feld in gemeinsamer Bildungsverantwortung Anstrengungen unternimmt, Bildung zu verbessern.

Dies nannte man, mit Bezug auf Kurt Lewin (vgl. Adelman 1993), bis in die 1970er Jahre hinein *Handlungs-* oder *Aktionsforschung*.

> "The research needed for social practice can best be characterized as research for social management or social engineering. It is a type of action-research, a comparative research on the conditions and effects of various forms of social action, and research leading to social action. Research that produces nothing but books will not suffice.
> This by no means implies that the research needed is in any respect less scientific or 'lower' than what would be required for pure science in the field of social events. I am inclined to hold the opposite to be true." (Lewin 1946, 35)

Doch Aktionsforschung scheint heute im deutschsprachigen Raum fast verschwunden. In der Didaktik allerdings wird dieses Prinzip der Diagnose und Förderung auf der Basis authentischer Daten zur konkreten Lerngruppe in unterschiedlicher Weise bereits erfolgreich propagiert (vgl. Altritter & Posch 2010) – und nicht nur das: seit den 1990er Jahren ist das Konzept der „Kleinen Empirie" formuliert und realisiert (vgl. Marci-Boehncke 1996; 1997; 2008a; 2009b). In konkreten Lerngruppen und z. T. auch von diesen selbst wird mit dem Ziel der *metakognitiven Reflexion* der kurzfristige Erfolg oder auch nur der Status Quo von Einstellungen und Kompetenzeinschätzungen der Schülerinnen und Schüler, der Lerner und Studierenden erhoben.

Es ist an der Zeit, dass sich die „Kleine Empirie" der Didaktik zur „Konkreten Empirie" der Interventionsforschung mausert – hat dieses Konzept doch auch schon Eingang gefunden in die Evaluation größerer Bildungsstudien (vgl. Marci-Boehncke 2008b; 2009c). Basierend auf der Forschungsmethodik der *Grounded Theory* wird hier eine sich im konkreten Arbeitsprozess immer wieder selbstvergewissernde und in ihren Maßnahmen beständig modifizierte Praxis als pädagogisch-didaktischer wie qualitätssichernder Rahmen für Bildungsprojekte konstruiert, die passgenau fördern wollen. Vielleicht muss man an dieser Stelle (erneut) Handlungs- und Forschungsparadigmen in Frage stellen, so wie dies Lewin bereits in seinem Grundlagenbeitrag 1946 getan hat. Nicht *entweder* die gesetzesaufdeckende Grundlagenforschung *oder* die feldaufklärende Aktionsforschung, sondern beide zusammen sind notwendig, um Handeln, hier pädagogisches Handeln, anzuleiten. Lewin nennt diese Forschungsform daher zu Recht „Diagnose".

> "To act correctly, it does not suffice, however, if the engineer or the surgeon knows the general laws of physics or physiology. He has to know too the specific character of the situation at hand. This character is determined by a scientific fact-finding called diagnosis. For any field of action both types of scientific research are needed." (Lewin 1946, 37)

Heute werden Diagnose, Differenzierung und Förderung auf der Basis von Heterogenität und mit dem Anspruch auf Inklusion als Bildungsparadigmen gehandelt (vgl. Rath 2008). Die Fähigkeit von Forschern, auf die Bedingungen der Praxis mit breitem Repertoire an Erhebungs- und Interventionsmethoden zu reagieren und zu Partnern in der Netzwerkbildung für Bildungsprozesse zu werden, könnte vielleicht für die Zukunft wieder eine neue Bedeutung bekommen, wenn es gelingt, in der Scientific Community selbst bestehende Vorurteile und ggf. überkommene Paradigmen zu verwerfen. Denn, wie Jörrissen (2011) zu Recht betont, ist

> „der ‚Aufbau' komplexer Wissensgefüge kein summativer Vorgang, sondern vielmehr ein negativer Prozess des Rahmenwechsels bzw. eines Um-Lernens. Grundlegende Orientierungen werden sozialisatorisch erworben. Orientierungsrahmen zu ändern – und nichts anderes ist der individuelle Aufbau von Orientierungswissen – muss daher logischerweise bedeuten, dass vorhandene Orientierungen zumindest eingeklammert, wenn nicht sogar negierend aufgehoben werden" (Jörrissen 2011, 219).

Wir können nicht vor dem Hintergrund generalisierter Paradigmen forschen, wenn wir auf der Basis individualisierender Paradigmen fördern sollen.

4. Strukturelle Umsetzung

Durch die *Vernetzung* aller beteiligten Institutionen entsteht ein geschützter Kommunikationsraum, der einen Austausch untereinander zulässt und gemeinsames Lernen für alle Akteure möglich macht. Gleichzeitig werden die Ergebnisse der Begleitforschungen kontinuierlich in die pädagogischen Einrichtungen zurückgespiegelt – als Möglichkeit zur metakognitiven Reflektion.

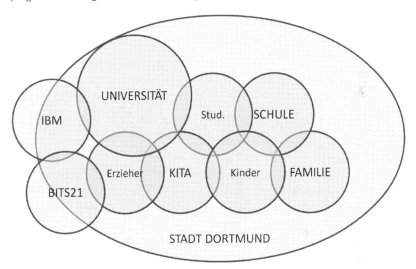

Abbildung 2: Bildungsnetzwerk des *Medienkompetent zum Schulübergang*-Projekts Dortmund

Diese Projektstruktur zeigt, dass die Rolle der Wirtschaft (IBM) natürlich nicht im Zentrum des Bildungsprozesses steht, aber eine zentrale Anschubfunktion besitzt. Das Projekt zeigt aber auch, dass gerade die Kommunikationsprozesse so kompliziert sind, dass CSR wirklich den Akzent auf das „Social" legen muss, um nachhaltig wirksam sein zu können. Die Vermittlung und Zusicherung nicht nur ökonomischen, sondern auch und vor allem sozialen und symbolischen Kapitals ist für die Akteure vor Ort (Stadt und Universität) eine wichtige stabilisierende Maßnahme im gemeinsamen Bildungsnetzwerk. Deshalb ist es mit materiellen Zuwendungen nicht getan. Kernaufgabe von IBM im Projekt war die kontinuierliche Zusicherung und Einforderung gemeinsamer sozialer Verantwortung. Damit sind wir beim Aspekt der *Educational Governance* angekommen.

4.1 Grounded Practice als metakognitive Reflexion

Ein weiterer Grund spricht dafür, die individuellen Gegebenheiten in den forschenden und fördernden Blick zu nehmen: Fragt man Erziehungsverantwortliche – egal ob Lehrkräfte (vgl. Marci-Boehncke/Gast 1997, Gast 1999) oder Erzieherinnen – warum Medienbildung von ihnen nicht im gewünschten Maß umgesetzt wird, erhält man gebetsmühlenartig die gleichen Aussagen: Es fehle an personellen Ressourcen, zeitlichen Ressourcen sowie an technischer Zuverlässigkeit und Ausrüstung, sprich: ökonomischem Kapital. Und schließlich: Es fehle an Fortbildungsmaterial und Gelegenheit zur Fort- und Weiterbildung – wohinter letztendlich die Erkenntnis steht: Für die Einzelnen selbst fehlt es an Kompetenz bzw. dem Gefühl der Zuständigkeit. Diese Aussagen gelten auch und speziell für Erzieherinnen in der Kita (Marci-Boehncke 2008c) und haben sich in dieser Studie auch wieder bestätigt (vgl. Kapitel 7.1.1 *Selbstwirksamkeitserwartung der Erzieherinnen*). Wenn man diese infrastrukturellen und persönlichen Reaktanzen des Systems ernst nimmt, muss man genau diese Argumente entkräften. Dies hat *Medienkompetent zum Schulübergang* als Netzwerkprojekt getan:

- Es wurden Studierende als verlässliche Coaches zur personellen Unterstützung zur Verfügung gestellt.
- Es wurde didaktisch in konkret-planenden Fortbildungen verdeutlicht und geübt, dass Medienarbeit kein Additum bedeutet, sondern integriert in die gewöhnliche Arbeit betrieben werden kann.
- Es wurden ausreichend technische Geräte zur Verfügung gestellt.
- Es wurden Fortbildungen angeboten und Info-Material bedarfsgerecht zur Verfügung gestellt.
- Es wurde institutionell Sicherheit vermittelt, dass Medienbildung Projektziel der Erziehungsarbeit in den Kitas sein soll. Der Elternwille zur Zustimmung der Projektteilnahme der Kinder hat dies noch unterstrichen.

Diese wichtigen Voraussetzungen haben die Basis geschaffen für eine Interventionsforschung, die sich permanent an die Rahmenbedingungen anpassen musste, deren Ziel es aber war, als Prozess die Widerstände zu überdauern und so in eine Nachhaltigkeit zu gelangen, die Akzeptanz schafft und somit die Grundlage für weitere Bildungsarbeit bietet. Hier muss Medienpädagogik im Interesse der Bildungsarbeit auch als Forschungsdisziplin Wege gehen, wie sie auch in der pädagogischen bzw. pädagogisch-psychologischen Praxis akzeptiert sind (vgl. Trittel 2010, 281).

4. Strukturelle Umsetzung

Dabei dürfen die für die quantitative Forschung obligatorischen Gütekriterien der Objektivität, Validität und Reliabilität nicht überbeansprucht werden (vgl. Krainer, Lerchster & Goldmann 2012, 212). Menschen handeln in den konkreten Situationen der Aktionsforschung nicht standardisierbar, sie sind abhängig von diversen Faktoren und dies auch nicht immer in gleicher Weise. Hierfür müssen andere Kriterien wie z. B. „substance" und „variety" (Cho & Trent 2006) oder „Phänomentreue" (Rath 1988) benannt und differenziert werden. Sozialwissenschaftliche Forschung und erst recht Bildungsforschung muss stärker individualisiert forschen, weil sie nicht nur beschreiben, sondern Bildungsmöglichkeiten verbessern (vgl. Lerchster 2012, 25) will.

Die konkreten Ergebnisse des hier vorzustellenden Projekts zeigen, dass die Selbstwirksamkeitserwartung der Erzieherinnen erhöht wurde und die beteiligten Erzieherinnen sowie die Kinder bzw. Eltern mit großer Mehrheit positiv auf das Projekt reagiert haben. Die technischen und didaktischen Kompetenzen der Erzieherinnen wurden verbessert, Kinder wieder neu wahrgenommen und kindliche Fähigkeiten erkannt und auch sozial genutzt. Es fand eine Umorientierung von einer rezeptiven zu einer produktiven Mediennutzung in der Kita ebenso wie in den Familien statt und die Sorge vor einem negativen Einfluss der Medien und des Computers im Besonderen in der Bildungsarbeit ist bei den teilnehmenden Kitas nahezu verschwunden. Wenn Wissen und Kenntnisse, Fähigkeiten, Fertigkeiten, Einstellungen und Haltungen (vgl. Weinert 2001, 27-28) Kompetenz ausmachen, dann kann für das Projekt *Medienkompetent zum Schulübergang* konstatiert werden, dass dieser Kompetenzzuwachs bei den drei Hauptzielgruppen erreicht wurde:

- Die Erzieherinnen können technisch und didaktisch besser medienorientiert arbeiten, sie haben Freude an der Arbeit entdeckt, Ängste und Vorurteile überwunden und können einen anderen Blick auf sich selbst und die Tätigkeiten der Kinder werfen. Sie fühlen sich mit ihrer Arbeit anerkannt von Eltern, Träger und Stadt.
- Die Kinder haben medial ein breites Spektrum an Handlungsmöglichkeiten kennengelernt, konnten ihre eigenen Kompetenzen in diesem Bereich zeigen und damit z. T. auch sozial souveräner auftreten und integriert werden. Sie haben Freude an der Arbeit gehabt und darüber auch zu Hause erzählt. Sie haben ihr Medienverhalten von der Rezeption stärker auf die Produktion gelenkt.
- Die Studierenden haben neben Medientechnik und Mediendidaktik – die sie auch in schulischen Kontexten nutzen können – den Übergang erleben und gestalten können. Sie wissen, wie Kinder sind und was sie können, wenn sie kurz vor der Einschulung stehen – auch medial. Sie haben Bildungsforschung

für ihre eigene Lerngruppe gelernt und sind so besser vorbereitet auf eigene Qualitätssicherungsprozesse. Sie konnten die Wirkung metakognitiver Reflexion beobachten – sowohl bei sich selbst als auch bei den Erzieherinnen. Das Prinzip des *Apprenticeship* (vgl. Kapitel *3.2 Medienbildung als „metakognitive Lernprozesse" und Apprenticeship*) konnten sie selbst ausprobieren.

Insofern haben die unmittelbaren Akteure im Gesamtprozess, der über die konkrete Intervention medienbildnerischer Praxis auch den Forschungsprozess umfasst, gewonnen, denn die Forschung diente zugleich als „Initialzündung" metakognitiver Prozesse (vgl. Kapitel *3.2 Medienbildung als „metakognitive Lernprozesse"*) – auch wenn die Folgen dieser Reflexionen nicht quantifizierbar sind (vgl. Lechster 2012, 52). Für das Netzwerk in Dortmund ist die Nachhaltigkeit des Projekts noch nicht endgültig absehbar. Eine *Win-Win*-Situation für alle Beteiligten ist auf jeden Fall entstanden, wie sich später am Fluss der Kapitalien zeigen lassen wird (vgl. Kapitel *4.3 Kapitalienflüsse im Rahmen des Gesamtprojekts*). Darüber hinaus ist für uns das Dortmunder Projekt *Medienkompetent zum Schulübergang* bildungspolitisch und methodisch eine große Fallstudie für konvergente Wissenschaftspraxis (vgl. Marci-Boehncke und Rath 2009b).

4.2 Projekt-Ebenen

Medienbildung scheint uns – angesichts der zunehmenden globalen Mediatisierung der Gesellschaft und der individuellen Lebenswelt – von zentraler Bedeutung für die zukünftige eigenverantwortliche, partizipative, emanzipative und demokratische Lebensgestaltung des Menschen. Unser Projekt setzt an bei der Diagnose eines Defizits, nämlich dem Mangel an solchem Angebot, sowohl auf Seiten der Erzieherinnen als auch auf Seiten der späteren Lehrkräfte.

Da nicht der *Lerner* allein maßgebend ist, sondern das *Feld*, in dem er kulturelles Kapital inkorporiert, müssen auch die Akteure dieses Feldes – Institutionen, Personen – in den Blick genommen werden. Das *Feld*, auf das wir im Rahmen des Projekts Einfluss zu erlangen versuchen, ist der Bereich der frühen Bildung in den Kitas der Stadt Dortmund sowie der OGS.

Das hat Folgen für die Breite der Betrachtung. Wir sind im Rahmen unseres Konzepts der *Educational Governance* zu dem Ergebnis gekommen, dass wir diese Forschungs- und Interventionsperspektive auch auf die unterschiedlichen Ebenen ausdehnen müssen, die die verschiedenen Praxen der beteiligten Akteure bestimmen. Im Folgenden

4. Strukturelle Umsetzung

werden nur die Akteure des Feldes „Frühe Bildung" beleuchtet, d.h., wir werden jetzt in der Darstellung den Komplex Schule nicht eigens aufführen und darstellen.

Welche Ebenen werden im Rahmen des Gesamtprojekts Frühe Bildung wie gesteuert? Wir können fünf Ebenen unterscheiden (vgl. Abbildung 3):

1. Die politische Ebene, die die inhaltlichen Vorgaben für die frühe Bildung formuliert. In diesem Bereich intervenieren wir nicht, hier liegen vielmehr die bildungspolitischen Rahmenvorgaben für unsere Intervention. Zu nennen sind z. B. die Bereitstellung von Kita-Plätzen sowie die curricularen Rahmenvorgaben wie die Bildungsvereinbarung NRW.
2. Die Ebene des Projektmanagements, die aber zugleich als die eigentliche *Governance*-Ebene zu verstehen ist,
3. die Ebene der Fortbildung, deren Schulungen als Vorleistung und vorlaufende Vereinheitlichung der jeweiligen Kompetenzen in den beteiligten Kitas zur Durchführung des Gesamtprojekts notwendig sind, sowie
4. die eigentliche Handlungsebene, die sich in einen Interventionsbereich und einen Forschungsbereich unterteilen lässt.

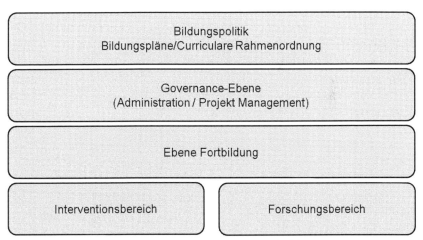

Abbildung 3: Ebenen des Projekts *Medienkompetent zum Schulübergang*

5. Und schließlich unterscheiden wir die Ebene der metakognitiven Reflektion (vgl. Abbildung 4), in der die Forschenden im Forschungsprozess die beteiligten Akteure durch die Fragestellungen sowie durch regelmäßige Informationen über Ergebnisse der Forschung zu Eigenreflexion anregt.

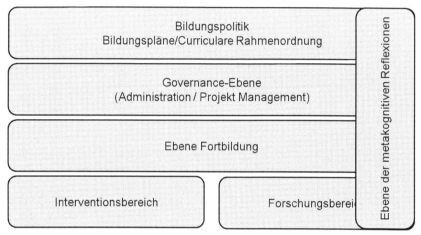

Abbildung 4: Ebene der metakognitiven Reflexion als Querschnittsebene des Projekts *Medienkompetent zum Schulübergang*

Hier kann die Komplexität dieser Ebenen nicht im Detail entfaltet werden, aber wir wollen diese Komplexität zumindest kurz deutlich machen. Die verschiedenen Ebenen werden von unterschiedlichen Akteuren bestimmt, und die Formen der Intervention variieren. Ebenso unterschiedlich ist die Dokumentation bzw. die wissenschaftliche Begleitung der jeweiligen Prozesse.

Auf der *bildungspolitischen Ebene* werden die curricularen Rahmenbedingungen festgelegt, die die Medienbildung im Bereich der Frühen Bildung bestimmen. Dass die Medienwirklichkeit von Kindern in die Ausbildung der Ausbilder und die Frühe Bildung hinein gehört, ist in vielen Ländern angekommen und wird wissenschaftlich auf breiter internationaler Basis empfohlen (vgl. Fedorov 2001, 2003; Anderson 2010; Fuenmayor 2010; Valdivia 2010).

In Deutschland ist Medienbildung nach einem Prozess langsamer Annäherung an die Medienbildung als Kita-Auftrag (vgl. Bromberger, Marci-Boehncke & Rath 2006) inzwischen in allen Bundesländern Konsens und im Rahmen der länderspezifischen Bildungsvereinbarungen festgeschrieben (vgl. Marci-Boehncke 2011). Insofern herr-

4. Strukturelle Umsetzung

schen in Dortmund gute Voraussetzungen für eine Integration der Medienbildung in die Kita-Arbeit: Gerade die *Bildungsgrundsätze NRW* (Bildungsgrundsätze 2011), die 2012 verbindlich für die Kitas und Grundschulen in Kraft treten, erheben den Anspruch auf ein verbessertes Medienkompetenzprofil, das in den Alltag integriert wird. Somit wird auf Landesebene bereits in der Frühen Bildung ein offensiver Medienumgang bildungspolitisch gefordert. Was länderübergreifend variiert, ist die Umsetzung dieser Forderungen. Dies hängt zum einen mit Rahmenfaktoren wie Fortbildungsmöglichkeiten und Ausstattung zusammen. Zum anderen ist häufig unklar, wie eine Integration von Medienarbeit im Vorschulalter aussehen könnte. Werfen wir noch einen etwas detaillierteren Blick auf diese Rahmenvorgabe.

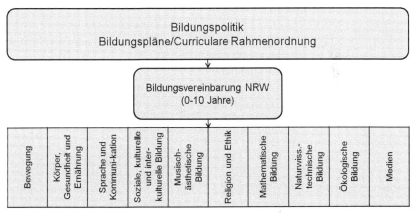

Abbildung 5: Bildungspolitische Ebene des Projekts *Medienkompetent zum Schulübergang*

Mit insgesamt zehn Bildungsbereichen definieren die Bildungsgrundsätze NRW quasi curricular den Bildungsauftrag der Bildungsinstitutionen von 0 bis 10 Jahren (vgl. Bildungsgrundsätze 2011, 30):
  1. Bewegung
  2. Körper, Gesundheit und Ernährung
  3. Sprache und Kommunikation
  4. Soziale, kulturelle und interkulturelle Bildung
  5. Musisch-ästhetische Bildung
  6. Religion und Ethik
  7. Mathematische Bildung
  8. Naturwissenschaftlich-technische Bildung
  9. Ökologische Bildung
  10. Medien

Besonders auffallend ist die Ausweisung der Medien als einen eigenen Bildungsbereich. Diese Darstellung und Systematik ist ambivalent. Zwar stellen die Bildungsgrundsätze (ebd., 66) richtig fest, dass alle Medienbereiche zur kindlichen Lebenswelt und „Kinderkultur" gehören, allerdings könnte eine spezielle Ausweisung auch zu dem Fehlverständnis führen, dass Medien als Bildungsbereich auch und vor allem ein eigenes Themenfeld in der Kita und Grundschularbeit wären. Im Rahmen des Projekts *Medienkompetent zum Schulübergang* wurde dieses Verständnis, häufig als Überlastungsargument gegen Medienkompetenzvermittlung in der Frühen und Primarbildung, genannt. Und die Bildungsgrundsätze lösen diese Ambivalenz auch nicht auf. Die Vorschläge bleiben häufig auf der Ebene einer Medienthematisierung (vgl. ebd., 67f). Dennoch ist es wichtig, die Öffnung für die Medien und die Erkenntnis der Medien als *Querschnittsphänomen* zur Kenntnis zu nehmen. Dies gibt die Möglichkeit, Medien breit und umfassend, also sowohl klassische als auch neue Medien, nicht nur selbst zum Thema zu machen, sondern als selbstverständliches Mittel in der Arbeit an allen Bildungsbereichen zu integrieren.

Auf der *Governance-Ebene* wird das Gesamtprojekt gesteuert, hier treffen aber auch – und daher geht die Arbeit auf dieser Ebene über reines Management und reine Administration hinaus – die unterschiedlichen Interessen, pädagogischen, wissenschaftlichen und politischen Grundpositionen und die unterschiedlichen Ressourcen (Kapitalien) aufeinander. Insofern ist diese Ebene immer auch normativ und diskursiv: Erwartungen und Realisierungsideale stehen, teilweise auch konfrontativ, neben konkreten Realisierungsbedingungen. Es ist die Ebene der Administration und des Projektmanagements, aber dies darf nicht als allein ausführend verstanden werden. Ganz im Sinne des oben ausgeführten Konzepts der *Action Research* (vgl. Kapitel *3.3 Educational Governance und Action Research*) wird das Projekt hier gestaltet, in den (meist unverrückbaren) Grenzen des politisch Möglichen und in den diskursiv auszuhandelnden Grenzen des von den verschiedenen Akteursgruppen Gewollten, Gekonnten oder zumindest Zugelassenen. In unserem Fall agieren auf dieser neben den Wissenschaftlerinnen und Wissenschaftlern die IBM Deutschland sowie die Stadt Dortmund.

Alle drei Institutionen entsenden Vertreter und damit Akteure in eine Projekt-Management-Gruppe, die die Durchführung des Gesamtprojekts *Medienkompetent zum Schulübergang*. Die WissenschaftlerInnen werden dabei unterstützt durch die Ansprechpartnerin für die Studenten, die zugleich als Trainerin für die Erzieherinnen fungiert.

Die Stadt beteiligt sich durch einen Vertreter der Verwaltung der Institutionen der Frühen Bildung (FABIDO, städtischer Träger der Kitas), den IT Dienstleister

4. Strukturelle Umsetzung

Dosys der Stadt Dortmund, der die technische Vernetzung betreut, und eine Vertreterin der beteiligten Erzieherinnen. IBM Deutschland schließlich ist durch ihren CSR-Verantwortlichen vertreten, der den Gesamtprozess beobachtet und bei aufgetretenen Konflikten moderierend agieren kann.

Die *Fortbildungsebene* (vgl. Abbildung 7) ist leichter überschaubar. Hier hat das Wissenschaftlerteam die Studierenden geschult, v. a. theoretisch sowie in der Forschungsmethodik. Die Trainerin für Medienbildung wurde ebenfalls geschult, bevor sie die Erzieherinnen medienpädagogisch und technisch weitergebildet hat.

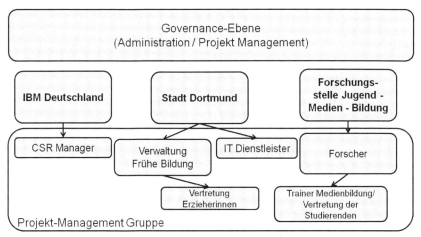

Abbildung 6: Governance-Ebene (Administration/Projekt Management) des Projekts *Medienkompetent zum Schulübergang*

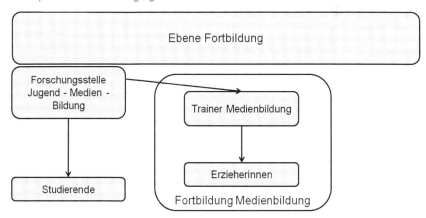

Abbildung 7: Ebene der Fortbildungen für Erzieherinnen im Bereich Medienbildung

Auf der konkreten *Durchführungsebene* vor Ort werden zwei Bereiche miteinander verzahnt, der eigentliche *Interventionsbereich* sowie der Bereich der wissenschaftlichen Begleitung, der *Forschungsbereich*.

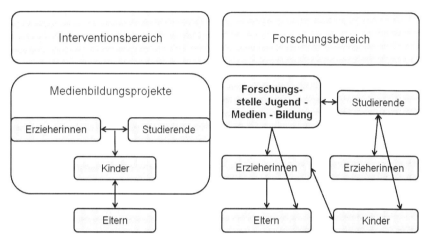

Abbildung 8: Durchführungsebene mit den beiden Bereichen Intervention und Forschung

Im *Interventionsbereich* haben die Erzieherinnen zusammen mit den Studierenden je eigene Medienbildungsprojekte in den Kitas entwickelt und diese mit den Kindern durchgeführt. Die Eltern wurden durch die Erzieherinnen über diese Projekte vor Ort informiert und die Eltern konnten diese Projekte über die Kinder mitverfolgen.

Im *Forschungsbereich* hat das Wissenschaftlerteam die Fragebögen an die Erzieherinnen und mehrsprachig an die Eltern gegeben und nach dem Rücklauf ausgewertet. Die Erzieherinnen wurden dadurch eingebunden, dass sie nicht nur über sich selbst und ihre jeweilige Medienpraxis auch über ihre Wahrnehmung der Kinder wie der Eltern befragt wurden.

Die Studierenden haben die Erzieherinnen sowie die Kinder im Rahmen des Projekts beobachtet und diese Beobachtungen dokumentiert. Darüber hinaus haben sie Kinder interviewt (*Puppet Interviews*) und diese Interviews ebenfalls dokumentiert und qualitativ ausgewertet.

Die quer zu allen Ebenen zu denkende *Ebene der metakognitiven Reflektion* schließlich bietet allen Akteuren die Möglichkeit, im diskursiven Austausch das Projekt ebenso wie die Ergebnisse regelmäßig zu reflektieren und die Folgen

4. Strukturelle Umsetzung

dieser Reflektion in die konkrete Interventions- und Forschungspraxis einfließen zu lassen. Die Doppelpfeile in der folgenden Abbildung sollen diesen Austausch symbolisieren.

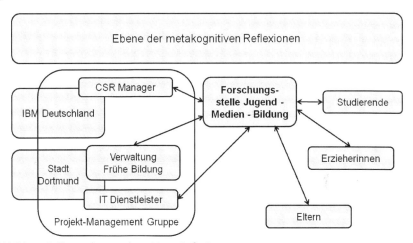

Abbildung 9: Ebene der metakognitiven Reflexionen

Auch die anderen Akteursgruppen des Interventions- und Forschungsprojekts *Medienkompetent zum Schulübergang* wie die politische Führung der Stadt Dortmund, ihre verschiedenen Administrationen sowie der Partner IBM wurden informiert und haben sich regelmäßig an diesem Reflexionsprozess beteiligt. Durch Interviews mit den Vertretern dieser Akteursgruppen wird auch dieser Prozess nach Projektende erfasst und fließt in die Endauswertung des Gesamtprozesses ein.

Kern dieser Ebene ist die Wissenschaftlergruppe der Forschungsstelle Jugend – Medien – Bildung in Dortmund und Ludwigsburg. Das Forscherteam vermittelt durch die Kommunikationsangebote und Informationen die verschiedenen Akteure.

4.3 Kapitalienflüsse im Rahmen des Gesamtprojekts

Es sollte deutlich geworden sein, dass das Gesamtprojekt *Medienkompetent zum Schulübergang* ein komplexes Bildungsnetzwerk aufspannt, in dem sowohl interventiv Teilprojekte zur Medienbildung im Elementarbereich (und im Primarbereich OGS, den wir aber auch jetzt nicht eigens darstellen können) erarbeitet als auch die Entwicklung dieser Projekte, die Rahmenbedingungen dieser Feldarbeit und die Ergebnisse wissenschaftlich begleitet werden. Auf der Basis der Habitus- und Kapitalientheorie von Pierre Bourdieu haben wir dabei eine Struktur entwickelt, die verschiedene Kapitalien im Rahmen dieser Prozesse austauscht. D. h., die Teilbereiche und Ebenen des Projekts werden zu Kapitaliengebern und Kapitaliennehmern der je anderen Bereiche. Dadurch entsteht eine *Win-Win*-Situation, die auf Nachhaltigkeit ausgelegt ist.

Um die mediale Praxis in den Bildungseinrichtungen dahingehend zu verändern, dass Kinder von klein auf selbstverständlichen und pädagogisch begleiteten Zugang zur digitalen Medienwelt bekommen, müssen wir nicht nur die technischen Voraussetzungen schaffen – dies ist aber eine wichtige Voraussetzung.

Zentrale Aufgabe ist die Veränderung der Bildungsbedingungen durch das pädagogische Personal. Der *Habitus* des pädagogischen Personals integriert momentan – so haben verschiedene Studien schon im Vorfeld unseres Projektes gezeigt und dies bestätigen auch die Ergebnisse unserer Vorab-Befragung der beteiligten Erzieherinnen des Projekts – Medienbildung nicht als berufliche Aufgabe. Hier müssen wir Veränderungen ermöglichen. Gemeinsam mit unseren Projektpartnern – der Stadt und der TU Dortmund, der PH Ludwigsburg, IBM Deutschland u. a. – setzen wir an einer Erhöhung der verschiedenen Kapitalien an. Kurz: Nur wenn das pädagogische Personal Medienbildung aktiv zur eigenen Sache macht, verbessern wir die Medienbildung der Kinder.

Betrachten wir jetzt kurz den Fluss der Kapitalienformen in unserem Projekt.[10] Auch hier müssen wir exemplarisch bleiben.

Zunächst auf der *Systemebene* (vgl. Abbildung 10): Der maßgebliche Fluss an ökonomischem Kapital erfolgt durch IBM Deutschland mit der Bereitstellung von über 100 KidSmart-Computerstationen (über alle drei Phasen) an die Stadt sowie mit der Finanzierung einer Mitarbeiterstelle der Forschungsstelle. Auch die Forschungsstelle vermittelt ökonomisches Kapital an die Stadt in Form personeller Unterstützung. Durch die Forschungsstelle fließt zugleich kulturelles Kapital an die Stadt, außerdem symbolisches Kapital durch die öffentliche Anerkennung, die die Stadt und auch IBM durch die PR der Forschungsstelle erfahren. Soziales

---

10 In den folgenden Grafiken werden die verschiedenen Kapitalien abgekürzt: ÖK = Ökonomisches Kapital, KK = Kulturelles Kapital (wir fassen hier unter „KK" das Objektive Kulturelle Kapital und das Institutionalisierte Kulturelle Kapital zusammen), IKK = Inkorporiertes Kulturelles Kapital, SozK = Soziales Kapital, SymK = Symbolisches Kapital.

4. Strukturelle Umsetzung

Kapitel schaffen alle beteiligten Institutionen gegenseitig. Besonders hinweisen wollen wir auf das inkorporierte kulturelle Kapital, das durch die Initiierung von metakognitiven Reflexionen auf allen Ebenen erfolgt.

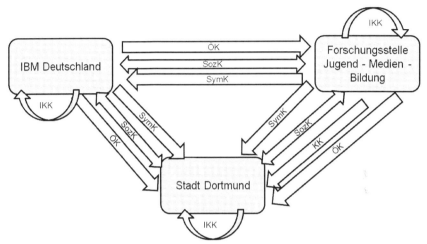

Abbildung 10: Kapitalienfluss zwischen den beteiligten Systemeinheiten IBM, Stadt und Forschungsstelle Jugend – Medien – Bildung

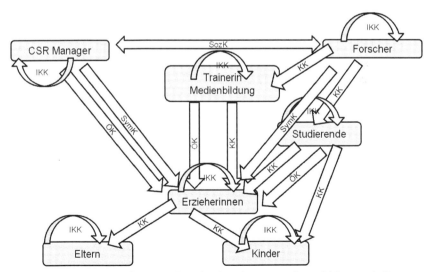

Abbildung 11: Kapitalienfluss zwischen den beteiligten Handlungsfeldern und Akteuren CSR Manager (IBM), Eltern, Erzieherinnen, Kindern sowie Akteuren der Forschungsstelle Jugend – Medien – Bildung (Studierende, Forscher und Trainerin)

Bisher sind wir auf der System- oder institutionellen Ebene geblieben. Zoomen wir an die *Praxis* – und damit die *Handlungsebene* – heran (vgl. Abbildung 11). Auch hier kann keine Detaildarstellung erfolgen, es reicht, wenn deutlich wird, wie ein solches Projekt die unterschiedlichsten Kapitalflüsse initiiert und jeder Beteiligte solche Kapitalien durch seine Arbeit erzeugt. Es sei besonders auf das inkorporierte kulturelle Kapital hingewiesen, das durch die Initiierung von Metakognitiven Reflexionen entsteht.

Gehen wir jetzt den in den Abbildungen genannten Kapitalien etwas detaillierter nach.

4.3.1 Ökonomisches Kapital

Unter ökonomischem Kapital verstehen wir hier alle Vorteilsgaben der Netzwerkteilnehmer an andere Teilnehmer des Gesamtbildungsnetzwerkes, die in irgendeiner Weise mittelbar oder unmittelbar ökonomisierbar oder in ökonomischen Kategorien darstellbar sind, z. B. Geld, Materialien und Geräte, Dienstleistungen, Personalleistungen u. ä.

- IBM Deutschland hat für das Gesamtprojekt 104 KidSmart-Stationen zur Verfügung gestellt, von denen 66 Stationen im Rahmen der Frühen Bildung, also in Kitas der Stadt Dortmund, zum Einsatz kommen.[11] Jede Station umfasst einen voll funktionsfähigen PC-Tower mit Flachbildschirm, Tastatur, Maus und Headset. Das Gerät ist mit Peripherie in ein robustes, kindgerecht gestaltetes Gehäuse, das bis zu drei Sitzgelegenheiten anbietet, so dass auch mehrere Kinder zusammen an dem Gerät arbeiten können. Das Gehäuse erlaubt es, den PC abzuschließen und damit zu sichern.
- Die Stadt Dortmund hat diese Stationen durch ihren IT Dienstleister Dosys ausgeliefert, eingerichtet, mit der zusätzlichen gewünschten Software ausgestattet und an das Internet angeschlossen. Darüber hinaus übernimmt Dosys die Pflege und Aktualisierung der den Internetzugriff der Kinder steuernden *Whitelist*. Zur Durchführung des Projekts wurden alle beteiligten Kitas mit zusätzlichen Tintenstrahlfarbdruckern ausgerüstet.
- Dosys hat darüber hinaus eine *Moodle*-Plattform für das Gesamtprojekt eingerichtet und die Erzieherinnen im Rahmen eines Pädagogischen Tages durch einen Mitarbeiter in der Nutzung dieser E-Learning-Plattform weiterbilden lassen.

---

11 Die Geräte verbleiben auch nach Abschluss des Projekts in den beteiligten Institutionen, also Kitas bzw. in der dritten Phase den OGS. Sie stellen daher eine nachhaltige technische und damit ökonomische Unterstützung vor Ort dar.

4. Strukturelle Umsetzung

- In der ersten Phase wurden alle Erzieherinnen der beteiligten Kitas, die an dem Projekt aktiv teilnehmen sollten, durch den Bildungsdienstleister Bits21 aus Berlin in einer zweitägigen Veranstaltung medienpädagogisch weitergebildet. Die Kosten hier sowie die damit einher gehenden Opportunitätskosten

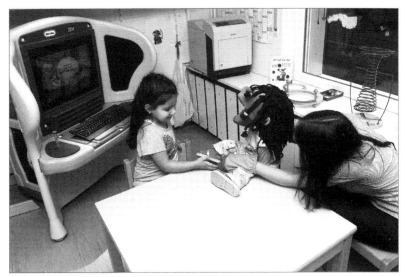

Abbildung 12: Eine KidSmart-Station in einer Kita während des *Puppet Interviews* (© Foto: Jürgen Huhn, Dortmund)

  durch den Ausfall der Mitarbeiterinnen übernahm die Stadt Dortmund. In der zweiten Phase erfolgte diese Weiterbildung durch die projektverantwortliche Mitarbeiterin der TU Dortmund.
- Die praktische Projektorganisation sowie die Organisation der Begleitforschung wurden durch eine gemeinsame Vereinbarung (*Joint Study*) zwischen der TU Dortmund und IBM Deutschland mit einer halben Mitarbeiterstelle realisiert. Diese Projektbetreuung umfasste auch die Betreuung und Beratung der Studierenden sowie der Erzieherinnen in den beteiligten Kitas.
- Die Erzieherinnen der beteiligten Kitas wurden in der Konzeption und der Durchführung ihrer konkreten Medienbildungsprojekte durch Lehramts-Studierende der TU Dortmund unterstützt. Die Präsenzzeiten der Studierenden in den Kitas umfassten dabei mindestens zehn Mal eineinhalb Stunden. Dazu kamen Vorabtermine in den Kitas, auswärtige Termine mit den Kindern (z. B. Exkursionen) und die Präsentation der Kita-Arbeit in einer öffentlichen Abschlussveranstaltung. Die Studierenden waren theoretisch, methodisch

und didaktisch auf diese Arbeit im Rahmen mehrerer Seminare zur *Frühen Medienbildung in Forschung und Praxis* vorbereitet worden.
- Die Produktrealisierung der Medienbildungsprojekte wurde z. T. durch die *Gesellschaft für Medienbildungsforschung e. V.* (Gfmbf), Witten, finanziell unterstützt. Auch finanzierte die Gfmbf zum Abschluss des Projekts in den Kitas eigene Ergebnisdarstellungen für die Eltern, und zu Beginn des Projekts übernahm die Gfmbf die Finanzierung der Übersetzung der Elternfragebögen in insgesamt sechs Fremdsprachen.
- Auf der Projekt-Management Ebene sind vor allem die Organisationstreffen der Projekt-Management Gruppe ökonomisch als Kapitalienfluss zu verstehen. Die Teilnehmerinnen und Teilnehmer dieser Treffen (vgl. hierzu Abbildung 6) haben sich im Rahmen ihrer Arbeitszeit getroffen. Über diese mittelbaren Personalkosten hinaus fielen auch Infrastrukturkosten für diese Treffen an (Fahrtkosten, z: B. des CSR Managers von IBM Deutschland, jeweils aus Stuttgart), die durch die Beteiligten selbst, durch ihre entsendende Institution oder durch die gastgebende Organisation (FABIDO der Stadt Dortmund) finanziert wurden.
- Ein externer Kapitalienzufluss war der Gewinn des Umweltpreises „Lebensraum Wald - Dortmunder Wälder" vom Umweltamt der Stadt Dortmund in Kooperation mit der Firma *Wilo-Pumpen* einer der beteiligten Kitas. Sie wurde für ihr Fotobuch zum durchgeführten Waldprojekt (vgl. Projekt Nr. 25 in Tabelle 9) mit dem ersten Preis in Höhe von 1000 Euro ausgezeichnet. Diese Auszeichnung ist darüber hinaus natürlich auch als soziales und als symbolisches Kapital zu verstehen.

4.3.2 Kulturelles Kapital

Unter kulturellem Kapital verstehen wir im Folgenden alle Bildungsleistungen, die in unserem Gesamtprojekt erbracht wurden. Bourdieu unterscheidet, wie oben gezeigt (vgl. Kapitel *3.1 Kapitalsorten- und Habitustheorie (Pierre Bourdieu)*, das kulturelle Kapital im Hinblick auf die Institutionalisierung (z. B. Zertifikate), Objektivierungen von kulturellem Kapital (Bücher, Materialien, hier bei uns Projektprodukte) und die eigentliche Zielkategorie aller Bildungsarbeit, das inkorporierte kulturelle Kapital. Aber gerade diese Inkorporierung ist empirisch besonders schwierig zu erfassen. Sie ist nicht beobachtbar oder inhaltsanalytisch zu erfassen wie objektiviertes oder institutionalisiertes kulturelles Kapital. Häufig wird gerade in medienbildnerischen Praxisprojekten (wie in anderen pädagogischen Projekten auch), auf eine Erfassung des eigentlichen Ergebnisses der Intervention verzichtet. Die Intervention wird beschrieben, ihr Effekt bleibt unklar. Das 2009 von einer

4. Strukturelle Umsetzung

Gruppe von medienbildnerisch interessierten Institutionen verabschiedete Manifest „Keine Bildung ohne Medien!" macht denn auch dieses Defizit deutlich, wie der Sprecher der Initiativgruppe auf dem Kongress „Keine Bildung ohne Medien!" 2011 in Berlin betont:

> „Und es ist auch sinnvoll, immer wieder Projekte zu initiieren, z. B. um Neues auszuprobieren oder Menschen Raum für selbstorganisierte Initiativen zu geben. Das Problem ist aber, dass eine Konzentration auf Kampagnen und Projekte – viele sprechen hier von ‚Projektitis' – kein geeigneter Weg ist, um nachhaltige Strukturen aufzubauen und langfristige Bildungsprozesse mit Medien auf den Weg zu bringen." (Niesyto 2011, 4)

In diese Richtung gehen auch die Empfehlungen des Zweiten Zwischenberichts der Enquete-Kommission „Internet und digitale Gesellschaft" zum Thema „Medienkompetenz", in dem die Kommission feststellt:

> „Das Thema Medienkompetenz-Förderung ist in der Gefahr, in der Politik vor allem für aufmerksamkeitserregende Kampagnen instrumentalisiert zu werden. Um dem abzuhelfen, sollten Bedarfe klar erhoben und Maßnahmen grundsätzlich evaluiert werden." (Enquete-Kommission „Internet und digitale Gesellschaft" 2011, 33)

Erhebung der Ergebnisse, der Effekte und Wirkungen muss daher explizites Ziel einer wissenschaftlich begleiteten Interventionsstudie sein. Wir haben die zu erwartenden Wirkungen, v. a. die zu erwartende Medienkompetenzaneignung bei den Kindern, den Erzieherinnen und den Eltern, aber auch die Selbstwirksamkeitserwartung vor allem bei den Erzieherinnen und die Veränderungen der medialen Praxis in den Familien in verschiedenen Zugängen erhoben. Zunächst durch Befragung der Betroffenen, also der Erzieherinnen und der Eltern, so dass nicht nur ein Vergleich der Vorher-Nachher-Selbsteinschätzung möglich wurde, sondern auch in Bezug auf die eigene Wahrnehmung von Kompetenz und Medienpraxis eine Rückmeldung erfasst wurde. Dann wurden Eltern und Erzieherinnen jeweils im Hinblick auf die einzelnen Kinder befragt, was uns eine breitere Perspektivierung erlaubt. Und schließlich wurden die Erzieherinnen und die Kinder im Vollzug der jeweiligen Medienprojekte von den Studierenden der TU Dortmund anhand eines von uns erarbeiteten und vorgegebenen differenzierten Beobachtungsinstruments im Rahmen Teilnehmender Beobachtung erfasst. Dazu finden sich unten einige zusammenfassende Aussagen, die die Ergebnisse dieser Beobachtungen widerspiegeln.

- Zunächst haben die Studierenden im Rahmen ihrer begleitenden Forschungsseminare nicht nur Theoriewissen zur Medienkompetenz und Medienaneignung von Kindern im Elementarbereich sowie vorliegenden Studien zur Medienkompetenz von Erzieherinnen kennen gelernt. Ihnen wurde deutlich gemacht, dass sie als angehende Lehrerinnen und Lehrer im Projekt einen Einblick bekommen in den Kompetenzbereich von Kindern, die nach dem Übergang in die Schule durch sie zu unterrichten sein werden. Es zeigte sich aus den Rückmeldungen der Studierenden, dass sie häufige keine oder falsche (nämlich unterschätzende) Vermutungen über die Medienkompetenz und die Medienpraxis von Kindern haben. Darüber hinaus haben sie Methoden der empirischen Sozialforschung kennen gelernt und wurden im Hinblick auf die Anwendung solcher Methoden und die Durchführung methodischer Datenerhebung konkret und praktisch geschult.
- Die Erzieherinnen haben im Rahmen einer einleitenden, vor dem Projektbeginn ansetzenden Fortbildung medienpädagogisches Wissen und medientechnische/medienpraktische Fertigkeiten erworben. Diese neuen Kenntnisse und Fertigkeiten wurden im Rahmen des Projekts, einerseits durch die praktische Erfahrung selbst, andererseits durch die Studierenden und die Projektkoordinatorin der Forschungsstelle, vertieft und haben, wie die Auswertungen zeigen, die eigene Medienkompetenz der Erzieherinnen, aber auch ihre „Medienkompetenzvermittlungskompetenz" verändert. Ihre Wahrnehmung medialer Praxis der Kinder wurde geschult und es zeigten sich auch z. T. grundlegende Veränderungen in den Haltungen der Erzieherinnen zum Medienangebot und zur Medienpraxis überhaupt.
- Die Kinder haben systematisch Medienkompetenzangebote erfahren, von den Erzieherinnen ebenso wie von den Studierenden, und ihre eigene Kompetenz, nicht nur technisch, sondern auch in den Bereichen kreative Gestaltung und Medienkritik, erweitert.
- Die Eltern wurden von den Erzieherinnen aktiv im Hinblick auf die Medienprojektarbeit angesprochen und informiert.
- Besonderes Augenmerk muss in diesem gesamten Themenfeld auf das Angebot im Projekt gelegt werden, jeder Altersgruppe kontinuierlich Ergebnisse aus den laufenden Erhebungen zurück zu spiegeln. Diese Ermöglichung der metakognitiven Reflexion, z. T. explizit begleitet, z. B. bei den Kindern durch die Intervention der Studierenden, die die Kinder nicht nur in Puppet Interviews, sondern auch in der normalen Projektdurchführung auf die jeweilige mediale Praxis angesprochen haben, ermöglichte die aktive Aneignung von Medienkompetenz durch Selbstwahrnehmung. Dies fand nicht nur auf der konkreten Projektebene statt, sondern auch auf der Ebene des Projekt-Managements. Die Rückspiegelung empirischer

4. Strukturelle Umsetzung

Wahrnehmungen und konkreter Projektbeschreibungen bzw. Projektprodukte veränderte auch die Kenntnisse der beteiligten Projektgruppenmitglieder, sondern auch ihre Haltungen zum Projekt im Besonderen und zur Medienpraxis der Kinder, Eltern und Erzieherinnen im Allgemeinen.

- Bourdieu unterscheidet schließlich noch das *institutionalisierte* kulturelle Kapital, das sich in Bestätigungen, Zertifikaten, Zeugnissen und Titeln niederschlägt. Solche Institutionalisierungen erhalten die Erzieherinnen durch eigene Zertifikate, ausgestellt durch die TU Dortmund und die Stadt Dortmund, über die Teilnahme an den Fortbildungen sowie über die aktive Teilnahme am Gesamtprojekt.
- Die Studierenden finden eine institutionalisierte Bestätigung ihrer Arbeit in verschiedener Hinsicht: Als Seminarteilnehmerinnen und Seminarteilnehmer erhalten sie einen Seminarschein bzw. einen Leistungsnachweis im Rahmen des Zusatzzertifikats „Literaturpädagogik" der TU Dortmund. Darüber hinaus wurde den aktiv in der Projektarbeit der Kitas beteiligten Studierenden eine Bestätigung über diese aktive Teilnahme ausgestellt. Und schließlich schreiben einige Studierende über dieses Projekt ihre jeweilige Bachelor-, Masterarbeit und Dissertation. Dafür wurden und werden ihnen Daten aus dem Projekt zur Verfügung gestellt.

4.3.3 Soziales Kapital

Soziales Kapital meint die Vernetzung der verschiedenen Akteure untereinander sowie den Aufbau eines Beziehungsgeflechtes, das vorher nicht bestand. Dieses Beziehungsgeflecht ist nach Bourdieu unmittelbar ökonomisch bewirtschaftbar. Aber es ist auch unterhalb einer ökonomischen Bewirtschaftung effizient. Es können durch die kommunikativ transparenteren Bedarfe auf der Kita-Ebene Synergien gebildet und personelle wie auch konzeptionelle Unterstützung gewährt werden. In Einzelfällen findet eine starke Vernetzung in der dritten Phase zwischen Studierenden und den OGS statt, hier sehen sich z. B. die Studierenden zugleich als potentielle Praktiker im Schulkontext.

Allerdings ist die soziale Vernetzung am stärksten auf der Management-Ebene und zwischen den Forschenden sowie den beteiligten Institutionen IBM und Stadt Dortmund. Hier führen die Vernetzungen zu zusätzlichen Projekten, z. B. zwischen der Stadt und IBM Deutschland.

Auf die jeweilige eigenständige mediale Vernetzung der Stadt und von IBM zu PR-Zwecken kann hier nur hingewiesen werden. Die Forscher vernetzen sich medial natürlich auf dem Wege des thematischen Anschlusses an die nationale und internationale *scientific community* auf Tagungen und Kongressen sowie in publikumsmedialen Zusammenhängen (Zeitungsberichte, Online-Berichterstattung, Auszeichnung als Medienprojekt April 2011 durch das Grimme-Institut u. ä.), was wiederum zu weiteren Vernetzungen führt mit anderen Bildungsinstitutionen, ob nun auf der Ebene von Vorträgen oder weitergehend im Hinblick auf Anschlussprojekte.

4.3.4 Symbolisches Kapital

Schließlich ist das Symbolische Kapital in den Blick zu nehmen. In ihm kommen die vorher genannten Kapitalien in ihrer Wirkung zusammen. Das Symbolische Kapital beschreibt den aus den jeweiligen Kapitalien geschöpften sozialen Status, die Form der gesellschaftlichen Anerkennung. Diese Anerkennung erfolgt z. B. durch die Übernahme der Zertifikate in die Personalakten der Erzieherinnen. Dann wurde durch die aktive Medienarbeit IBM als Medienförderer und die Projektverantwortlichen als Experten in der Öffentlichkeit bekannt gemacht.

Hier zeigt sich die Doppelgesichtigkeit der Kapitalien: Institutionalisiertes kulturelles Kapital lässt sich als solches beschreiben, entfaltet aber in einem sozialen Kontext, z. B. Beruf, eine Statusdefinition, z. B. als „Medien-Kita" oder als ausgewiesene „Medien-Erzieherin". Das Gleiche gilt für ökonomisches Kapital, das als Infrastruktur eines bestimmten Angebots, z. B. besondere Medienerziehung, eine Kita für bestimmte Eltern besonders attraktiv macht. Und dies gilt natürlich auch für soziales Kapital, das in der Vernetzung z. B. besondere Expertise „bekannt" macht. Wir fassen das symbolische Kapital empirisch durch die mediale Anerkennung der verschiedenen Akteure, ob nun in öffentlichen (z. B. Zeitung) oder internen (z. B. Personalakte, interne Berichte) Kontexten.

Zusammenfassend kann man also feststellen: Das Gesamtprojekt organisiert in seiner komplexen und vernetzten Struktur einen vielfältigen Kapitalienfluss, der in je unterschiedlicher Weise und auf unterschiedlichen Ebenen die Akteure des Bildungsnetzwerks des Projekts miteinander verbindet. Kooperation und damit vernetzte Wahrnehmung von *Educational Governance* stellt für alle beteiligten Akteure eine *Win-Win*-Situation her.

5. Methodisches Vorgehen

5.1 Verortung der qualitativen Studie

Das Forschungsprojekt ist in die qualitative Forschung einzuordnen. Wissenstheoretisch ist die Studie im Bereich der *Heuristischen Sozialforschung* (Glaser & Strauss 1998; Kleining 1990; 1994; Krotz 2005) anzusiedeln. Diese fordert auf Seiten des Forscherteams die Offenheit gegenüber den Daten, um neue Theorien generieren zu können. Statt bereits mit Thesen an den Forschungsprozess heranzutreten, sind es lediglich Forschungsfragen, die vorab formuliert und auf der Datenebene untersucht werden. Statt eine Hypothese zu überprüfen, steht somit bei dieser Forschung das Generieren von Theorien im Vordergrund.

Auf der Daten- und Methodenebene wird ein komplexes, *trianguliertes Forschungsdesign* (Flick 2004; 2005) angewendet. *Triangulation* als Leitbild unserer Forschungsverfahren wurde dabei über die von Denzin (2009) bereits 1970 genannte *Daten-*, *Theorien*, *Methoden-* und *Forscher*-Triangulation hinaus ergänzt durch eine *Disziplinen*-Triangulation. Methodisch stand dabei die Bielefelder Forschung zum Medienhandeln Jugendlicher in manchen Punkten Modell (Treumann et al. 2007). Allerdings wies diese Studie eben gerade keinen intervenierenden Teil auf.

Um möglichst viele Perspektiven auf die Medienpraxis im privaten Kontext sowie im Kita-Alltag zu gewinnen, werden sowohl Eltern als auch Kinder und Erzieherinnen befragt. Als Methoden zur Datengewinnung werden halbstandardisierte Fragebögen, qualitative Interviews und teilnehmende Beobachtung eingesetzt. Die Erhebung der Daten erfolgt zu unterschiedlichen Messzeitpunkten: vor Projektbeginn, während der Interventionsphase und nach Abschluss der einzelnen Projektphasen.

Die Variation der verschiedenen Perspektiven geben schließlich Auskünfte über Eltern, Erzieherinnen und Kinder. Diese unterschiedlichen Daten werden anschließend bei der Auswertung auf Grundlagen der *Grounded Theory* (Glaser & Anselm 1998; Strübing 2004) miteinander kombiniert und verglichen, um theoretische Eigenschaften einzelner Kategorien zu generieren (vgl. Glaser & Strauss 1998). Hier ist auch eine Modifikation des Forschungsinstruments im Verlauf des Prozesses explizit erwünscht. So wird auch in unserer Studie der Akzent in der teilnehmenden Beobachtung der 2. Phase deutlich ausgeweitet.

5.2 Datenerhebung

In diesem Bericht werden die Daten der ersten Projektphase, die von Herbst 2010 bis Sommer 2011 lief, dargestellt.[12] Insgesamt wurden 21 Kindertageseinrichtungen evaluiert. Über 170 Erzieherinnen wurden hierbei zu ihrer eigenen Mediennutzung und -kompetenz schriftlich befragt. Mehr als 260 Eltern wurden über das Medienverhalten ihrer Kinder und der Mediennutzung im familiären Kontext konsultiert, wobei der Fragebogen in den Sprachen Deutsch, Türkisch, Arabisch, Französisch, Polnisch, Russisch und Serbokroatisch zur Verfügung stand. Ebenfalls wurden die am Medienprojekt beteiligten Erzieherinnen zu den im Projekt mitwirkenden Kindern befragt. Damit konnten wir Daten über insgesamt mehr als 300 Kinder erheben.

Bei der Konzeption der Fragebögen handelt es sich um halbstandardisierte Fragebögen mit größtenteils geschlossenen Fragen und vorgegebenen Antwortmöglichkeiten. Um ein breites Bild über die bisherigen Erfahrungen von Erzieherinnen in der aktiven Medienarbeit zu gewinnen, wurde hier stellenweise ein offener Fragetyp gewählt. Fragen des Ja-Nein-Typus werden ausschließlich zur Erhebung von demographischen Daten eingesetzt. Des Weiteren bestehen die Fragebögen aus Bilanz- und Einstellungsfragen, wobei die Einstellungsfragen soweit möglich von den Werten 1 bis 4 skaliert sind (Likert-Skala) und somit keinen Mittelwert zulassen. Dahinter steht die Auffassung, dass sich Befragte, entweder aus Unsicherheit oder um eine vorhandene, aber sozial unangemessene Haltung zu verbergen, oftmals in eine Mittelkategorie von Antwortmöglichkeiten flüchten (vgl. Mayer 2006). Durch eine Rating-Skala von 1 bis 4 lässt sich diese „Flucht" verhindern.

In jeder Kita werden von der Forschergruppe zwischen vier und acht leitfadengestützte Interviews mit ausgewählten Kindern geführt, so genannte *Puppet Interviews*. Somit wird über ein Drittel der am Projekt beteiligten Kinder mündlich zu seinen Medienvorlieben befragt. Um eine künstliche Interview-Situation zu umgehen, wird durch den Einsatz einer Handpuppe das Interview in eine natürliche Spielsituation der Kinder gewandelt (vgl. Weise 2008). Die Asymmetrie zwischen

---

12 In der zweiten, im Kindergartenjahr 2011/2012 gestarteten Projektphase, wurden die Kinder und Erzieherinnen aus der ersten Projektphase weiterhin beobachtet und wissenschaftlich begleitet. Die dritte Projektphase (ab Schuljahr 2012/13) wird das Projekt in Grundschulen mit einem offenen Ganztagsangebot fortsetzen, die alle in der Nähe der am bisherigen Projekt beteiligten Kitas liegen. Damit soll das Projekt nicht nur über den Schulübergang hinaus in die Grundschule weitergeführt werden, sondern wir hoffen, hier auch Kinder zu begleiten, die bereits in der Kita am Projekt beteiligt waren.

5. Methodisches Vorgehen

Kind und Interviewer sollen durch die Puppe als Gesprächspartner aufgehoben und sozial erwünschte Antworten der Kinder reduziert werden (vgl. ebd.). Um eine Identifikation mit der Puppe zu erleichtern, wird je nach Geschlecht und Herkunft des Kindes eine weibliche oder männliche Puppe als Interviewpartner gewählt, die sich in ihrer Optik stark unterscheiden, so dass man einigen Puppen einen Migrationshintergrund implizieren kann.

Die Fragebögen und *Puppet Interviews* werden durch die Methode der teilnehmenden Beobachtung ergänzt. Die teilnehmende Beobachtung durch die junge Forschergruppe soll einerseits die Angaben der befragten Erzieherinnen und Eltern überprüfen und andererseits Rückschlüsse über die Medienwirklichkeit der Kita zulassen. Während bei der herkömmlichen Beobachtung kein Eingreifen in das Forschungsfeld stattfindet, wird bei der teilnehmenden Beobachtung vom Forscher interveniert (vgl. Mikos 2005, 315). Sie ermöglicht es, die Kinder in ihrem natürlichen Aktionsfeld – der Kita – beim Medienumgang zu beobachten. Die Schwerpunkte unserer Beobachtungen liegen bei den Kindern auf der Beobachtung des Umgangs mit „klassischen" und „neuen" Medien, des Sozialverhaltens und der Entwicklung von Kompetenzen. Bei der Beobachtung der Erzieherinnen achten wir v. a. auf die Gestaltung der aktiven Medienarbeit, die Motivation und die Sicherheit im Umgang mit Medien. Anhand selektiver Beobachtungsprozesse wird im Anschluss versucht, bei den Kindern die Aneignung von Medienkompetenz zu rekonstruieren und bei den Erzieherinnen die Nachhaltigkeit der Fortbildungen zu überprüfen.

Die Daten werden zu verschiedenen Messzeitpunkten erhoben, wie in der folgenden Abbildung zu sehen ist:

1. Erhebung des Status quo der Medienbildung und Mediennutzung in Dortmund:
   1.1 bei *Kindern* durch schriftliche Befragungen der Eltern und Erzieherinnen
   1.2 bei *Erzieherinnen* durch schriftliche Befragungen
2. Zwischenerhebungen durch:
   2.1 teilnehmende Beobachtung in der Projektarbeit
   2.2 qualitative Interviews mit ausgewählten Kindern (*Puppet Interviews*)
3. Abschlusserhebung der ersten Projektphase durch:
   3.1 schriftliche Befragung der Erzieherinnen
   3.2 schriftliche Befragung der Eltern

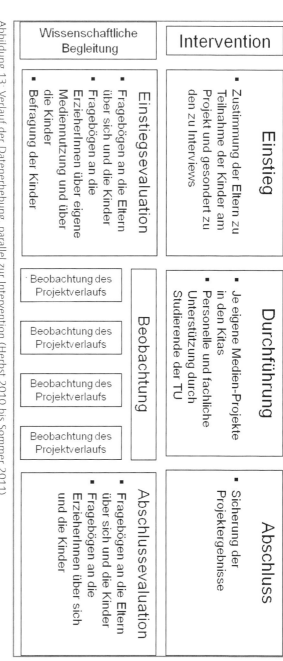

Abbildung 13: Verlauf der Datenerhebung, parallel zur Intervention (Herbst 2010 bis Sommer 2011)

6. Rahmenbedingungen des Projekts

6.1 Soziodemographische Daten

Im Jahre 2010 lebten in Dortmund, laut Dortmunder Statistik 2011, 576.704 Einwohner, darunter 28.443 Kinder unter 6 Jahren. Zum 31.12.10 hatten 29 % der Dortmunder Bevölkerung einen Migrationshintergrund. Diese Personen haben entweder einen ausländischen Pass oder sind Deutsche mit einer Zuwanderungsgeschichte. Diese Migrantengruppe setzt sich aus rund 94.700 Deutschen mit Migrationshintergrund und ca. 72.500 Ausländern zusammen. Die stärksten Gruppen der Migranten in Dortmund stellen Einwohner türkischer (24 %) und polnischer Herkunft (22 %) dar.

Bei der Verteilung der Migranten im Stadtgebiet ist eine starke Diffusion zu beobachten. Der Anteil der Migranten liegt mit 63 % im Stadtbezirk Innenstadt-Nord am höchsten, im Stadtbezirk Aplerbeck mit rund 18 % am niedrigsten.

Der Migrantenanteil Dortmunds liegt mit 29 % über dem Durchschnitt Nordrhein-Westfalens. Im ganzen Bundesland lebten 2010 17.844.000 Einwohner, über 23 % davon mit Migrationshintergrund.

Stadtbezirk	Migranten			davon					
				Ausländer			Deutsche mit Migrationshintergrund		
	männlich	weiblich	insgesamt	männlich	weiblich	zusammen	männlich	weiblich	zusammen
Innenstadt-West	7.995	7.915	15.910	3.952	3.746	7.698	4.043	4.169	8.212
Innenstadt-Nord	17.617	15.621	33.238	11.293	9.888	21.181	6.324	5.733	12.057
Innenstadt-Ost	6.768	7.005	13.773	2.963	2.974	5.937	3.805	4.031	7.836
Eving	5.893	5.697	11.590	3.020	2.861	5.881	2.873	2.836	5.709
Scharnhorst	7.514	8.195	15.709	2.128	2.270	4.398	5.386	5.925	11.311
Brackel	5.838	6.144	11.982	1.635	1.707	3.342	4.203	4.437	8.640
Aplerbeck	4.624	5.042	9.666	1.434	1.468	2.902	3.190	3.574	6.764
Hörde	6.229	6.409	12.638	2.645	2.651	5.296	3.584	3.758	7.342
Hombruch	5.203	5.226	10.429	2.211	1.980	4.191	2.992	3.246	6.238
Lütgendortmund	5.192	5.231	10.423	1.835	1.733	3.568	3.357	3.498	6.855
Huckarde	5.181	5.368	10.549	2.027	2.088	4.115	3.154	3.280	6.434
Mengede	5.621	5.622	11.243	1.985	1.965	3.950	3.636	3.657	7.293
Innenstadt zusammen	32.380	30.541	62.921	18.208	16.608	34.816	14.172	13.933	28.105
Außenstadt zusammen	51.295	52.934	104.229	18.920	18.723	37.643	32.375	34.211	66.586
Dortmund insgesamt	83.675	83.475	167.150	37.128	35.331	72.459	46.547	48.144	94.691

Tabelle 1: Migranten nach Geschlecht in Dortmund über Stadtbezirke (Dortmunder Statistik 2011)

Die Sozialstruktur der Stadt Dortmund differenziert je nach Stadtbezirk. Die höchste Arbeitslosenquote lag im Dezember 2010 mit knapp 25 % im Stadtbezirk Innenstadt-Nord. Die niedrigste Arbeitslosenquote verzeichnete mit knapp 7 % Hombruch. Insgesamt lag die Arbeitslosenquote 2010 in Dortmund bei 12,8 % und somit 3,7 Prozentpunkte höher als in NRW insgesamt (8,1 %, vgl. Arbeitsmarktreport NRW 2010, 4).

Stadtbezirk	Minderjährigenquote[1]	Altenquote[2]	Hochbetagte[3]		SGB II-Leistungsempfänger[6]			Arbeitslosenquote[7]
			insgesamt[4]	weiblich[5]	insgesamt	je 1.000 Einwohner	dar. Erwerbsfähige Hilfebedürftige	
Innenstadt-West	15,1	23,7	5,0	70,6	7.553	146,8	5.687	12,8
Innenstadt-Nord	24,5	17,5	2,6	70,7	17.860	340,5	12.512	24,9
Innenstadt-Ost	14,7	32,2	6,7	71,0	5.737	107,7	4.449	11,0
Eving	22,5	30,5	5,1	66,5	5.783	161,2	3.998	13,8
Scharnhorst	23,7	34,0	5,1	66,6	7.326	164,6	4.945	13,4
Brackel	18,5	37,7	5,8	66,8	5.472	101,7	4.062	10,3
Aplerbeck	20,8	37,7	5,9	65,0	4.073	73,8	2.893	7,8
Hörde	19,6	35,2	5,7	67,7	7.186	135,3	5.375	12,7
Hombruch	18,1	36,2	6,8	68,3	3.399	60,6	2.545	6,7
Lütgendortmund	19,4	28,9	5,1	69,6	6.945	146,1	4.979	13,3
Huckarde	21,8	29,9	5,3	66,8	5.234	145,7	3.689	12,4
Mengede	21,4	29,0	4,9	67,9	5.964	159,2	4.217	13,9
Innenstadt zusammen	18,1	24,4	4,8	70,8	31.150	198,2	22.648	16,3
Außenstadt zusammen	20,4	33,7	5,6	67,2	51.382	122,5	36.703	11,3
Dortmund insgesamt	19,8	31,0	5,4	68,1	82.622	143,3	59.415	12,8

Tabelle 2: Sozialstruktur der Bevölkerung in Dortmund über Stadtbezirke (Dortmunder Statistik 2011)

Die Einrichtungen, die am *Medienkompetent zum Schulübergang*-Projekt beteiligt waren, setzten sich vorrangig aus den sozial schwächeren Einzugsgebieten Dortmunds der nördlichen Innenstadt und Scharnhorst zusammen, die laut Statistischem Jahrbuch Nordrhein-Westfalens den größten Migrantenanteil und eine hohe Arbeitslosenquote verzeichnen.

Die Verteilung beteiligter Kitas des Projekts lässt sich der folgenden Tabelle (vgl. Tabelle 3) und Abbildung (vgl. Abbildung 14) entnehmen:

6. Rahmenbedingungen des Projekts

1. Phase	2. Phase	Stadtbezirk
7	9	Innenstadt-Nord
1	2	Eving
8	10	Scharnhorst
4	4	Mengede
-	1	Huckarde
-	2	Brackel
-	1	Innenstadt-Ost
-	1	Innenstadt-West
-	1	Lütgendortmund
1	2	Hörde
-	1	Hombruch

Tabelle 3: Beteiligte Kitas über Stadtbezirke

Abbildung 14: Stadtbezirke Dortmund (Grafik: © Alexander Sommer)

6.2 Themenfelder der Studie

Um ein Bild der Medienrealität der am Projekt teilnehmenden Kinder zu bekommen, wird im Forschungsprozess folgenden Fragen nachgegangen:

Medienbesitz
- Mit welchen Medien sind Kindergartenkinder ausgestattet?
- Welche Medien stehen den Kindertageseinrichtungen zur Verfügung?
- Über welche Ausstattung verfügen die Erzieherinnen privat?

Mediennutzung
- Welchen Stellenwert nehmen Computer und andere Medien im Alltag der Kinder ein?
- Welche Medienvorlieben haben die Kinder und warum?
- Spielt Medienkonvergenz bei den Kindern eine Rolle? Wünschen sie sich weitere Medienformate/-produkte zu einem bestimmten Medieninhalt oder einer -figur?
- Gibt es eine Anschlusshandlung? Wie verarbeiten Kinder Medienerlebnisse?

Medienkompetenz
- Wie weit sind die technische Kompetenz und das technische Bewusstsein der Kinder entwickelt? (Können Sie Computer und Internet auseinander halten?)
- Inwiefern können sie Medieninhalte kritisch beurteilen und reflektieren, z. B. Werbung erkennen (TV-Programm, Internetseiten)?
- In welchen Bereichen besteht Förderbedarf?

Medienthemen/Medienhelden
- Welche Medieninhalte wählen die Kinder aus? Haben sie Medienhelden? Wenn ja, welche Gründe und Motive sind für die Wahl von Medieninhalten und Medienhelden verantwortlich?
- Ist die Wahl des Medieninhalts von Geschlecht und Herkunft des Kindes abhängig?
- Inwiefern sind die Medieninhalte für die Kinder wert- und handlungsorientierend?

6. Rahmenbedingungen des Projekts

Medienerziehung in der Familie
- Werden die Kinder bei der Mediennutzung in der Familie begleitet? Gibt es z. B. gemeinsame Rituale und Fernsehzeiten? Findet eine Anschlusskommunikation statt?
- Werden Medien in der Familie lediglich passiv rezipiert oder findet auch ein kreativer Umgang mit Medien statt?
- Wird in der Familie eine bewusste Medienerziehung praktiziert?
- Haben die Eltern ein umfassendes Verständnis von Medienkompetenz und Medienerziehung? Oder verstehen sie darunter lediglich das Erkennen von Gefahrenpotenzialen und nutzen z.B Fernsehverbot als Erziehungsmaßnahme?
- Gibt es Bereiche, in denen schon Kita-Kinder ausgeprägtere Nutzungskompetenzen zeigen als ihre Familien?

Medienkompetenz/medienpädagogische Kompetenz der Erzieherinnen
- Wie sicher fühlen sich Erzieherinnen im technischen Umgang mit Medien?
- Haben die Erzieherinnen ein klares Verständnis von Medienkompetenz?
- Inwiefern verfügen Erzieherinnen über eine medienpädagogische Vermittlungskompetenz?
- Beeinflusst die Einstellung zu Medien den medienpädagogischen Handlungsraum der Erzieherinnen?
- Ist Motivation vorhanden, um mit neuen Medien in der Kita zu arbeiten?

Medienerziehung in der Kita
- Werden Medien in den Kita-Alltag integriert? Wenn ja, welche?
- Werden Medien bewusst im Kita-Alltag thematisiert und auf die Medienerlebnisse der Kinder eingegangen?
- Werden Medien in der Kita didaktisch und pädagogisch intendiert eingesetzt?
- Gibt es ein themenintegriertes Medienhandeln in den Einrichtungen?
- Welche Bedeutung zeigen Medien für kommunikative und soziale Integrationsprozesse?

7. Ergebnisse

Zu Beginn der ersten Phase (Kita-Jahr 2010-2011) wurden Befragungen durchgeführt (vgl. Abbildung 13). Dabei haben 175 Erzieherinnen aus 21 Einrichtungen in Dortmund teilgenommen und einerseits Fragen zu ihrem eigenen Medienverhalten und über die Medienarbeit in der Kita beantwortet, andererseits haben sie über insgesamt 307 am Projekt beteiligten Kindern Auskunft gegeben. An einer parallel verlaufenden Befragung der Eltern der beteiligten Kinder haben 269 Elternteile Fragen über die Mediennutzung ihrer Kinder und dem Medienverhalten in der Familie beantwortet.

Am Ende der ersten Phase wurden Befragungen nach dem gleichen Muster durchgeführt. Allerdings wurden nur die beteiligten Erzieherinnen befragt, nicht mehr alle pädagogisch Tätigen in den Kitas. 26 Erzieherinnen aus insgesamt 15 der 21 beteiligten Kitas haben nochmals Fragen zu ihrem eigenen Medienverhalten und zur Medienarbeit in der Kita beantwortet. Darüber hinaus haben aktiv die Projekte vor Ort durchführende Erzieherinnen in einem Fragebogen jedes von insgesamt 243 Kindern aus insgesamt 19 der beteiligten Kitas in Bezug auf die maßgebenden Veränderungen in der individuellen Medienpraxis charakterisiert. Und schließlich haben 127 Elternteile ebenfalls in einem Fragebogen Fragen über die Mediennutzung ihrer Kinder und dem Medienverhalten in der Familie beantwortet.[13]

Im Folgenden werden beide Befragungen gemeinsam dargestellt, da in vielen Punkten eine Erstbefragung vs. Abschlussbefragung nicht sinnvoll ist. Vielmehr sollen die Entwicklungen thematisch deutlich werden.

---

13 Dieser Einbruch des Rücklaufs in der zweiten Befragungswelle ist natürlich bedauerlich. Bei den Eltern entspricht er weitgehend der Erfahrung, bei einem so lange angelegten Projekt treten immer Ausfälle auf. Weniger plausibel ist der Rückgang bei den Erzieherinnen. Obwohl die jeweiligen Kitas intensiv unterstützt wurden, personell und nicht zuletzt auch materiell, haben sich einige Erzieherinnen offensichtlich aus dem forschenden Anteil des Projekts „ausgeklinkt" und hier ihre Kooperation, trotz mehrmaligem Nachhaken und verschiedenen Kommunikationsangeboten, verweigert.

7.1 Soziales Feld „Kita"

7.1.1 Selbstwirksamkeitserwartung der Erzieherinnen

Six und Gimmler (2007, 255) weisen auf die große Bedeutung hin, die die „Selbstwirksamkeitserwartung" der Erzieherinnen im Hinblick auf ihr eigenes Vermögen, Medienkompetenz zu vermitteln, für ihr medienpädagogisches Handeln hat. Unter Selbstwirksamkeitserwartung versteht man
„die subjektive Gewissheit, neue oder schwierige Anforderungssituationen auf Grund eigener Kompetenz bewältigen zu können. Dabei handelt es sich nicht um Aufgaben, die durch einfache Routine lösbar sind, sondern um solche, deren Schwierigkeitsgrad Handlungsprozesse der Anstrengung und Ausdauer für die Bewältigung erforderlich macht" (Schwarz & Jerusalem 2002, 35).

Dieser Ansatz der Selbstwirksamkeitserwartung geht u. a. zurück auf den amerikanischen Psychologen Albert Bandura (z. B. 1977). Für Lehrerinnen und Lehrer in schulischen Kontexten ist dieser Aspekt gut erforscht (vgl. Schmitz & Schwarz 2002; Fuchs 2005). In der Kita wird Selbstwirksamkeit eher im Hinblick auf die Kinder diskutiert (v. a. unter den Schlagworten „Selbstbewusstsein" und „Resilienz"), pädagogisches Personal kommt weniger in den Blick. Tobben (2008, 174) weist in seiner Studie darauf hin, dass Erzieherinnen generell über eine hohe eigene Kompetenzvermutung verfügen, diese aber einhergeht mit einem ebenso hohen Belastungsempfinden. In Bezug auf die Medienkompetenzvermittlung verweisen Six und Gimmler (2007, 255) darauf, dass die maßgebenden Faktoren einer niedrigen Selbstwirksamkeitserwartung der Erzieherinnen die mangelnde eigene Medienkompetenz und der mangelnde Einfluss auf die Eltern wären. Auch wir sind dieser Frage nachgegangen.

Auf die offene Eingangsfrage, worin die Erzieherinnen die größten Hindernisse für ihre pädagogische Tätigkeit sehen, nannten sie – anders als zu erwarten war – am häufigsten strukturelle Rahmenbedingungen (vgl. Abbildung 15) wie die Erzieher-Kind-Relation bzw. der Personalschlüssel nach dem Kinderbildungsgesetz NRW (*KiBiz*), Zeitmangel sowie das Fehlen ökonomischer Ressourcen (Ausstattung, finanzielle Mittel). Im Gegensatz zu den Ergebnissen bei Six und Gimmler (2007) wurde das Desinteresse auf Seiten der Eltern mit 3,1 % eher wenig genannt. Wichtiger sind die Verständigungsprobleme mit Eltern und Kindern, die vorrangig auf mangelnden Deutschkenntnissen der Eltern und der Kinder beruhen. Von einigen Erzieherinnen wurde auch die Kooperation mit Kollegen und Kolleginnen sowie gemeinsame Absprachen als schwierig bewertet. Der eigene Kompetenzmangel erschwert die Arbeit zudem bei einem Teil der Befragten.

7. Ergebnisse

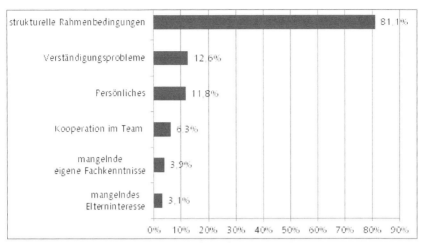

Abbildung 15: Erzieherinnen: Hindernisse für pädagogische Arbeit (N=127)

Demensprechend fallen auch die Verbesserungswünsche für die pädagogische Arbeit aus (vgl. Abbildung 16).

In erster Linie werden Veränderungen in Bezug auf strukturelle Bedingungen gefordert, die sich v. a. auf kleinere Gruppengrößen und Personalzuwachs beziehen. Ebenso wünschen sich die Erzieherinnen mehr Vor- und Nachbereitungszeit sowie eine bessere Ausstattung, auch in Bezug auf Medien.

Analog zu den Hindernissen und Wünschen für die pädagogische Arbeit lassen sich die Antworten zu den Idealbedingungen betrachten, die nach Angaben der Erzieherinnen für die Arbeit mit Medien erforderlich sind. Zeit, genügend Personal und eine gute Ausstattung wird von den Erzieherinnen an dieser Stelle vorausgesetzt, um medienpädagogische Arbeit leisten zu können. Als noch relevanter wird jedoch eine Vertiefung der eigenen Medienkompetenz, v. a. im technischen Bereich, und Fachwissen, durch Fortbildungen und Begleitung, angesehen.

Betrachtet man die Angaben der vorhandenen Medien in den Kitas, zeigt sich, dass die Einrichtungen insgesamt medial schon relativ breit aufgestellt sind. Jeder Kita stehen mindestens ein Computer und ein digitaler Fotoapparat für die Medienarbeit mit Kindern zur Verfügung. Die Hälfte ist mit einem TV-Gerät ausgestattet und alle Einrichtungen verfügen über Bücher und Hörspiele. 13 von 21 Kitas können mit den Kindern am Scanner arbeiten. Der größte Mangel besteht an Comics, Tages-/Wochenzeitungen, Beamern und OH-Projektoren. Jedoch zeichnen sich in den

Angaben der Erzieherinnen innerhalb der eigenen Kita große Diskrepanzen ab. So stehen entweder nicht alle Medien jeder Erzieherin zur Medienarbeit mit den Kindern zur Verfügung, oder nicht alle Erzieherinnen sind über die Medienausstattung in ihrer Kita informiert.

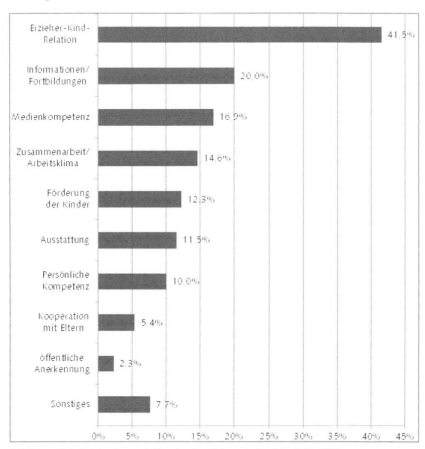

Abbildung 16: Erzieherinnen: Wünsche für pädagogische Arbeit (N=131)

7.1.2 Vorerfahrungen und Vorwissen im medienpädagogischen Handlungsfeld

Die Mehrheit der Erzieherinnen (74 %) hat vor *Medienkompetent zum Schulübergang* noch keine Medienprojekte durchgeführt. Es wurde zwar eine relativ große Anzahl an Angaben gemacht, jedoch konnte ein Teil der Antworten nicht als

7. Ergebnisse

Medienprojekt gewertet werden – da viele Nennungen, wie z. B. „Schlaumäuse", die lediglich eine Software zur Sprachförderung darstellt, nicht als Projekte im Sinne von aktiver Beteiligung und Mitgestaltung der Kinder an Bildungsprozessen und/oder durch die Bearbeitung eines Themas über einen längeren Zeitraum in Kleingruppen gelten können (vgl. Katz & Chard 2000).

Fast 20 % aller Erzieherinnen haben sich vor dem Projekt noch nie mit Medienerziehung auseinandergesetzt, darunter 13 % der am Projekt aktiv beteiligten Erzieherinnen. Über die Hälfte der befragten Erzieherinnen (57 %) haben sich im Rahmen ihrer Ausbildung nicht mit Medienerziehung auseinandergesetzt. Wie zu erwarten, begegneten Erzieherinnen im Alter von 20 bis 35 Jahren dem Thema anteilig häufiger als Erzieherinnen in einem höheren Alter. Am wenigsten mit Medienerziehung in Kontakt kamen Erzieherinnen mit über 30 Jahren Berufserfahrung (vgl. Abbildung 17). In dieser Gruppe war nur bei 22,2 % Medienerziehung Teil der Ausbildung. Verhältnismäßig gering und abweichend zu den Erzieherinnen, die zwischen 20 und 30 Jahren Berufserfahrung haben, fallen auch die Erfahrungen der Erzieherinnen aus, die zwischen 16 und 20 Jahre in diesem Feld tätig sind (33,3 %). Somit ist diese Gruppe, nach der Gruppe der Erzieherinnen mit der längsten Berufserfahrung, im Bereich Medienerziehung am schlechtesten ausgebildet.

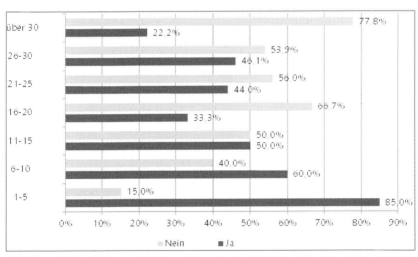

Abbildung 17: Erzieherinnen: Medienerziehung in der Ausbildung über Berufsjahre (N=175)

7.1.3 Bildungsauftrag Medienerziehung?

Zur Frage nach den wichtigsten Themen in der Kita nennen nur 9,7 % der befragten Erzieherinnen Medienerziehung (vgl. Abbildung 18). Ebenso wird die Relevanz Literarischer Bildung/Vorlesen (21,7 %) im Vergleich zu anderen Bildungsbereichen wie Sprachförderung (79,4 %), soziales Lernen (70,3 %) und Bewegungserziehung (53,7 %) gering angesetzt. Gerade in NRW basiert dieses Bewusstsein für Sprachförderung sicher auch auf den mit *Delfin 4* verpflichtend eingeführten Sprachdiagnoseverfahren und den entsprechenden Förderprogrammen. Eine Öffentlichkeit für diesen Förderbereich ist in der frühen Bildung erfolgreich hergestellt worden. Für Medienbildung ist dies offensichtlich nicht der Fall.
Vergleichbare Ansichten spiegeln sich auch bei den Eltern wider. Nur 10,3 % der Eltern halten Medienerziehung für eines der wichtigsten Themen in der Kita. Literarische Erziehung hat gerade einmal für 9,1 % eine große Bedeutung. Auch die Eltern legen den größten Wert auf Sprachförderung und -diagnostik, 70,8 % nennen diese Thematik als eine der wichtigsten in der Kita, gefolgt von sozialem Lernen (47 %), Bewegungserziehung (46,6 %) und der Schulung von Lernvoraussetzungen (34,5 %). Betrachtet man die Ergebnisse hinsichtlich ästhetischer Bildung, so zeigt sich, dass nur 5,7 % der Erzieherinnen und nur 3,8 % der Eltern darin ein wichtiges Thema sehen – obgleich ästhetische Bildung de facto in der täglichen Kita-Arbeit mit am stärksten praktiziert wird, z. B. wenn mit den Kindern gebastelt oder gemalt wird.

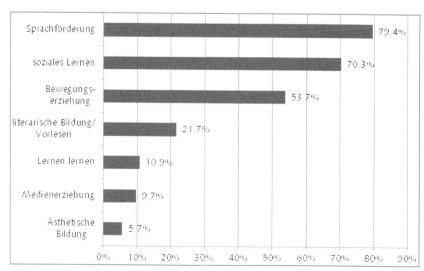

Abbildung 18: Erzieherinnen: Wichtigstes Thema in der Kita-Arbeit (N=175)

7. Ergebnisse

Bei der offen gestellten Frage (also ohne standardisierte Antwortmöglichkeiten), inwiefern Medienerziehung curricular in der Bildungsvereinbarung (2003) bzw. den Bildungsgrundsätzen (2011) des Landes NRW verankert ist, fallen die Antworten der Erzieherinnen sehr unterschiedlich und unpräzise aus. Es wird bei vielen nicht ersichtlich, ob sie mit der Bildungsvereinbarung bzw. den Bildungsgrundsätzen in Bezug auf Medienerziehung überhaupt vertraut sind.

7.1.4 Selbsteinschätzung der Qualifiziertheit im medienpädagogischen Kontext

Ziel der Intervention des Projekts ist neben der Medienkompetenzvermittlung an die Kinder auch die Verbesserung der Medienbildungskompetenz der Erzieherinnen. Dabei sind zwei Bereich zu unterscheiden: Zum einen geht es um die basalen technischen Kompetenzen im Umgang mit Medien, zum anderen um die Frage, wie Medien in die tägliche Kita-Arbeit, die nicht auf Medien als Thema ausgerichtet ist, mit einbezogen werden. Dieser letzte Aspekt der *"integrierten Medienerziehung"* (vgl. Kapitel *8.2 Die Projekte – kurzer Einblick in die Intervention*) ist besonders wichtig, da hier Medien als Form des Bildungsangebots allgemein berücksichtigt werden, unabhängig von der konkreten Bildungsthematik. In diesem Sinne kann z. B. das regelmäßig behandelte Thema „Vom Acker zum Brot" als Medienprojekt konzipiert werden mit regelmäßigen Fotografien des Getreideanbaus zur Wahrnehmung des jahreszeitlichen Wandels, einer

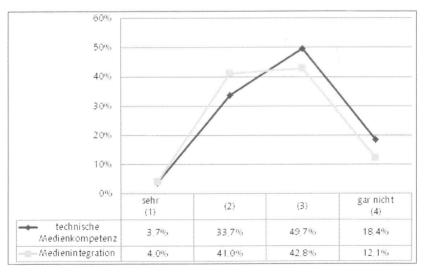

Abbildung 19: Erzieherinnen allgemein: Selbsteinschätzung Medienkompetenz vor der Intervention ($N_{technisch}=163$; $N_{integrativ}=173$)

Film-Arbeit in einer Mühle oder bei der Ernte, der Audio-Befragung eines Landwirts durch die Kinder, der Entwicklung eines „klingenden Bilderbuchs" mit gemalten und eingescannten Bildern der Kinder und digital aufgenommenen Liedern von Ackerbau, Handwerk und Brot, untermalt mit Orff-Instrumenten.

Vor der Intervention fühlten sich lediglich 45 % aller befragten Erzieherinnen konzeptionell (sehr) sicher hinsichtlich der Medienintegration in der Kita, nur 37,4 % fühlten sich technisch (sehr) sicher (vgl. Abbildung 19).

Bei den Erzieherinnen, die aktiv am Projekt mitarbeiteten und auch an den projektinternen Fortbildungen teilnahmen, waren es hingegen 62,5 %. Dies zeigt, dass diejenigen Medienbildung aktiv zu ihrer Sache machen und dafür notwendige Kompetenzen erwerben, die schon eine gewisse Vertrautheit mit dem Bereich aufweisen. Damit wird die besondere Bedeutung deutlich, Medienbildung bereits in die Ausbildung der Erzieherinnen zu integrieren.

Am Ende der ersten Projektphase hat sich dieser Anteil der Erzieherinnen und Erzieher, die sich sicher fühlen, Medien in die tägliche Kita-Arbeit zu integrieren, bei den aktiven Projekt- und Fortbildungsteilnehmern von 62,5 % auf 76,9 % erhöht.

Im Bereich der technischen Medienkompetenz gaben in der Erstbefragung 68,1 % aller Befragten an, sich selbst als (gar) nicht kompetent zu erfahren. Die Erzieherinnen, die aktiv am Projekt teilnahmen, geben nur 44,7 % an, sich als (gar) nicht kompetent zu erleben. Nach der ersten Projektphase ist bei den aktiv am Projekt beteiligten Erzieherinnen dieser Prozentsatz auf 24 % gesunken, 76,0 % der aktiv am Projekt und den Fortbildungen teilnehmenden Erzieherinnen schätzen sich als technisch kompetent ein.

Einstellung gegenüber Medien in der Frühen Bildung

Bei einem gewissen Anteil der Erzieherinnen ließ sich vor dem Projekt eine bewahrpädagogische Einstellung feststellen. 17,4 % der Erzieherinnen vertraten die Überzeugung, dass die Kita einen „medienfreien Raum" darstellen sollte. 16,7 % der Erzieherinnen, die aktiv am Projekt mitarbeiteten, und 16 % der Erzieherinnen, die nicht aktiv involviert waren, vertraten diese Auffassung (keine statistisch signifikante Abweichung). Bei keiner Erzieherin, die aktiv am Projekt mitwirkte, ist diese Ansicht nach der Intervention noch vorhanden.

7. Ergebnisse

Paradigmatisch für die Entwicklung, die die Erzieherinnen im Laufe des Projekts gemacht haben, ist die Zustimmung zu der Aussage „Neue Medien wirken sich langfristig negativ auf die Gesundheit der Kinder aus" (vgl. Abbildung 20). Vor der Intervention herrschte bei 49,1 % aller Erzieherinnen die Befürchtung, dass sich Medien langfristig negativ auf die Gesundheit der Kinder auswirken könnten. Hier ergibt sich allerdings ein interessanter Unterschied, wenn wir diese Daten nach der späteren Projektbeteiligung differenzieren.

Es zeigt sich bereits eine grundsätzliche Problematik bei kompetenzerweiterten Interventionen in einem auch weltanschaulich aufgeladenen Themenfeld wie „Medienarbeit in der Kita": Die aktiv ansprechbaren und engagierten Pädagoginnen und Pädagogen (in allen Bildungsinstitutionen) sind diejenigen, die bestimmte Werthaltungen, die häufig Medienbildungsmaßnahmen in einer Institution erschweren oder verunmöglichen, in einem geringeren Ausmaß vertreten. Das heißt aber auch, dass diejenigen, die im Rahmen intervenierender Projekte angesprochen werden sollten, sich dem Projekt entziehen und somit Erfahrungen, die eine bewahrpädagogische Haltung relativieren könnten, nicht machen. Dies gilt ebenfalls in Bezug auf die Eltern und – durch die Zustimmungspflichtigkeit solcher Projekte über die

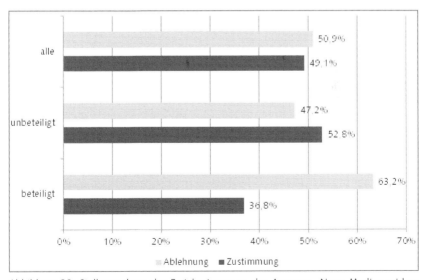

Abbildung 20: Stellungnahme der Erzieherinnen zu der Aussage: „Neue Medien wirken sich langfristig negativ auf die Gesundheit der Kinder aus", vor Durchführung des Projekts (N_{alle}=169; $N_{beteiligt}$=38; $N_{unbeteiligt}$=125)

Eltern – auf die Kinder. In gewissem Maße muss man bei Medienbildungsprojekten realistischer Weise häufig von einer „Heilung der Gesunden" sprechen.
Im Vergleich mit den Antworten nach dem Projekt ergibt sich folgendes Bild (vgl. Abbildung 21):

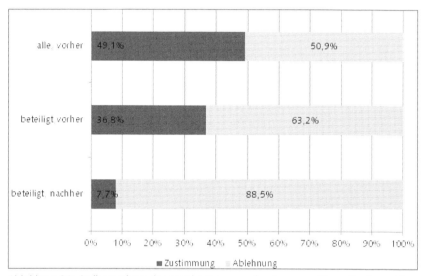

Abbildung 21: Stellungnahme der Erzieherinnen zu der Aussage: „Neue Medien wirken sich langfristig negativ auf die Gesundheit der Kinder aus" allgemein ($N_{alle,\ vorher}=169$; $N_{beteiligt,\ vorher}=38$; $N_{beteiligt,\ nachher}=26$)

Bei den Erzieherinnen, die nach der ersten Projektphase zu der Aussage *„Neue Medien wirken sich langfristig negativ auf die Gesundheit der Kinder aus"* befragt wurden, tendieren nur noch zwei der am Projekt beteiligten Erzieherinnen zu dieser Annahme (7,7 %).

In gleicher Weise entwickelten sich die Stellungnahmen zu anderen stereotypen Aussagen zur Medienwirkung, die wir hier kurz zusammen mit der Gesundheitsfrage im Vergleich darstellen (vgl. Abbildung 22). Zwei Aussagen waren entweder neutral gehalten bzw. positiv konnotiert:
„Neue Medien verändern in Zukunft den Kita-Alltag gravierend."
„Neue Medien erweitern das Wissen und die Lernchancen der Kinder."
Drei weitere Aussagen waren negativ geladen:
„Neue Medien lenken die Kinder von der Alltagswirklichkeit und ihren Möglichkeiten ab."

7. Ergebnisse

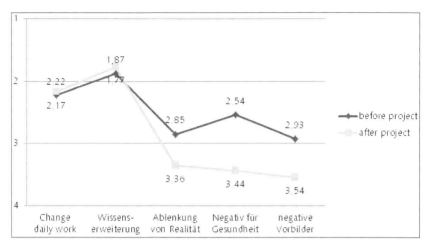

Abbildung 22: Stellungnahme der Erzieherinnen zu verschiedenen Aussagen zur Medienwirkung vor und nach dem Projekt auf einer Likert-Skala mit 1="stimme voll zu" bis 4="stimme nicht zu"

> „Neue Medien wirken sich langfristig negativ auf die Gesundheit der Kinder aus (Stichwörter: Bewegungsmangel, nervöse Beschwerden, Neurodermitis, Zuckerkrankheit, etc.)."
> „Neue Medien haben langfristig negative Vorbildfunktion."

Die Voreinstellung der beteiligten Erzieherinnen hat sich nach der Erfahrung kreativer und nicht vereinseitigter Medienarbeit in der Frage *„Veränderung des Kita-Alltags"* sowie der positiven Einschätzung *„Wissenserweiterung"* nicht geändert, die drei negativ geladenen Aussagen fanden eine zum Teil gravierend geringere Zustimmung.

7.1.5 Motivation, mit neuen Medien zu arbeiten

83,6 % der Erzieherinnen hat von Beginn an Interesse, mit neuen Medien in der Kita zu arbeiten. Von den Erzieherinnen, die sich an Fortbildung und Intervention beteiligten, waren es vor Projektbeginn sogar 94,7 %. Die Motivation der Kinder an der aktiven Medienarbeit in der Kita wird hoch eingeschätzt. Vor der Projektarbeit wurde das Interesse der Kinder von den Erzieherinnen auf 82,6 % geschätzt, danach auf 79,2 %. Höher fallen die Einschätzungen der Eltern aus. Danach haben 96,7 % aller Kinder gerne am Projekt mitgewirkt.

7.1.6 Kompetenzzuwachs der Erzieherinnen

Vor Projektbeginn wurden die Erzieherinnen zu ihrer eigenen technischen Mediennutzungskompetenz befragt (vgl. Abbildung 23).
Vergleicht man die aktiv im Projekt tätigen Erzieherinnen mit den Erzieherinnen, die nicht an der Fortbildung und Intervention direkt teilnehmen, so fällt auch hier auf, dass die Multiplikatoren schon vor Projektbeginn kompetenter sind. Weniger als die Hälfte der Erzieherinnen, die am Projekt aktiv teilnehmen, sind in der Lage, aufwendigere Arbeiten, die mehrere Medien miteinander verbinden, durchzuführen.

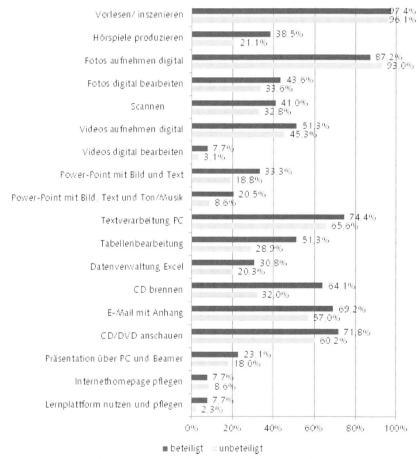

Abbildung 23: Erzieherinnen vor Projektbeginn: Mediennutzungskompetenz ($N_{beteiligt}$=39; $N_{unbeteiligt}$=128)

7. Ergebnisse

Während Vorlesen und Inszenieren über 95 % aller Erzieherinnen gelingt, zeichnen sich bereits erste Diskrepanzen in der Aufnahme digitaler Fotos und bei der Textverarbeitung ab. Die größten Differenzen bestehen in der Fertigkeit, eine CD auf dem PC zu brennen. Die größten Defizite beider Gruppen hingegen liegen in der digitalen Bearbeitung von Videos, bei der Pflege einer Internethomepage und in der Nutzung einer Lernplattform. Das heißt: sowohl Mediengestaltungsprozesse mit tertiären Medien als auch solche in der Umgebung von Web 2.0 stellen die größten Herausforderungen dar und können ohne zusätzliche Fortbildungen von über der Hälfte der Erzieherinnen nicht selbständig geleistet werden.

72 % der Erzieherinnen, die aktiv an der Intervention teilgenommen haben (N=25)[14], gaben in der Ausgangserhebung an, ihr Wissen über Medien durch das Projekt erweitert zu haben. 77 % konnten auch ihre persönlichen Fertigkeiten und Fähigkeiten im Umgang mit Medien verbessern. Schauen wir einmal auf den in der Erstbefragung vor allem problematisch erlebten Bereich der digitalen Medienarbeit (vgl. Abbildung 24).

Die beteiligten Erzieherinnen zeigen im Vorher-Nachher-Vergleich einen technischen Schub – vor allem im kreativen Bearbeiten. (Zum Vergleich: Die Vorher-Selbsteinschätzung der Erzieherinnen, die nicht aktiv am Projekt beteiligt waren und auch keine Fortbildung erhalten haben.)

Im Rahmen der ersten Phase wurden alle aktiv teilnehmenden Erzieherinnen vor dem Projektstart medienpädagogisch weitergebildet. Diese Weiterbildung wurde von der Berliner Bildungseinrichtung Bits21 durchgeführt. Diese Einrichtung ist auf Medienbildung spezialisiert und seit Jahren auch mit der KidSmart-Station vertraut. 58 % empfanden die Fortbildungen des Berliner Kooperationspartners als sinnvoll.[15] 84 % hätten sich noch weitere Fortbildungen zu medienpädagogischen Themen gewünscht. 77 % der Erzieherinnen erachten die Unterstützung der praktischen

---

14 Aus Gründen der Vergleichbarkeit bleiben wir im Folgenden, trotz der geringen Fallzahl, bei einer prozentualen Darstellung der Ergebnisse zu den Erzieherinnen am Ende der Intervention. Da die Basis jedoch mit N=25 sehr gering ist, werden die Prozentwerte ohne rechnerische Dezimale angegeben.

15 Diese doch verhältnismäßig geringe Zustimmung zu einem etablierten Fortbildungsangebot basierte auf einer in persönlichen Gesprächen mit Erzieherinnen deutlich werdenden Problematik, die nicht Bits21 zuzurechnen ist, sondern der Projektkonstruktion. Die Fortbildungen wurden als sehr allgemein und wenig auf die konkrete Situation in Dortmund zugeschnitten erlebt. In den Folgephasen wurde diese Fortbildung daher von einer eigens qualifizierten Mitarbeiterin der TU Dortmund, die in das Dortmunder Projekt involviert war, durchgeführt.

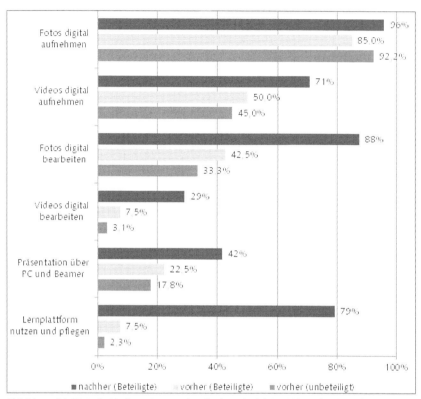

Abbildung 24: Digitale Medienarbeit: vorher (unbeteiligt) (N=129); vorher (Beteiligt) (N=40); nachher (Beteiligte) (N=24)

Medienarbeit durch die Studierenden als hilfreich und 92 % sehen im *Medienkompetent zum Schulübergang*-Projekt eine sinnvolle Ergänzung der normalen Kita-Arbeit.

7.1.7 Digitale Mediennutzung während der Projektarbeit

In den jeweils vor Ort eigens entwickelten Medienprojekten der einzelnen Kitas wurde ein breites Medienspektrum genutzt. Zu den am häufigsten eingesetzten Medien zählen Computer, Internet, Drucker, Bücher und Digitalkamera.

Der Computer wurde von den Kindern am liebsten in der *Peer-Group* genutzt (4er-Skala von 1=trifft nicht zu bis 4=trifft zu, MW 2,81, SD 1,05). Kinder mit einem anderen kulturellen Hintergrund als Deutsch saßen dabei leicht häufiger mit anderen Kindern an der Station (MW 2,85, SD 1,09). Bei Kindern deutscher

7. Ergebnisse

Herkunft liegt die kooperative Nutzung mit einem MW von 2,74 (SD 1,03) leicht niedriger. Auch ließen sich Kinder mit einem anderen kulturellen Hintergrund als Deutsch eher helfen als ihre Spielkameraden ohne Zuwanderungsgeschichte.

Das *am häufigsten genutzte Programm* im Projekt stellt das Kinder-Malprogramm *TuxPaint* dar (88 %). Des Weiteren wurden u. a. auch die auf den KidSmart-Stationen vorinstallierte *EdSmart* Lernsoftware (54 %), dann *Microsoft Paint* (35 %), *Open Office* (35 %), *FotoViewer* (39 %) und *Powerpoint* (23 %) verwendet.

Die *EdSmart* Lernsoftware wurde von uns nicht besonders hervorgehoben oder gefördert. Sie wurde als eine mögliche Software-Verwendung neben den gängigen Office-Programmen usw. auf den Stationen zur Verfügung gestellt, da diese Software im Gegensatz zu den gängigen Programmen die Möglichkeit bietet, im Lernspielverlauf die Sprache zu wechseln. Das Programm-Paket fand eine große Nachfrage, 96 % der Erzieherinnen gaben an, die *EdSmart* Software überhaupt genutzt zu haben. Davon kamen nach Auskunft der Erzieherinnen auch bei 21 % die Programme in türkischer, englischer und russischer Sprache zum Einsatz.

Im Rahmen der Forschungsarbeiten im Projekt (vgl. Kapitel *9.2.4 Die Studierenden*) wurde die Edsmart-Software in Bezug auf ihre auch medienbildnerische Eignung untersucht. Im Folgenden wird der entsprechende Abschnitt unserer Mitarbeiterin Anita Müller M.A. (2011), die dieses Software-Paket im Kontext ihrer unveröffentlichten Magisterarbeit analysiert hat, auszugsweise abgedruckt (im Folgenden Seite 82-85). Es wurden vorsichtige stilistische Änderungen vorgenommen, geringe Auslassungen sind entsprechend gekennzeichnet.

Auszug aus Anita Müller: Zukunft: Medien-Lesen. Förderung der Leseentwicklung und Medienkompetenz zum Schulübergang. Eine Bundesländer vergleichende Analyse von Orientierungsplänen und Fördermaßnahmen unter besonderer Berücksichtigung von NRW und Baden-Württemberg. Unveröffentlichte Magisterarbeit an der Pädagogischen Hochschule Ludwigsburg. 2011, S. 83-86

„(…)

Zur Zielgruppe gehören laut Hersteller [Edmark Corporation, Redmond, WA] Kinder zwischen drei und dreizehn Jahren. Dementsprechend möchte die Software sowohl Kita-Kinder als auch Grundschüler ansprechen. Für Lehrer gibt es zu der Software zusätzlich ein Lehrerhandbuch (…). Hier sind sowohl Erklärungen über den Spielablauf als auch kreative Stundenerweiterungsvorschläge enthalten, die sich jedoch nur an Schulfächern und den Kompetenzen von Schulkindern orientieren.

Für die Auswertung standen mir folgende Spiele der Edmark Software in deutscher Version zur Verfügung[16]:

- Millie's Math House
- Sammy's Science House
- Trudy's Time & Place House
- Thinkin' Things Collection 1
- Thinkin' Things Collection 2

Jedes dieser fünf Spiele beinhaltet vier bis maximal sechs Lernspiele, die in erster Linie mathematische und naturwissenschaftliche Kompetenzen fördern. In *Millies's Math House* werden die Kinder in der *Keksfabrik* in den Zahlenraum 1 bis 20 eingeführt, wobei sich hier der Schwierigkeitsgrad einstellen lässt. Kinder lernen die Zahlen sowohl visuell als auch akustisch wahrzunehmen und können Grundkenntnisse im Addieren und Subtrahieren erwerben. Des Weiteren können Kinder in *Millies's Math House* den Größenbegriff erkunden, indem sie Gegenstände (*Schuhe*) in verschiedenen Größen (*klein, mittelgroß, groß*) vergleichen und entsprechend zuordnen. Auch die Raumorientierung und Raumvorstellung werden geschult. Z.B. sollen Kinder identische

---

16 Darüber hinaus wurden noch drei weitere Spiele angeboten (Thinkin' Things Collection 3, Toony the Loon's Lagoon und Baile's Book House), die aber eher wenig Verwendung fanden (vgl. Kapitel 7.1.7 Digitale Mediennutzung während der Projektarbeit).

7. Ergebnisse

geometrische Formen erkennen und richtig zuordnen. Das Erzeugen und Vervollständigen von Mustern ist ebenso in *Millies's Math House* möglich.

In *Sammy's Science House* werden die Kinder in naturwissenschaftliche Bereiche eingeführt. An der *Sortierstation* sollen die Kinder Tiere und andere Lebewesen richtig sortieren (z. B. Tiere nach ihrer Beinanzahl). An der *Wettermaschine* lernen sie die verschiedenen Jahreszeiten und Witterungsverhältnisse kennen und in der *Werkstatt* können sie verschiedene Gegenstände (z. B. *Fahrzeuge*) am Bildschirm konstruieren und ausmalen. Am *Teich* begegnen den Kindern verschiedene Tiere, die dort leben. Die Kinder können sich hier auf ein Ratespiel einlassen und z. B. raten, welches Tier Junge in seinem Nest hat. Jedoch ist hier anzumerken, dass ein Teil der dargestellten Tiere den Kindern kein Begriff sein wird, da einige nicht im europäischen, sondern nur im amerikanischen Raum angesiedelt sind (z. B. *Kardinalvogel, Bisamratte, Sonnenfisch, Ringelnatter*). Zudem hat dieses Spiel einen hohen Anteil an Schrifttext und ist somit besser für Kinder geeignet, die bereits lesen können.

In *Trudy's Time & Place House* lernen die Kinder im Spiel *Zeitzwillinge* die Uhrzeit sowohl in analoger als auch digitaler Form kennen. Hier können sie das Ablesen der Uhrzeit auf den Ebenen *Stunde, halbe Stunde* und *viertel Stunde* üben. Des Weiteren gibt es Spiele, bei denen Kinder sich nach geographischen Richtungsangaben (*Nord, Ost, Süd, West*) orientieren müssen und dabei üben, sich im Raum zu zurechtzufinden (*vorwärts, rückwärts, links, rechts*). Das *Weltpfadfinderspiel* lehrt die Heranwachsenden im Bereich Geographie. Hier werden die Kinder gebeten von den mündlich genannten Kontinenten mit einer virtuellen Kamera durch Anklicken ein Foto zu schießen. Bei der *Kalenderuhr* werden Kinder an die Maßeinheiten der Zeitmessung herangeführt und lernen Zusammenhänge zwischen Uhrzeit- und Kalendereinheiten kennen.

Bei Thinkin' *Things Collection 1* und *2* handelt es sich um Denkspiele. Hier werden vor allem das Gedächtnis der Kinder und die auditive sowie visuelle Wahrnehmung trainiert. Beispielsweise gibt es ein Bilderlotto, das entweder mit bunten Farbklecksen, mit Tierstimmen oder unterschiedlichen Aussprachen eines Wortes gespielt werden kann. Weitere Aufgaben sind das Nachspielen von Musikinstrumenten, das Erkennen und Vervollständigen von Mustern und die richtige Zuordnung von sogenannten *Frippels*, indem man bei fiktiven Telefonbestellungen im Spiel genau hinhört und die Anweisungen befolgt.

Es zeigt sich, dass die Lernsoftware vor allem im mathematischen Bereich den Kindern vielerlei Optionen eröffnet um elementare Erfahrungen mit mathematischen Grundlagen wie Zahlen, Formen und Größen zu sammeln. Bemerkenswert sind die Differenzierungsmöglichkeiten, die die Software bietet. Bei jedem einzelnen Spiel lässt sich der Schwierigkeitsgrad einstellen, so dass der individuelle Leistungsstand eines jeden Kindes berücksichtigt werden kann. Zu Beginn der jeweiligen Spiele ist der Schwierigkeitsgrad immer auf leicht eingestellt, womit dem Kind Erfolgserlebnisse gesichert sind.

Die Kinder werden durch die Software auf vielerlei Weise zu ästhetisch-sinnlichen Aktivitäten angeregt. So wird in den Spielen mit vielen verschiedenen Farben und Mustern gearbeitet, die die Kinder individuell kombinieren können. Auch beim farbigen Ausmalen von Formen werden die Kinder ästhetisch-sinnlich aktiv. Zudem gibt es für die Kinder bei der *Thinkin' Things Collection* viele Möglichkeiten sich musikalisch auszudrücken. Sie können Musik passiv rezipieren und genießen oder auch selbst Musikstücke frei oder nachspielen.

Bei einzelnen Denkspielen wie z. B. Bilderlotto können Kinder auch gegeneinander spielen. Bei den Spielen handelt es sich bewusst um kurze Spiele, die schnell zu beenden sind. Dadurch können sich Kinder schneller beim Spielen abwechseln und es wird vermieden, dass Kinder zu viel Zeit alleine am PC verbringen.

(...)

Da die Software schon älter ist, sind Grafik und Sound der Spiele nicht mehr zeitgemäß. Die Bilder sind eher plakativ gehalten, jedoch überschaubar. Teilweise sind die Figuren sehr amüsant. Das trifft vor allem auf die Animationen in der *Thinkin' Things Collection* zu. Allerdings ist das Belohnungssystem – im Vergleich zu gängigen PC-Spielen – eher veraltet. Haben die Kinder eine Aufgabe richtig gelöst, werden sie durch eine Erzählerstimme im *Off* gelobt. Jedoch sind Formulierungen und Tonlage bei den Spielen *Millie's Math House*, *Sammy's Science House* und *Trudy's Time & Place House* „kindertümelnd", d. h. klingen nicht authentisch, und sind daher motivierend.

Jedes Spiel wird erklärt, wobei man während den Erklärungen nicht mit der Maus agieren kann. So sind die Kinder zum aufmerksamen und konzentrierten Zuhören gezwungen. Allerdings ist der Sprechanteil der Stimmen dadurch sehr groß, so dass die mündlichen Anweisungen Kinder mit Sprachschwierigkeiten zeitweise überfordern können. Auf der anderen Seite werden durch den großen Sprechanteil die kognitiven und sprachlichen Fähigkeiten der Kinder auch herausgefordert. Zudem muss an dieser Stelle erwähnt werden, dass die Software auch in anderen Sprachen zur Verfügung steht (z. B. russisch, türkisch, englisch). Kinder mit einer anderen als der deutschen Muttersprache haben dadurch die Möglichkeit die Software in ihrer Erstsprache zu spielen.

Bei den Spielen *Thinkin' Things Collection 1* und *2* werden vordergründig die visuelle und auditive Wahrnehmung der Kinder geschult, die als bedeutende Grundlage für den Schriftspracherwerb gelten. Dennoch ist an dieser Stelle noch einmal darauf zurückzukommen, dass die Lernsoftware in der vorliegenden Form nicht ausreichend kompatibel mit den verschiedenen Bildungsplänen der Länder ist, da sie sich maßgeblich an schulischen Kompetenzen und Schulfächern orientiert. Dies zeigt sich auch darin, dass es für den Unterricht im Lehrerhandbuch und auf der KidSmart Webseite Zusatzangebote gibt, für die Kita aber nicht.

Es kann abschließend resümiert werden, dass EdSmart durchaus als Lernsoftware für Kinder geeignet ist, wobei das Altersspektrum von 3 bis 13 Jahren sehr weit gefasst ist. Nachdem viele Kita-Kinder bereits im familiären Umfeld Computererfahrungen sammeln und dort vermutlich auch mit neueren Graphikauflösungen und anderen Spielen in Berührung kommen, wird die Software den Ansprüchen von Kindern mit zunehmendem Alter nicht mehr gerecht. Dass 13-Jährige diese Software noch nutzen, ist eher unwahrscheinlich."

Ende Auszug aus Müller (2011)

7.1.8 Digitale Mediennutzung außerhalb der Projektarbeit

96 % der Erzieherinnen geben an, dass die Kinder die Station auch außerhalb der Projektarbeit nutzen konnten. 85 % der befragten Erzieherinnen gaben darüber hinaus an, dass die Kinder die *EdSmart* Lernsoftware auch außerhalb des Projekts genutzt haben. Hierbei wurde nach Aussage von 20 % der Erzieherinnen auch die türkische und nach Auskunft von 8 % auch die russische Version verwendet. Die englische Version wurde von 4 % angegeben. Die durchschnittliche Zeit, die die Erzieherinnen für die Nutzung der KidSmart-Stationen durch die Kinder angaben, lag bei 22.31 Minuten (allerdings mit einer SD von 12,34).

7.1.9 Einschätzung der Kinder nach Auskunft der Erzieherinnen

Im Rahmen unserer Studie haben wir uns bemüht, Einschätzung zu den Akteuren aus verschiedenen Perspektiven zu gewinnen. Die Kinder haben wir zum einen über die Eltern (vgl. Kapitel *7.2 Soziales Feld „Familie"*), zum anderen über die Erzieherinnen einschätzen lassen – denn auch für sie gilt, dass sie sich in unterschiedlichen sozialen Kontexten möglicherweise unterschiedlich bewegen und dem jeweiligen Handlungsspielraum anpassen. In einem Fragebogen sollten die Erzieherinnen parallel zu den Eltern das in der Kita gezeigte Verhalten aller Kinder, die am Projekt beteiligt sind, individuell beurteilen. Aus dem Eingangsbogen liegen uns Stellungnahmen zu 307 Kindern vor, das sind ca. 50 mehr als Eltern geantwortet haben. 46,9 % der von den Erzieherinnen beschriebenen Kinder sind Jungen und 53,1 % sind Mädchen. 16 % der Kinder sind schon fünf Jahre alt, alle anderen vier. Aus der Ausgangsbefragung liegen uns Daten zu 243 Kinder vor, das sind 116 Kinder mehr als aus der Befragung der Eltern am Ende des Projekts. 51,5 % der von den Erzieherinnen zum Abschluss des Projekts beschriebenen Kinder sind Jungen und 49,5 % sind Mädchen. 90,7 % sind fünf Jahre alt (gehören also zu der Kohorte der Vierjährigen aus der Eingangsbefragung) und 9,3 % sind sechs Jahre alt.

Sprachstand zu Projektbeginn

53 Jungen und 44 Mädchen sprechen nur deutsch, 41 Jungen und 49 Mädchen auch türkisch, 9 Jungen und 12 Mädchen auch russisch, 9 Jungen und 8 Mädchen eine afrikanische Sprache und 20 Jungen und 40 Mädchen eine weitere andere Sprache. Nach Einschätzung der Erzieherinnen sind 28 % der Kinder, die keine weitere Sprache sprechen, in ihrer Sprachkompetenz durchschnittlich entwickelt. 52,7 % der nur deutschsprachig sozialisierten Kinder werden von den Erzieherinnen

7. Ergebnisse

als überdurchschnittlich beurteilt, 19,4 % eher unterdurchschnittlich.[17] Bei Kindern, die mehrere kulturelle Kontexte besitzen, sind 35,7 % durchschnittlich entwickelt, 27,1 % liegen über dem Durchschnitt und 47,2 % werden in der Eingangserhebung im Sprachstand als unterdurchschnittlich beurteilt.[18] Für 7,4 % der Kinder ohne einen weiteren kulturellen Familienhintergrund trifft es eher zu, dass sie sich nicht aktiv an einem Gespräch auf Deutsch beteiligten[19], bei Kindern mit mehreren kulturellen Familienkontexten sind es etwa 19,7 %, für die dies zutrifft[20]. Mit 35 % aller Eltern mit Migrationshintergrund ist die Verständigung für die Erzieherinnen schwierig bis nicht möglich.

Bildungsverantwortung

Ein Drittel der Eltern mit mehrkulturellem Hintergrund hat nach Aussage der Erzieherinnen Schwierigkeiten bei der Verständigung mit dem Kita-Personal. Aber es sind sowohl bei Familien mit mehrkulturellem als auch ohne mehrkulturellen Kontext ebenso viele Eltern, nämlich rund ein Drittel, die im Kontext der gemeinsamen Bildungsverantwortung schlecht bis gar nicht kooperieren. Das bedeutet: die gemeinsame Bildungsverantwortung ist kulturübergreifend optimierbar. Die Sprache ist nicht das entscheidende Kriterium, warum oder warum Eltern nicht kooperieren.

Die Präferenzen und Entwicklung der Kinder

Zunächst haben wir die Erzieherinnen nach den Lieblingsbeschäftigungen der Kinder gefragt (bis zu 3 Antworten möglich). Bei den Beschäftigungen über alle Kinder dominiert das freie Rollenspiel mit 48,2 %, gefolgt vom „Draußen spielen", Bauen und Puppenspiel. Nehmen wir jedoch die Geschlechterverteilung in den Blick, zeigen sich sofort auffällige Geschlechterpolaritäten. Diese Polaritäten bleiben auch bei medialen Tätigkeiten signifikant.

---

17 Einschätzung auf einer Likert-Skala von 1="über dem Altersdurchschnitt" bis 5="unter dem Altersdurchschnitt", MW 2,61, SD 1,21.
18 Einschätzung auf einer Likert-Skala von 1="über dem Altersdurchschnitt" bis 5="unter dem Altersdurchschnitt", MW 3,18, SD 1,10.
19 Einschätzung auf einer Likert-Skala von 1="trifft nicht zu" bis 4="trifft zu", MW 3,81, SD 0,55.
20 Einschätzung auf einer Likert-Skala von 1="trifft nicht zu" bis 4="trifft zu", MW 3,26, SD 0,94.

Kinder – Medien – Bildung

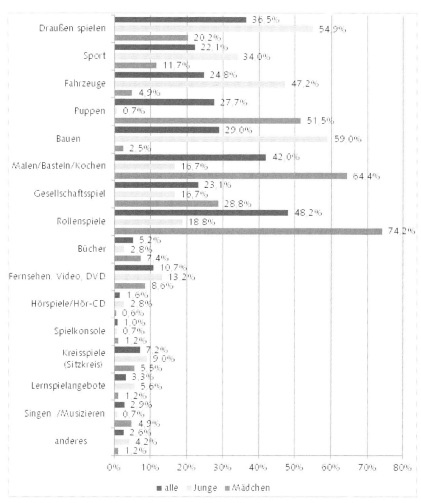

Abbildung 25: Erzieherinnen zu Projektbeginn: Lieblingsbeschäftigung des jeweiligen Kindes (N_{alle}=307, N_{Jungen}=144, $N_{Mädchen}$=163, Mehrfachantworten möglich), signifikant mit p<0,00.

7. Ergebnisse

Medienhandeln der Kinder

Auch bei den Medienpräferenzen der Kinder beschreiben die Erzieherinnen Geschlechterunterschiede. Sie betreffen vor allem Computer mit und ohne Internetzugang, Computerspiele, Hörmedien (Kassettenrekorder und CD-Player) und Bücher.

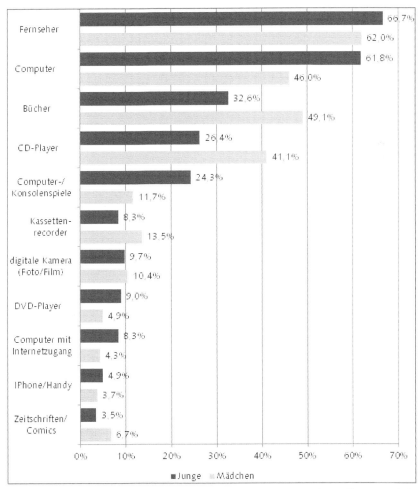

Abbildung 26: Medienpräferenz nach Geschlecht (N_{Jungen}=144, $N_{Mädchen}$=163), signifikant mit $p<0,00$

Allerdings muss hier berücksichtigt werden, dass diese Aussagen nur gemacht wurden vor dem Hintergrund der bisherigen Angebote und Aufmerksamkeiten der Erzieherinnen.

Kinder entwickeln verschiedene Medienpraxen, mit denen sie mediale Angebote für sich verarbeiten bzw. aneignen. Die Eltern konnten über längere Zeit Aussagen über mögliche *Medienreaktionen* der Kinder machen (vgl. Kapitel 7.2.5 *Medienreaktionen*). Die Erzieherinnen können dagegen die Praxis der *Anschlusskommunikation*, v. a. im Kontext anderer Kinder beobachten.

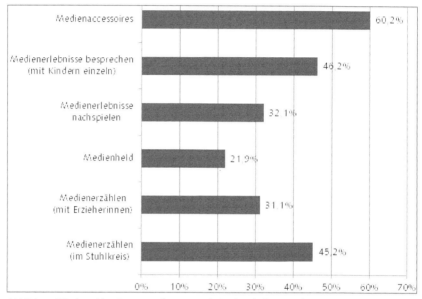

Abbildung 27: Anschlusskommunikation nach Auskunft der Erzieherinnen (N=309)

Für über 60 % der Kinder können die Erzieherinnen eine mediale Konsumorientierung feststellen: die Kinder bringen auffällig viele Medienaccessoires mit in die Kita. Das trifft sich mit den von den Eltern genannten Medienreaktionen. Etwa ein Drittel der Kinder spielt Medienereignisse nach – zumindest bemerken es bei ihnen die Erzieherinnen –, nicht ganz 50 % sprechen nach Beobachtung der Erzieherinnen in der Kita mit anderen Kindern über Medien. Allerdings sind die Erzieherinnen selbst weniger Ansprechpartner für die Kinder, wenn es darum geht, ihre Medienerlebnisse zu besprechen oder davon zu erzählen. Nur etwas über 30 % der befragten Erzieherinnen nennen sich selbst als Ansprechpartner der Kinder in Sachen Medienerzählen. Dieser Befund wird sich bis zur Schule noch steigern, denn pädagogisches Personal, Lehrerinnen und Lehrer, sind für Jugendliche keine Gesprächspartner mehr (vgl. Marci-Boehncke & Rath 2007a, 231), sie fallen mit 0,00 % aus dem Kreis möglicher Reflektoren medialer Praxis heraus!!

7. Ergebnisse

Auffallend ist die Zahl der Angaben, ob es bei dem jeweiligen beobachteten Kind individuell einen präferierten Medienhelden gibt oder nicht. Nur 21,9% wollen dies bei dem jeweiligen Kind beobachtet haben – das widerspricht völlig den Angaben der Eltern (vgl. Kapitel *7.2.4 Medienhelden*), die bei 68,4% der Kinder eine Orientierung an einem festen Medienhelden beschrieben. Dies entspricht nicht nur den bisherigen Forschungen und eigenen Forschungsarbeiten im Rahmen der Forschungsstelle Jugend – Medien – Bildung in Ludwigsburg und Dortmund (vgl. Kittel 2008), sondern liegt auch in der Linie der von den Erzieherinnen genannten Medienaccessoires-Orientierung der Kinder. Vielmehr ist zu fragen – auch schon im Hinblick auf die geringe Relevanz des pädagogischen Personals im Bereich der Medienkommunikation –, ob diesem Befund nicht ein *pädagogisches Ausschlussverhalten* vorangeht. Darunter verstehen wir zum einen die explizite Ablehnung der medialen Erfahrungen und Aneignungsprozesse der Kinder, zum anderen aber auch die häufig geringe Kenntnis der konkreten kindlichen und jugendlichen Medienformate, die dann zusammen die Kinder und Jugendlichen davon abhalten, Erzieherinnen und Lehrerinnen und Lehrer als Gesprächspartner für die eigene Medienpraxis zu suchen oder auch nur zuzulassen. Größer ist die Bereitschaft zur Kommunikation in der Gruppe, 45,2% der Kinder würden – so die Erzieherinnen – im Stuhlkreis über Medien erzählen.

Medial attestieren die Erzieherinnen den Kindern zu 72% eine altersgerechte Feinmotorik, fast 70% betrachteten von sich aus Bilderbücher und ca. 64% besäßen eine altersgerechte Schreibentwicklung. Von 37,7% der Kinder können die Erzieherinnen bestätigen, dass sie Computer-/Konsolenspiele nutzen können. Nur 1,7% halten sie für in der Lage, einen digitalen Film aufzunehmen. Diese Antworten geben allerdings keine Auskunft darüber, was die Kinder tatsächlich können, sondern nur, was Erzieherinnen in der Kita beobachten konnten – weil dazu Gelegenheit war. DVD-Spiele (5,4%), digitale Fotos (19,5%) und eben der digitale Film (1,7%) bilden die Schlusslichter, Bilderbücher, PC-Spiel und CD-Player sind mit weiten Abständen von knapp 70% bis über 34% die Medien, bei denen die höchsten Kompetenzen gesehen werden – mit sehr geringen, statistisch nicht signifikanten Geschlechterunterschieden. Nur bei der Frage nach der altersgerechten Mal- und/oder Schreibfertigkeit werden die Mädchen mit 77,2% als den Jungen (48,9%) überlegen wahrgenommen.

Im Hinblick auf den medialen *Förderbedarf* sind ebenfalls keine signifikanten Unterschiede festzustellen, weder nach Geschlecht noch nach Migrationshintergrund.

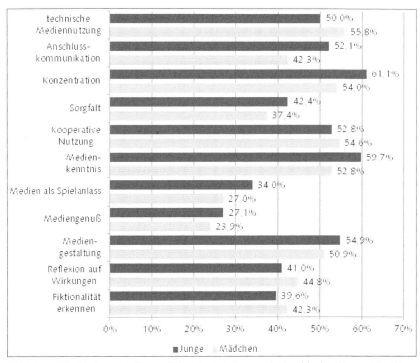

Abbildung 28: Förderbedarf in medialen Fertigkeiten nach Geschlecht (N_{Jungen}=144, $N_{Mädchen}$=163)

Für die Abschlusserhebung haben wir versucht, die Veränderungen in der Wahrnehmung der Erzieherinnen in Bezug auf die kindliche Medienkompetenz und Praxis zu erfassen. Für die Wahrnehmung des Unterschieds durch die Erzieherinnen könnten zwei Faktoren maßgeblich sein, zum einen die Abweichung der Medienkompetenz des Kindes jetzt nach dem Projekt von der erinnerten Kompetenz des Kindes vor dem Projekt und zum anderen ein eher unspezifisches „Mehr" an medialer Betätigung. Es ist zu erwarten, dass der zweite Faktor das Urteil der Erzieherinnen bestimmt. Daher lässt sich weiter vermuten, dass die wahrgenommene Kompetenzsteigerung abhängt von der im Projekt gezeigten Nutzung anderer, neuer Medien und die vorher bereits gezeigte kompetente Nutzung der vor Projektbeginn bereits in der Einrichtung vorhandenen Medien. Die Daten deuten auf diese letzte Vermutung.

Im Bereich der allgemeinen Mediennutzung können nach der Intervention laut Erzieherinnen 66 % der Kinder den Computer selbständiger nutzen. 54,4 %

7. Ergebnisse

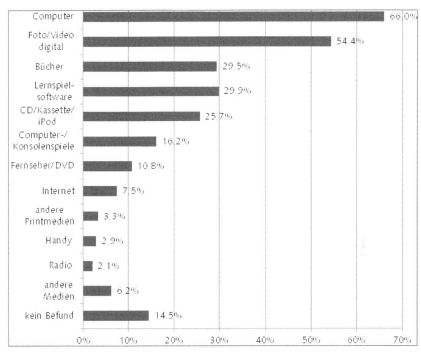

Abbildung 29: Selbständigere Mediennutzung der Kinder nach Auskunft der Erzieherinnen (N=241)

können selbständiger mit der Digitalkamera umgehen und dann, mit einem großen Abstand, 29,5 % mit Büchern. Diese Präsenz der neuen, digitalen Angebote, die durch die KidSmart-Station nutzbar waren, setzte sich auch in der Wahrnehmung der Erzieherinnen durch. Was angeboten wird, wird auch aktiv genutzt.

Positiv sieht es mit den wahrnehmbaren, zusätzlichen Fertigkeiten und Fähigkeiten der Kinder aus. Hier haben nach Auskunft der Erzieherinnen rund 34 % der 241 Kinder, über die wir Antworten von den Erzieherinnen bekamen, ihre technischen Fähigkeiten durch das Projekt erweitert. In der Handhabung der Computermaus und somit motorisch verbessern konnten sich laut Erzieherinnen 49,8 % der Kinder. 20,9 % der Kinder gehen seit dem Projekt mit technischen Geräten sorgfältiger um und ebenso viele Kinder haben ihr Verfügungswissen im technischen Bereich erweitert.

Allgemeine Kompetenzen wurden ebenfalls abgefragt. Bei 10 % der Kinder konnte eine Verbesserung des sprachlichen Ausdrucks festgestellt werden und bei 12,6 %

der Kinder wurde eine Verbesserung des Sozialverhaltens bemerkt, z.T. im unmittelbaren Zusammenhang mit dem Projekt.[21]

In den offenen Antworten auf die Frage, ob und welche Kompetenzgewinne sie bei den Kindern festgestellt hätten, gaben die Erzieherinnen an, manche Kinder zeigten sich offener und aufgeschlossener gegenüber Neuem und gingen im sozialen Miteinander rücksichtsvoller miteinander um. Die Erzieherinnen machten die Erfahrung, dass Kinder sich kontaktfreudiger zeigten, anderen Kindern halfen oder im Rahmen des Projekts selbstbewusster wurden (Auswahl, Differenzierung nach der laufenden Nummer des Fragebogenrücklaufs)[22]:

(49) Es gibt jetzt anderen Kindern selbstbewusster Hilfestellungen
(86) Freier, offener in Bezug auf alles und jeden im Alltag geworden! Ist im Projekt total aus sich heraus gekommen!
(92) Es kann Erfolgserlebnisse sammeln. Das Kind mit Behinderung ist selbstbewusster geworden.
(134) Ja, sie ist kontaktfreudiger u. selbstbewusster
(160) Kind ist aufgeschlossener im Umgang mit anderen Kindern/Erzieherin
(164) Kind ist selbstbewusster geworden
(169) selbständig und selbstbewusster im Umgang mit Medien
(174) aufgeschlossener, hat mehr Kontakte zu Kindern aus anderen Gruppen

Laut Angaben der Erzieherinnen hatte das Projekt für knapp die Hälfte der Kinder (46,7 %) eine besonders hohe pädagogische Bedeutung, für 34,2 % war die pädagogische Bedeutung zumindest befriedigend.

80,1 % der Kinder haben einen Kompetenzzuwachs erfahren. Etwas stärker profitiert haben nach Wahrnehmung der Erzieherinnen dabei die Jungen mit 82,3 %. Der

---

21 Hier geht es uns nicht nur um die These einer direktionalen Verbesserung durch das Projekt, sondern auch um die Entgegnung auf mögliche bewahrpädagogische Vermutungen, die zumindest den Mediennutzungen in Bildungseinrichtungen generelle Schädigung unterstellen. Kurz: Mediennutzung ist nicht per se sprachrestringiert oder sozial vereinsamend, vielmehr sind Medienangebote in Bildungsinstitutionen ebenso pädagogische Situationen wie andere didaktische Settings auch.
22 Im Folgenden werden direkte Zitate aus den schriftlichen Fragebogenantworten sowie aus den Transkripten der Interviews wie im Original wiedergegeben. Lediglich bei offensichtlich sinnentstellender Schreibweise nehmen wir eine behutsame Korrektur vor.

geringste Kompetenzzuwachs wurde bei Mädchen türkischer Herkunft genannt. Bei 34,4 % dieser Gruppe sind den Erzieherinnen keine Kompetenzveränderungen aufgefallen. Das entspricht den Antworten der Eltern türkischer Herkunft, die bei 44,4 % ihrer Töchter keine Veränderung festgestellt haben wollen. Allerdings haben generell Eltern im Vergleich zu Erzieherinnen seltener eine Veränderung ihrer Kinder wahrgenommen. Für 27,3 % der türkischen Mädchen wurde das Projekt von Erzieherinnen dementsprechend als mangelhaft bis ungenügend eingeschätzt. Im Vergleich hierzu haben 71,6 % der türkischen Eltern eine Veränderung im Kompetenzbereich ihrer Söhne festgestellt und sogar 78,1 % der Erzieherinnen bescheinigen Jungen mit türkischer Zuwanderungsgeschichte einen Kompetenzanstieg. Ebenso schätzen die Erzieherinnen die Bedeutung des Projekts für 55,9 % der Jungen mit türkischem Migrationshintergrund als sehr relevant ein, für 29,9 % zumindest noch als befriedigend.

7.1.10 Gesamtbewertung des Projekts durch die Erzieherinnen

In der Abschlussbefragung wurden die Erzieherinnen danach befragt, welche Aspekte an der Projektarbeit ihnen am besten (vgl. Abbildung 30) bzw. am wenigsten (vgl. Abbildung 31) gefallen haben. Diese Fragen waren offen gestellt und wurden inhaltsanalytisch erfasst und aggregiert.

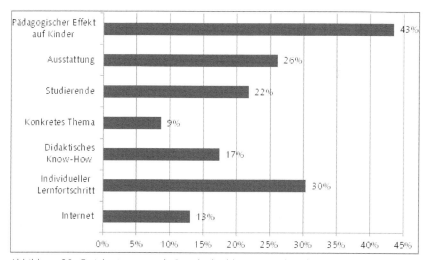

Abbildung 30: Erzieherinnen nach Projektabschluss: „Was hat Ihnen am besten an der Projektarbeit gefallen?" (N=23)

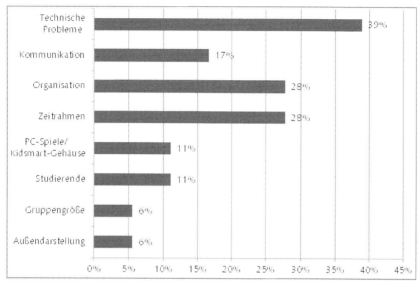

Abbildung 31: Erzieherinnen nach Projektabschluss: „Was hat Ihnen überhaupt nicht an der Projektarbeit gefallen?" (N=18)

Bemerkenswert sind dabei die Werte „Pädagogischer Effekt auf das Kind" und die Wahrnehmung des eigenen Lernfortschritts. Die beteiligten Erzieherinnen erleben sich als pädagogisch selbstwirksam und zugleich einen eigenen Kompetenzzuwachs.

Hier zeigen sich die technischen Anlaufprobleme eines solchen komplexen Projekts sowie die zu Anfang nicht vorhergesehenen administrativen Probleme, die die konkrete pädagogische Arbeit anfangs belastet haben.

In der Summe kann man nach der 1. Phase des Projekts *Medienkompetent zum Schulübergang* aus der Einschätzung der Erzieherinnen ein positives Fazit ziehen. Technische und organisatorische Probleme wurden deutlich und konnten z.T. in der 2. Phase ausgeräumt werden. Das Ziel der konkreten, aus unterstützter Projekterfahrung entstehenden Medienkompetenzvermittlung bei den Erzieherinnen wird in der Selbstwahrnehmung der Erzieherinnen bestätigt, vor allem aber wird eine positive pädagogische Wirkung bei den Kindern wahrgenommen. Doch bevor wir diesen Aspekt näher betrachten, wollen wir einen Blick in das zweite soziale „Feld" der Kinder werfen, in die Familie.

7. Ergebnisse

7.2 Soziales Feld „Familie"

7.2.1 Mediennutzung in der Familie

Viele Medienhandlungen der Kinder finden im familiären Kontext statt. Daher haben wir die Eltern (N=269) nach den Mediengewohnheiten und familialen Medienpraxen gefragt. Allerdings ist es sinnvoll, bevor wir uns die Daten zur Mediennutzung der Kinder genauer ansehen, die Freizeitbeschäftigung der Kinder allgemein (vgl. Abbildung 32) in den Blick zu nehmen (bis zu drei Antworten möglich).

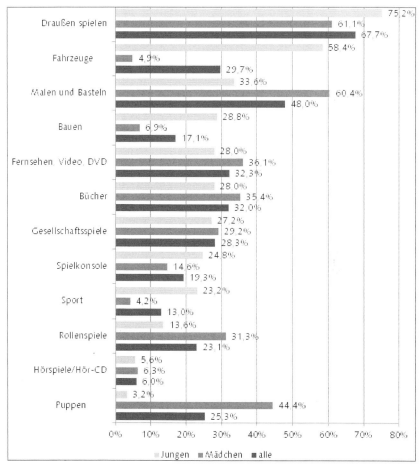

Abbildung 32: Eltern: Lieblingsbeschäftigung allgemein (N_{alle}=269; N_{Jungen}=125; $N_{Mädchen}$=144, Mehrfachantworten möglich), Genderunterschiede hoch signifikant mit p<0,00.

Die Eltern machen bei den liebsten Freizeitbeschäftigungen der Kinder gendertypische Angaben, die auch statistisch hoch signifikant sind. Aber über alle Unterschiede hinweg werden die Themenorientierung und die Bewegungsorientierung der Kinder deutlich. Medien, hier vor allem die rezeptiven Medienangebote Fernsehen, Video und DVD, kommen erst auf dem 5. (Jungen) bzw. 4. (Mädchen) Rang.

Anders sieht es hingegen aus mit den Beschäftigungen, denen das Kind *alleine* nachgeht (vgl. Abbildung 33).

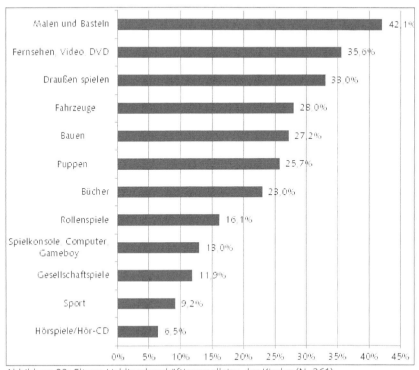

Abbildung 33: Eltern: Lieblingsbeschäftigung alleine des Kindes (N=261)

7. Ergebnisse

Auf Rang 2 der individuellen Beschäftigung liegen bereits Fernsehen, DVD und Video. Fassen wir alle rezeptiven Medien (inklusive Bücher und Hörkassetten) zusammen, so werden diese mit 78,1 % verhältnismäßig hoch bewertet.

Blicken wir nun auf die spezifischen Fragen nach den Medienpraxen der Kinder (vgl. Abbildung 34). Zunächst die gemeinsame Mediennutzung in der Familie: Erwartbar ist die Nutzung des Fernsehgeräts mit 82,6%. Verhältnismäßig hoch und mit unserer bisherigen Kita-Forschung kompatibel ist die Nutzung von Büchern mit 70,6%. Nur jedes fünfte Kind spielt mit einem Familienmitglied Computer- und Konsolenspiele. Nehmen wir nun die Mediennutzung in den Blick, die Kinder generell zeigen (vgl. Abbildung 35). Besonders überraschend ist die PC-Nutzung.

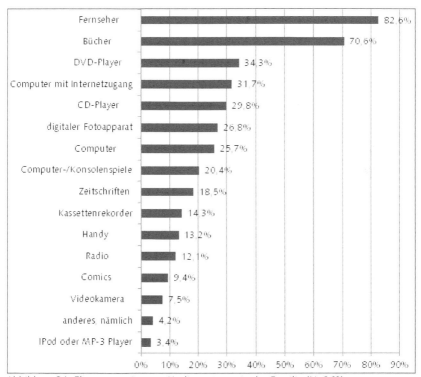

Abbildung 34: Eltern: gemeinsame Mediennutzung in der Familie (N=269)

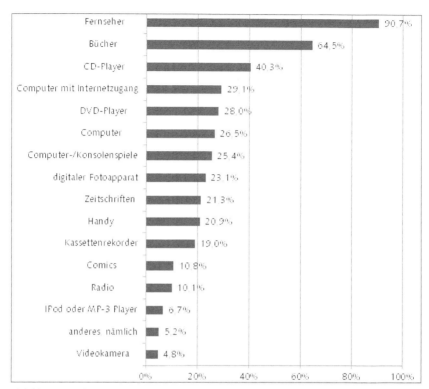

Abbildung 35: Eltern: Mediennutzung des Kindes allgemein (N=268)

Zu den Medien, die die Kinder zu Hause nutzen, steht der Fernseher (90,7 %) auf dem ersten Platz, knapp gefolgt von den Büchern (64,5 %). Ins Internet gehen bereits 29,1 % der Kinder.

Bei dem Lieblingsmedium der Kinder (vgl. Abbildung 36), also dem Medium, dass das Kind nicht nur nutzt und nutzen kann, sondern explizit präferiert, steht nach Auskunft der Eltern an erster Stelle das Fernsehen (54,2 %), gefolgt vom Buch (24,2 %) und dem Computer mit Internetzugang (11,7 %). An fünfter Stelle liegen mit 10,2 % Computer-/Konsolenspiele. Also auch hier haben Bücher mit dem zweiten Rang noch einen verhältnismäßig hohen Stellenwert.
In den Familien ist die Medienkompetenzverteilung häufig zugunsten der Kinder verschoben (vgl. Abbildung 37).

7. Ergebnisse

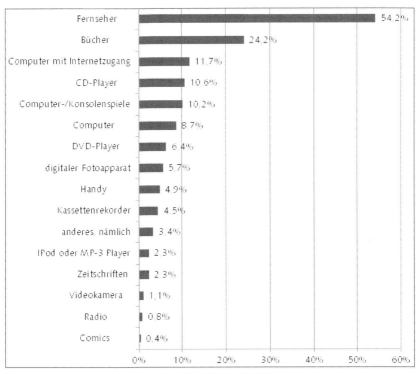

Abbildung 36: Eltern: Lieblingsmedium des Kindes (N=264)

So geben 21,6 % der Elternteile an, dass ihr Kind den Computer besser nutzen kann als er/sie selbst. 6,9 % der Kinder finden sich im Internet besser zurecht als der/die Erziehungsverantwortliche. Bei Computer- und Konsolenspielen sind es sogar 35,3 %. 13,8 % der Kinder können, nach Angaben der Eltern, das Handy besser bedienen als sie selbst.

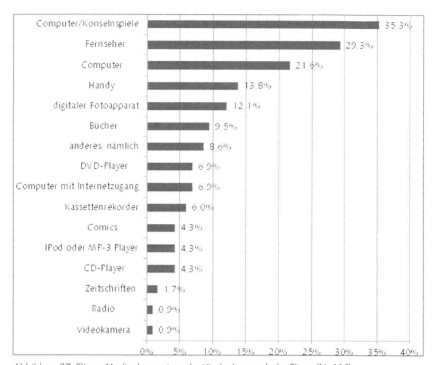

Abbildung 37: Eltern: Medienkompetenz der Kinder besser als der Eltern (N=116)

7.2.2 Medienerziehung in der Familie

Auf die Frage zu Beginn des Projekts, inwiefern Medien ein Thema in der Familie sind (vgl. Abbildung 38), haben 13 Elternteile (4,8%) nicht geantwortet. Von den antwortenden Eltern (N=256) gaben auf der einen Seite 52,7% an, ihr Kind bei der Medienerziehung zu begleiten. Auf der anderen Seite sind für 13,7% der Eltern Medien überhaupt kein Thema und 7,4% der Eltern überlassen die Medienerziehung ihres Kindes den älteren Geschwistern, von denen es sich die Mediennutzung und Medieninhalte abschaut.

Allerdings sind diese Ergebnisse mit Vorsicht zu verstehen. „Verantwortungsvolle Medienerziehung" ist als reale oder auch nur erwartete Erwartung Teil des öffentlichen Diskurses, vor allem nach vermeintlich durch Medien induzierten Gewalttaten von Kindern und Jugendlichen. Es ist daher nicht auszuschließen, dass ein Teil der Antworten nicht die reale familiale Situation abbildet, sondern diese soziale Erwartung bedient.

7. Ergebnisse

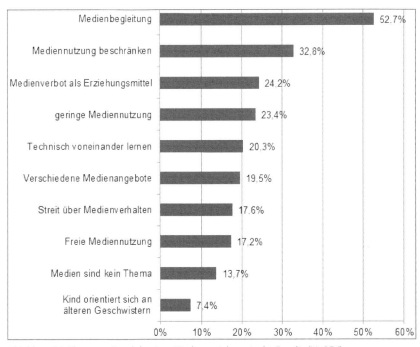

Abbildung 38: Eltern vor Projektbeginn: Medienerziehung in der Familie (N=256)

Eltern dokumentieren in ihren Antworten nach Projektabschluss eine positive Wirkung der Kita-Arbeit in die Familie hinein (vgl. Abbildung 39):

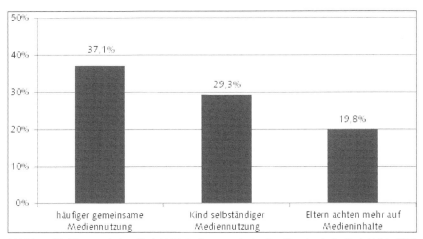

Abbildung 39: Eltern nach dem Projekt: Veränderungen in den Familien durch das Projekt (N= 127)

104 Kinder – Medien – Bildung

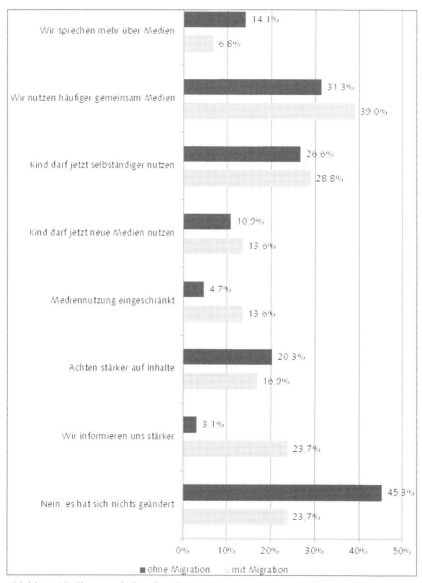

Abbildung 40: Eltern nach dem Projekt: Veränderungen in den Familien durch das Projekt mit und ohne Migrationshintergrund (N= 127)

7. Ergebnisse

Hier zeigen sich konkrete Sensibilisierung der Eltern für die Medienthematik und aktive Verantwortungsübernahme. Damit wird deutlich, frühkindliche Bildung ist immer auch Familienbildung!

Besonders spannend ist die Frage nach den Veränderungen, die sich in den Familien vollzogen hat, wenn wir einen Vergleich zwischen Familien mit und ohne Migrationshintergrund zugrunde legen (vgl. Abbildung 40).

Vor allem für Eltern mit Migrationsgeschichte zeigen sich starke Wirkungen der Medienarbeit in der Kita zugunsten von mehr Medienanschlusskommunikation, gemeinsamer Mediennutzung und aktiver Medienerziehung.

7.2.3 (Vor-)Leseklima in der Familie

Vorlesen ist ein wichtiger Faktor für die spätere Lesekompetenz des Kindes und damit für die Medienkompetenz überhaupt. Die Familie ist dabei nicht nur „als früheste sondern auch als wirksamste Instanz der Lesesozialisation" (Hurrelmann 2004b, 45) anzusehen, die sowohl vor der Schule, als auch während der Schule wirksam ist (vgl. Hurrelmann 2004a; Marci-Boehncke & Rose 2012).

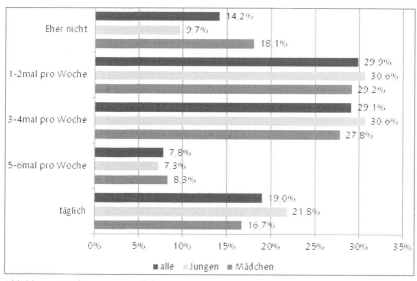

Abbildung 41: Eltern vor Projektbeginn: Vorlesen in der Familie (N=268)

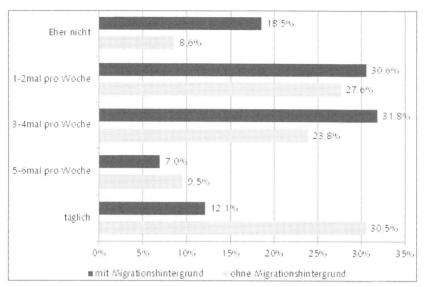

Abbildung 42: Eltern vor Projektbeginn: Vorlesen in der Familie nach Migrationshintergrund allgemein (N=262)

In unserer Untersuchung lesen 14,2 % der Eltern ihrem Kind so gut wie nie vor. Für die Leseforschung überraschend ist die Aussage der Eltern, dass Mädchen im Vergleich zu Jungen weniger häufig vorgelesen wird. 18,1 % der Eltern lesen ihren Töchtern nicht vor; bei Jungen sind es nur 9,7 %. Kindern mit Migrationshintergrund wird im Verhältnis zu deutschen Kindern seltener vorgelesen.

Vor allem Kinder afrikanischer Herkunft sammeln deutlich weniger Vorleseerfahrungen als Kinder deutscher Herkunft. 27,3 % der Eltern afrikanischer Herkunft lesen ihren Kindern eher nicht vor. Dieser Befund lässt sich nicht endgültig bewerten. Es mag ein Grund sein, dass u. U. wenig muttersprachliche Kinderliteratur in Deutschland greifbar ist. Hier wäre vielfältige pädagogische und materiale Unterstützung notwendig, um im Rahmen der begleitenden Elternarbeit Eltern dabei zu unterstützen, Vorlesesituationen mit Bilderbüchern ohne Texte oder mit herkunftssprachiger Kinderliteratur zu gestalten.

7.2.4 Medienhelden

68,4 % der Kinder haben nach Auskunft ihrer Eltern einen Medienhelden, mit dem sie sich identifizieren. Wir haben die Eltern dazu offen befragt, welcher Medienheld dies sei und haben 229 Nennungen erhalten. Aggregieren wir diese

7. Ergebnisse

Aussagen nach der *Herkunft* der jeweiligen Lieblingsfiguren der Kinder, erhalten wir folgendes Bild (vgl. Abbildung 43).

Mit weitem Abstand haben mediale Akteure aus Zeichentrickfilmen die höchste identifikatorische Attraktivität für die Kinder (vgl. auch Theuenert 1996b, 1996c). Bedenklich erscheint mit 13,1 % der Wert der Helden, die Kinder aus Film-Angeboten nehmen, die eigentlich für Erwachsene konstruiert wurden. Auffällig ist auch der Wert für Sport-Idole mit nur 2,2 %. Dieser Wert wird sich bis ins Jugendalter fast versiebenfachen (vgl. Marci-Boehncke & Rath 2007). Auf jeden Fall ist festzuhalten, dass die Zeichentrickfilme maßgebend als Identifikationsangebot der Medien in dieser Alterskohorte angesehen werden müssen. Diesem attraktiven medialen Angebot werden wir bei der qualitativen Analyse der Kinder-Interviews (vgl. Kapitel *7.3 Ergebnisse der qualitativen Interviews*) wieder begegnen.

Knapp die Hälfte der Kinder verfolgt diesen Medienhelden auch „konvergent" (vgl. zum Konvergenzkonzept Theunert & Wagner 2002; Wagner & Theunert 2006; Wagner 2010; Marci-Boehncke & Rath 2011, Weise 2011), d. h. durch verschiedene Medienformate hindurch. Von einer Identifikation wollen die Eltern nur bei knapp 23 % sprechen – wobei dabei zu beachten ist, dass Eltern dieses identifikatorische Moment unter Umständen nicht zuordnen können. Hier wäre dann auf allgemeinere Aspekte zu achten wie „Kind spielt Szenen nach" (51,5 %),

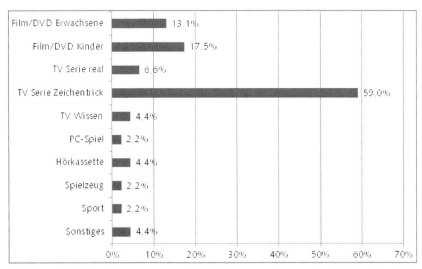

Abbildung 43: Herkunft der genannten Medienhelden nach Auskunft der Eltern (N=164)

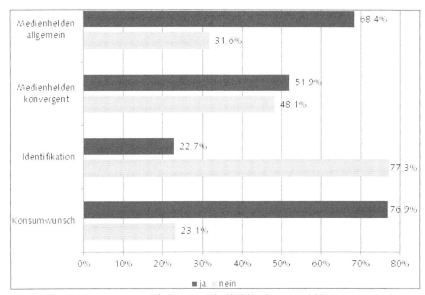

Abbildung 44: Eltern vor Projektbeginn: Medienhelden ($N_{allgemein}$=250; $N_{konvergent}$=208; $N_{Identifikation}$=260; N_{Konsum}=260)

„Kind malt Bilder mit Medienbezug" (12,7%) oder allgemein „Kind spricht viel über Medien" (29,2%). Hier wäre jeweils in einem Tiefeninterview mit den Eltern genauer nachzufassen. In die Richtung „Identifikation" geht aber auch der hier mit erfasste Aspekt „Kind wünscht sich Artikel mit Medienbezug" (76,9%).[23]

Schauen wir nun genauer auf die Gender-Seite (vgl. Abbildung 45), lassen sich weitere Unterschiede feststellen. 70,8% der Jungen und 66,4% der Mädchen haben einen festen Medienhelden.

Der Anteil der Kinder, die sich explizit Merchandising-Produkte mit Medienbezug wünschen, ist jeweils höher, auch hier führt ein Tiefeninterview weiter, wie unsere *Puppet-Interviews* (vgl. Kapitel *7.3 Ergebnisse der qualitativen Interviews*) zeigen. Es wird sich zeigen, dass Konsumwünsche nicht nur direkt über die Mediennutzung, sondern auch mittelbar über die Peer-Group-Kommunikation induziert werden. *Spiderman, Barbie, Spongebob, Caillou* und *Hannah Montana* sind die beliebtesten Kita-Helden. Hier zeigt sich auch eine Übereinstimmung mit den Aussagen der Erzieherinnen über die am Projekt beteiligten Kinder: 60,2% der Kinder (Jungen 58,9%,

---

23 Für Details zu der Wahrnehmung und Bedeutung der Medienhelden bei den untersuchten Kindern selbst vgl. in Kapitel 7.3 Ergebnisse der qualitativen Interviews.

7. Ergebnisse

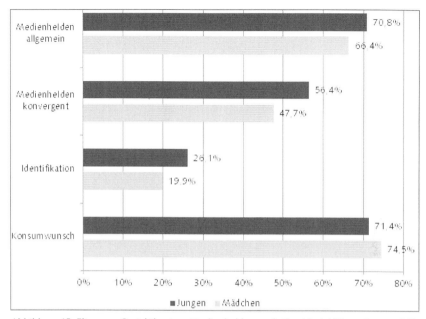

Abbildung 45: Eltern vor Projektbeginn: Medienhelden nach Geschlecht ($N_{Jungen/allgemein}=113$; $N_{Mädchen/allgemein}=137$; $N_{Jungen/konvergent}=101$; $N_{Mädchen/konvergent}=107$; $N_{Jungen/Identifikation}=119$; $N_{Mädchen/Identifikation}=141$; $N_{Jungen/Konsum}=119$; $N_{Mädchen/Konsum}=141$)

Mädchen 61,5 %) bringen ihre Medienhelden in Form von Medienaccessoires in die Kita mit (N=281), hier unterscheiden sich Mädchen und Jungen nicht signifikant.

7.2.5 Medienreaktionen

Die Frage nach Medienhelden und die verschiedenen Medienpraktiken, die Kinder in Bezug auf ihre Helden entwickeln, gehört teilweise in die öffentliche Diskussion um Mediennutzung von Kindern und die Wirkungen der Medien auf kindliches Verhalten. In Übereinstimmungen mit früheren Studien (Marci-Boehncke & Rath 2007b) zeigen sich in lebensweltlichen Situationen nach Auskunft der Eltern bemerkenswerte Rektionen.

So beobachtet nur ein geringer Teil der Eltern eine ängstliche (3,5 %) oder aggressive (1,9 %) Reaktion ihres Kindes auf Medien. Hier lassen sich allerdings genderspezifische Unterschiede ausmachen. Jungen zeigen zu 2,5 % Ängstlichkeit, aber auch zu 2,5 % Aggressivität. Anders die Mädchen, hier tritt Ängstlichkeit mit 4,3 % deutlicher auf, wobei Aggressivität nur bei 1,4 % der Mädchen gezeigt wird.

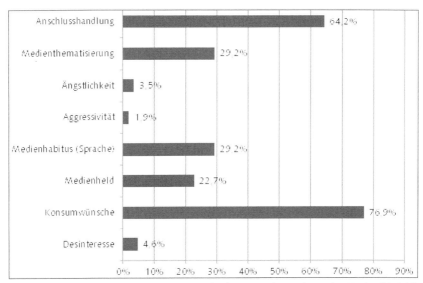

Abbildung 46: Eltern vor Projektbeginn: Beobachtete Medienreaktion der Kinder (N=260)

Hingegen stellen Konsumwünsche in Bezug auf mediale Angebote (76,9 %) die häufigste Medienreaktion dar, allerdings dicht gefolgt von Anschlusshandlungen des Kindes auf Medienrezeption, z. B. Nachspielen der Szenen, Malen oder Nachbauen, Weiterfantasieren. Hier bieten sich Chancen für eine didaktische und medienpädagogische Intervention in Richtung auf kreative und eigenständige Mediennutzung.

An diesen beiden letztgenannten Punkten sollte medienerzieherisch besonders angesetzt werden: an den Anschlusshandlungen als geeigneter Form, Mediennutzung in der Kita zu thematisieren, sowie an den Konsumwünschen als besonderer Herausforderung, den Kindern die ökonomischen Zusammenhänge der Medienangebote (z. B. Werbung) nahe zu bringen.

Kindliche Mediennutzung führt also nach unseren Ergebnissen nicht primär zu den gängig erwarteten und befürchteten Medienreaktionen, sondern die Nachspielbereitschaft (Anschlusshandeln) und die Konsumbereitschaft sind Möglichkeiten und Anlässe für medienpädagogisches Handeln. Beide Bereiche sind dabei die zwei Seiten derselben Medaille: das Kind *eignet sich Medieninhalte aktiv an*. Ziel der Medienbildung muss es daher sein: weg von einem alleinigen und einseitigen rezeptiv-passiven Konsum hin zu einer aktiven, kreativen Aneignung.

7. Ergebnisse

7.2.6 (Medien-)Kompetenz-Entwicklung der Kinder

Am Ende der ersten Phase haben wir die Eltern erneut um eine Einschätzung des Projekts, der Beteiligung und Freude der Kinder an dem Projekt und der (ggf. veränderten) Medienkompetenzen ihres Kindes erbeten.

Die *Motivation* der Kinder zum Projekt war nach Einschätzung der Eltern sehr hoch. Nach Aussagen der Eltern haben 96,7 % aller Kinder gerne am Projekt mitgewirkt. Das hat sich auch auf den Zugang der Kinder zu Medien ausgewirkt. Bei 61,8 % konnte am Ende des Projekts ein verstärktes Interesse am Medium Computer, bei 33,3 % an der Digitalkamera, bei 30,4 % am Handy und bei 13,7 % an Büchern beobachtet werden. Wie zu erwarten ist, ist der Anstieg bei den Medien, die bisher weniger im Fokus medienerzieherischer Betreuung durch die Eltern (und der Erzieherinnen in den Kitas) lagen, besonders hoch.

Ein Großteil der Kinder (80,2 % laut Erzieherinnen, 69,2 % laut Eltern) hat durch die aktive Projektarbeit an Kompetenzen hinzugewonnen. Darunter fallen sowohl kognitive als auch motorische, personale und soziale Kompetenzen, die in offenen Antworten von den Eltern beschrieben werden (Auswahl, Differenzierung nach der laufenden Nummer des Fragebogenrücklaufs):

(3) Den PC kann sie ohne Probleme bedienen und geht sehr bewusst und sensibel damit um
(16) Das Kind ist offener und will mehr darüber erfahren
(47) Das Interesse an „verbotenen" Geräten hat nachgelassen, es wird viel öfters hinterfragt, was Sachen bedeuten oder wie sie funktionieren.
(60) Mein Sohn kann jetzt mehr spielen mit dem PC und unterscheiden zwischen den Spielen
(63) Kommunikativer, redelustiger
(68) Selbständiger Umgang mit PC im vorgegebenen Rahmen
(107) Kennt sich nun gut mit dem Internet aus.

Insgesamt ist deutlich erkennbar, dass die Kinder nach Einschätzung der Eltern ihre Medienkompetenz in allen Bereichen ausgebaut haben – von konkreten Handlungen wie dem Führen der Maus (43,1 %), das selbständige Erstellen digitaler Fotos (24,4 %), der Konzentration auf ein Lernspiel oder allgemeiner Sorgfalt im Umgang mit technischem Gerät (20,3 %) bis hin zu allgemeineren Einschätzungen zu Aspekten der Medienkompetenz. Auch hier gibt es keine signifikanten Unterschiede nach kulturellem Hintergrund der Kinder, aber geringfügige (jedoch nicht signifikante) Unterschiede abhängig vom Geschlecht des Kindes.

Für die Kommunikationsentwicklung bei den Mädchen geben 52,9% eine positive Entwicklung an, bei den Eltern von Jungen sind es 41,9%. Bei Medienkunde sind es bei den Mädchen 64,7% und bei den Jungen 61%. Gravierender werden die Unterschiede bei der Einschätzung der Mediengestaltung: Hier haben sich 61,5% der Mädchen positiv weiterentwickelt, bei den Jungen sind es 50%. Dass die Medienarbeit auch die Wünsche der Kinder vergrößert hat – etwa nach neuen Mediengeräten wie Kamera oder Scanner, aber auch anderen Arbeitsmöglichkeiten und Produkten – wundert nicht: bei 48,6% der Kinder beobachten die Eltern eine Zunahme an Medienwünschen.

7.2.7 Erwartungen an die Kita und Gesamteinschätzung

Die veränderten Medienpraxen verändern auch die Medienkompetenz-Erwartung der Eltern an die Kita oder evozieren sie überhaupt. Für die Kita bleibt in der elterlichen Einschätzung die kritische Haltung gegenüber Medien wichtigstes Lernziel für die Kinder (56,2%), gefolgt von technischer Kompetenz (55,4%) und immerhin sind es 46,3%, die sich einen kreativen Medienumgang als Bildungsziel in der Kita wünschen. 4,1% der Eltern, die an der Abschlussevaluation teilgenommen haben, halten Medienarbeit in der Kita auch nach dem Projekt nicht für sinnvoll.

Die Eltern konnten sich abschließend noch offen dazu äußern, was ihnen an dem Projekt besonders gut gefallen hat. 17 Eltern betonen dabei vor allem den Zuwachs an technischer und gestalterischer Kompetenz, 13 Eltern loben die sozialen Aspekte des gemeinsamen Medienhandelns und 11 berichten von der großen Freude, die sie bei ihrem Kind in der Zeit der Projektarbeit festgestellt haben. Bei den Wünschen geben die Eltern an, dass sie gern noch mehr Information über die Projektarbeit erhalten hätten und auch die Produkte der Medienarbeit gern gewürdigt hätten in der Kita. Hier wäre der ursprünglich geplante Einsatz der Moodle-Plattform sinnvoll gewesen.

Eine Rückmeldung zum Projekt haben 127 Eltern gegeben. Das entspricht etwa der Hälfte aller am Projekt beteiligten Kinder. Von diesen haben 85% über die Erzieherinnen Informationen zum Projekt erhalten und 41,8% auch über ihre Kinder, bzw. 27,9% über Fotos oder andere Produkte, die aus dem Projekt in der jeweiligen Kita ausgestellt sind. 18% der Eltern ist auch zusätzlich durch mediale Ergebnisse, die das Kind mit nach Hause gebracht hat, aufmerksam geworden – und dies gleichmäßig verteilt über alle Herkunftskulturen der Kinder.

7. Ergebnisse

7.3 Ergebnisse der qualitativen Interviews

Nach dem empirisch-quantifizierenden Blick auf die Fragebögen an Eltern und Erzieherinnen werden im Folgenden Ergebnisse der qualitativen Interviews mit den Kindern dargestellt. Kinder in diesem Alter zu befragen, ist in der Sozialforschung nicht unbedingt üblich. Für unsere Studie wurde deshalb auf eine besondere Gesprächssituation geachtet, bei der Handpuppen als Gesprächspartner der Kinder zum Einsatz kamen. In Deutschland ist diese Form der Interviewführung von Ingrid Paus-Haase(-brink) (1998) wissenschaftlich etabliert und von Marion Weise (2011) aktuell in der Medienforschung weiter profiliert worden. Bei dieser Gesprächssituation spricht der erwachsene Interviewer unter Verwendung einer großen Handpuppe mit dem Kind. Die Puppe fungiert als Kommunikationspartner des Kindes, bei dem es sich im Gespräch überlegen fühlen kann – anders, als bei einem erwachsenen Gesprächspartner.

Unsere studentischen Interviewer waren auf diese Forschungsmethode geschult worden. Trotzdem sind sie keine professionellen Interviewer, so dass unter gesprächsanalytischem Gesichtspunkt die Reaktionen der studentischen Puppenspieler nicht in jeder Situation optimal waren. Dennoch sind die Vorteile dieses Forschungssettings gravierend: Die Interviewer hatten über die eigene Beteiligung in den Interventionsprojekten der Kita ein großes Vertrauensverhältnis zu den Kindern aufgebaut, so dass diese auch zum Gespräch bereit waren. Außerdem hatten die Interviewer die Kinder in vielen Wochen kennen gelernt und konnten ihre Sprache und die konkreten Äußerungen auch verstehen und vor allem kontextualisieren.

Die Auswertung der qualitativen Interviews aus der ersten Projektphase ermöglicht einen umfangreichen Einblick in den Prozess der Medienaneignung von 4- und 5-Jährigen, der hier allerdings nur begrenzt dargestellt werden kann. Es wurden 93 Interviews geführt mit insgesamt 46 Jungen und 47 Mädchen. 32 Jungen und 34 Mädchen hatten einen Migrationshintergrund. Damit ist ein ausgewogenes Verhältnis der maßgebenden Gruppierungen (Geschlecht und Migrationshintergrund) gegeben.

7.3.1 Thematisierung der eigenen Medienaneignung

Unter *Medienaneignung* versteht man den Prozess der Auseinandersetzung des Individuums mit den Medien (vgl. Schorb & Theunert 2000). Hierzu gehören u. a. die Wahrnehmung, Bewertung und Verarbeitung des Medienangebots sowie dessen Integration in den alltäglichen Lebens- und Erfahrungskontext (vgl. ebd.). Theunert und Demmler unterscheiden drei zentrale Kontexte, die an der Medienaneignung beteiligt und auch für die Auswertung unserer Daten relevant sind: das Kind selbst, sein soziales Umfeld und die Medien (vgl. Theunert & Demmler 2007).

Auf der Ebene des Kindes muss der jeweilige Entwicklungsstand, sowohl kognitiv, als auch sozial-moralisch und emotional mit einbezogen werden, denn dieser entscheidet zum einen über das Medienverständnis und zum anderen darüber, welche Formen des Medienhandels realisierbar sind (vgl. Theunert & Demmler 2007, 94 f). Die Mehrheit der 4- und 5-Jährigen kann beispielsweise noch nicht lesen, dementsprechend muss berücksichtigt werden, dass sie im Umgang mit textbasierten Medien wie dem Internet ggf. noch Schwierigkeiten haben und hier auf Unterstützung von außen angewiesen sind – ob und inwiefern dies wirklich der Fall ist, wird zu untersuchen sein. Zum anderen muss der kindliche Mediengebrauch vor dem Hintergrund *handlungsleitender Themen* (Bachmair 1994) betrachtet werden, die nicht nur vom jeweiligen Entwicklungsstand, sondern auch von der aktuellen Lebenssituation jeden Kindes abhängig sind. Daraus folgt, dass für die Studie sowohl die bereits ausgeformten Fähig- und Fertigkeiten eines jeden Kindes bedeutend sind, als auch die Themen, die es aufgrund seiner Lebensumstände sowie seines Geschlechts bewegen.

Auf der zweiten Kontextebene muss das Kind in seiner sozialen Umwelt betrachtet werden, vor allem in der Interaktion mit seiner Familie (ebd., 96 ff). Denn die Familie, da ist sich die Forschung einig, ist nicht nur die erste und früheste Instanz der (Medien-)Sozialisation, sondern auch die nachhaltigste (vgl. Niederbacher & Zimmermann 2011, 71). Der familiäre Rahmen entscheidet darüber, wann und in welchem Ausmaß ein Kind mit welchen Medien in Berührung kommt. Im Kontext der Studie waren – auch aus datenschutzrechtlichen Gründen – nicht alle Aspekte zum Familienhintergrund der Kinder vorab rekonstruierbar. So versucht unsere Analyse vor allem vom Material selbst auszugehen und die Kindern zunächst in ihren unmittelbaren Äußerungen zu verstehen und nicht vorbeeinflusst von anderen soziodemographischen Rahmenbedingungen.

Abgesehen von der Familie nimmt auch die Kita Einfluss auf die Medienaneignung der 4- bis 6-Jährigen. Ein Ziel der Intervention besteht schließlich darin, die familiären – meist eher passiven – Medienerfahrungen durch kreativ-produktive zu ergänzen. Wie die Kinder die aktive Gestaltung mit Medien in der Kita wahrnehmen, stellte somit einen Gegenstand der Befragung dar.

Ein weiterer bezieht sich schon auf die familiäre Medienwelt: Wir wollten wissen, wie Kinder ihre mediale Situation zu Hause einschätzen und was ihnen selbst wichtig ist. Bei der qualitativen Befragung versuchen wir, die Perspektive „vom Kinde aus" zu zeigen. Neben bereits vorhandenen Daten zu Gerätequantitäten erhalten wir so einen Einblick in die kindliche Wahrnehmung, zu Präferenzen, zum Erleben und zur Verarbeitung von Medienangeboten aus der Sicht des eigentlichen medialen Akteurs, des Kindes selbst.

Auf der dritten Kontextebene schließlich kommt das Kind als „Zielgruppe des Medienmarktes" (Theunert & Demmler 2007, 98) in den Blick. Die mediale Angebotsstruktur entscheidet, sofern Kinder Medienangebote wahrnehmen können/ dürfen, mit über das Medienerleben der Kinder. Insofern ist die Kenntnis über die Mediennutzung allein, die uns Auskunft geben über die Medienformate, nicht ausreichend. Es ist wichtig, auch an das Medienerleben selbst heranzukommen. Theunert und Demmler (2007, 99) stellen hier methodische Defizite der Forschung fest, da die Kinder „über die üblichen sprachgebundenen Verfahren nur sehr begrenzt zugänglich" seien. Das ist sicher v. a. für die ein- bis dreijährigen Kinder richtig, allerdings gibt es einen Übergangsbereich, der in spielerischer Weise erschlossen werden kann, und dort setzen wir mit unseren *Puppet Interviews* an.

Im Hinblick auf den Prozess der Medienaneignung liefern uns die *Puppet Interviews* somit aus erster Hand Antworten auf die Frage, welche Medien Kinder am liebsten nutzen, was sie mit ihnen machen, wie sie die Angebote wahrnehmen und wie wichtig sie ihnen sind. Medien in ihrer konvergenten Nutzungsdimension werden hier erfragt. So soll ein Einblick ermöglicht werden in gegenwärtiges frühkindliches Medienhandeln und Medienerleben.

7.3.2 Handlungsleitende Themen

Ungefähr ab dem dritten Lebensjahr können Kinder Medienhandeln auch als solches verstehen. Dann nutzen sie Medienangebote nicht wahllos, sondern vorrangig zur Orientierung (vgl. Wegener 2010). Entwicklungspsychologisch gesehen, bevorzugen Kinder solche Medieninhalte, die zu ihren momentanen, ihrer jeweiligen Entwicklungsaufgabe entsprechenden Wünschen, Sorgen, Ängsten und Konflikten in Relation stehen. Die Medien sollen bestimmte Bedürfnisse befriedigen und Wünsche erfüllen. Neben dieser Passung in die Anforderungen und Bedürfnisse der gegenwärtigen Erfahrungswelt suchen Kinder in Medien aber auch nach neuen Handlungsmustern und Handlungsalternativen (vgl. Charlton

2007). Die Medien werden also einerseits zur Bearbeitung entwicklungsbedingter Themen herangezogen (Bachmair 1994), sind aber andererseits die Instanz, die diese Themen überhaupt erst generiert (vgl. Theunert 2005).

Medienfiguren spielen dabei eine wichtige Rolle. Sie bieten Kindern Identifikationsmöglichkeiten. Damit können Kinder ihre Wünsche und Träume auf Medienhelden projizieren, aber auch ihr Selbstkonzept und ihre bereits entwickelten Vorstellungen an ihnen überprüfen (vgl. ebd.). Vor allem jüngere Kinder übertragen häufig ihre Wünsche und Ängste auf Medienfiguren und beziehen diese in ihr alltägliches Handeln mit ein (vgl. Wegener 2010). Wie bereits die Auswertung der Elternbefragung zeigt, haben 68,4 % der Kinder im Projekt einen festen Medienhelden, vorwiegend aus einer Zeichentrickserie oder einem Anime (54 %). Die nachfolgenden Auszüge aus den Kinderbefragungen bestätigen dies nicht nur, sondern verdeutlichen auch, in welcher Form Kinder die Medienhelden mit ihren jeweiligen Entwicklungsthemen verknüpfen.

Zu den *Entwicklungsthemen* im Kindergartenalter gehören der Wunsch nach Eigenständigkeit und Unabhängigkeit, verbunden mit der Angst vor dem Alleinsein. In der Folge zählen auch die Herausbildung der geschlechtlichen Identität und dem damit verbundenen Rollenbild zu den Entwicklungsthemen dieser Altersgruppe wie z. B. die Anerkennung eigener Leistungen, Besitztümer oder des Aussehens (vgl. Charlton 2007). Andere mögliche Themenschwerpunkte sind Liebe, Eifersucht und Wut, die in diesem Alter für die Kinder entwicklungsbedingte Herausforderungen darstellen. Darüber hinaus und im Einzelfall je unterschiedlich sind zudem Themenschwerpunkte handlungsleitend, die aus aktuellen Problemlagen in der Lebenssituation der Kinder resultieren (vgl. Theunert 2005).

Marion Weise (2012, 294-326) hat jüngst diese Themenfelder kulturübergreifend untersucht und verschiedene Typen extrapoliert: *Helfer, Experten*, die sich durch ihre Expertise vor allem im sozialen Gefüge und im Familienkontext selbst bestärken, *Unabhängige* und die „*Risk-Taker*", die vor allem das „lustvolle Spiel mit den Rollen" (ebd., 296) lieben. Quasi im Gegenlicht, nämlich im Blick auf das mediale Rollenangebot, hat Helga Theunert (1996a) am Beispiel der Zeichentrickfilme gezeigt, welche Rollen-Leitbilder Jungen und Mädchen im Alter von 4 bis 11 Jahren aus den Zeichentrickangeboten wahrnehmen.

7. Ergebnisse

Die nachfolgend auszugsweise vorgestellten Interviews[24] sollen vor allem die Vielfalt kindlicher Mediennutzung – mit besonderem Fokus auf das Medium des Computers – deutlich machen. Fokussiert werden die Medienpraxen unter den Themenfeldschwerpunkten der *Selbstbehauptung* sowie dem Konflikt zwischen *Kleinsein und Großwerden*.

Selbstbehauptung

- „Kämpfen" (K12 = Junge, 5 Jahre, ohne Migrationshintergrund), P = Puppe

    P: Und wie lange bist du immer am Computer? Wenn du heute nach Hause kommst zum Beispiel, was machst du dann?
    K12: Ich komm heute nicht (...) ich geh zuerst zu Martina, dann gehen wir zum Boxen, dann boxe ich so.
    P: Du boxt?
    K12: Ja (...) das ist so eine Boxschule, da machst boxen so, ähm ein Boxsport, da muss, das muss (...) muss heute auch hingehen.
    P: Macht das Spaß?
    K12: Ja (...) da muss man auch so, muss auch so *pf* *pf* und muss so mit dem Fuß da drauf treten auch.
    P: Ja? Mit anderen Kindern zusammen?
    K12: Da bin ich nur und da ist auch Erwachsener drinne.
    P: Ach so, okay.
    K12: Aber ich bin fünf Jahre alt und dann darf ich fünf Jahre alt auch da.
    P: Ach so.
    K12: Mama meldet mich auch da an.
    P: Okay, freust du dich schon darauf? Wenn du da angemeldet wirst?
    K12: *((nickt))* heute meldet Mama mich auch da an, aber ich kann, ich kann trotzdem boxen heute.

Der Auszug aus dem Interview zeigt, dass für den Jungen das Thema *Kämpfen*, also das Kräftemessen und die Auseinandersetzung mit dem eigenen Körper,

---

24 Aus Gründen der einfacheren Lesbarkeit werden im Folgenden nicht die standardisierten Transkriptionszeichen des Gesprächsanalytische Transkriptionssystems GAT verwendet. Zur Orientierung im Gesprächsverlauf werden lediglich folgende Zeichen verwendet: (...) = Pause; [mh], [äh] = Verzögerungsäußerungen oder „gefüllte Pausen"; *pf*, „heia* = lautmalerische Imitation, meist von medialen Geräuschen; ((lacht)), ((nickt)) = Beschreibung des (Sprech-) Verhaltens. Medienfiguren bzw. Medienformate werden kursiv gesetzt. Anmerkungen zum Inhalt des Gesprächs werden in doppelte Rundklammern gesetzt.

von großer Relevanz ist. Er ist mit vollem Körpereinsatz beim Thema und macht deutlich, dass er ja mit seinen fünf Jahren bereits zu den großen Kindern zählt. Im weiteren Verlauf des Interviews kristallisiert sich heraus, dass er diese zunächst non-mediale Tätigkeit auch medial verknüpft:

P: Und was guckst du noch?
K12: *Power Rangers*.
P: Oh, was passiert denn da? Erzähl mal.
K12: Dann kommt so ein böser Mann, so ein böser *Power Rangers* (…) die Lieben müssen die Bösen angreifen.
P: [Äh] Kämpfen die dann?
K12: Ja und dann greift die Bösen die Lieben an alle… und die Bösen ist tot und muss die Lieben da.
P: [Mhm] Und was guckst du noch?
K12: [Mhm] *Spiderman*.
P: [Mhm] Was ist das denn? Hab ich schon mal gehört.
K12: Der springt so hoch, dann macht der Spinnennetz, dann kommt ein Böser und dann muss, dann muss die beide irgendwie, [ähm] dann muss die irgendwie (…) einer, da muss die immer [ähm] irgendwie kämpfen so *heja* *nanaa*. Dann guck ich immer, dann guck ich noch… [äähm] *Pokémon*… Das sind so Kugeln, dann werfen die, dann geht die offen, dann greift die so an, so *heijanana*. Dann muss die immer so Attacken, so Feuerattacken, so *ffff*.

Bei den Lieblingsserien des Kindes handelt es sich um actiongeladene Medienformate, die einem klaren Gut-Böse-Schema folgen (vgl. Hanke & Röllecke 1997; Götz 2006). Beide Serien sind nach einem ähnlichen Muster konzipiert, das für diese TV-Formate typisch ist. Handlungsträger sind alltägliche Figuren (junge Erwachsene), die in der Lage sind, sich in Superhelden mit übermenschlichen Kräften zu verwandeln (hier: *Spiderman* bzw. *Power Rangers*). Die Handlungsstruktur ist in beiden Serien linear und damit für das Kind nachvollziehbar. Die Medienhelden treffen in jeder Folge auf mindestens einen Bösewicht, den sie schließlich mit ihren Superkräften im Kampf besiegen.

Beide Serien zeichnen sich durch Kraft und Stärke ihrer Handlungsträger aus. Auch folgende Antwort des Jungen auf die Frage nach seinem Lieblingshelden passt in den Kontext des für ihn derzeitig relevanten Orientierungsthemas.

7. Ergebnisse

P: Alle deine Lieblings (...) und dein Lieblingsheld? Überleg mal. Findest du einen besonders gut?
K12: *Pokémon.*
P: *Pokémon?* Warum gefällt die dir denn so gut?
K12: Darum, die können Kräfte machen?
P: Was können die?
K12: Die können [äh] die können so, dann können die, dann können die [hm] dann fliegt so hoch, dann springt die hoch, dann (...) dann macht, dann macht (...) dann boxt die so, macht die so mit Grätsche mit Fuß.
P: Und was können die noch?
K12: [Mhm], kann die rennen. Dann kann die hochspringen und dann kann die runterkommen.

Kämpfen, Konflikte bewältigen, seine Kräfte messen und sich damit selbst zu behaupten, stellt bei vielen Kindern, die im Kontext des *Medienkompetent zum Schulübergang*-Projekts befragt wurden, ein handlungsleitendes Thema dar. Dass dieses Thema geschlechtsübergreifend zu betrachten ist und nicht nur Jungen, sondern auch Mädchen betrifft, zeigt folgender Interviewausschnitt.

- *„Die kann gut kämpfen"* (K7 = Mädchen, 5 Jahre, türkischer Migrationshintergrund)

    P: Guckst du auch an? Und gibt's noch irgendwelche anderen Serien? Ich kenne ja gar nicht so viele. Aber vielleicht kennst du ja welche, die ich noch gar nicht kenne. Was guckst du noch gerne an außer Tauschrausch?
    K7: *Kim Possible.*
    P: Von der hab ich auch schon gehört. Was ist denn an der so toll? Was kann die denn?
    K7: Die kann gut kämpfen.

Wichtig hier ist, dass in *Kim Possible* – (eine 87-teilige Zeichentrickserie der *Walt Disney Company* aus den Jahren 2002 bis 2007) – die Titelheldin eine Art *„Lara Croft* für Jüngere" verkörpert: Sie ist weiblich, sportlich, hübsch, stark, mutig, sozial und intelligent, ist im Teenager-Alter und „rettet die Welt" – und zwar sowohl mit weiblichem Charme als auch mit kampfunterstützender fantastischer Kleidung im Stile eines *James Bond*, Muskelkraft, „Köpfchen" und der Unterstützung ihres Bewunderers und späteren Freundes *Ron Stoppable* – der als Partner jedoch manchmal eher der Bremser ist und der dominanten Titelheldin als klar unterlegen zur Seite gestellt wird. Dies ist ein mutiges mediales Orientierungsmuster für das interviewte Mädchen. Hier hat sich anscheinend etwas getan in den letzten 20 Jahren. Denn 1996 muss Theunert auf der Basis ihrer Analyse medial vermittelter und rezipierter Mädchen- und Frauenrollen noch feststellen, dass die jungen Rezipientinnen „wenig mehr finden als die überkommenen traditionellen weiblichen Rollenzuschreibungen" (Theunert 1996a, 204).

klein sein – groß werden

Die nachfolgenden Textpassagen sind Interviews entnommen, aus denen besonders deutlich hervorgeht, dass Kinder nach Autonomie und Selbständigkeit streben. Diese Kinder befinden sich im Konflikt des Kleinseins und Großwerdens. Sie versuchen sich entweder durch ihre eigenständigen Medienhandlungen vom Kleinsein abzugrenzen oder/und äußern explizit Wünsche des Großwerdens.

- „*Ich kann das schon alleine*" (K8 = Junge, 4 Jahre, ohne Migrationshintergrund)

    P: Habt ihr denn daheim einen Computer?
    K8: Ja.
    P: Darfst du denn da schon ran? Oder ist der nur für Erwachsene?
    K8: Auch für mich.
    P: Auch für dich? Darfst du da auch alleine hin oder nur wenn die Mama dabei ist, oder der Papa?
    K8: Alleine.
    P: Alleine? Und was machst du dann, wenn du alleine am Computer bist?
    K8: Dann spiele ich manchmal Autorennen.
    P: Das kannst du schon?
    K8: Ja.
    P: Hast du da ein Lenkrad oder spielst du da mit den Tasten?
    K8: Mit den Tasten. Wenn man rückwärts möchte, muss man ganz schnell rasen, weil da auch bei manchen Spielen bei mir fährt auch die Polizei rum und mich blitzt.

K8 erlebt sich im Autorennen als „groß". Diese Selbsteinschätzung wird im folgenden Text deutlicher: Das „Groß sein" macht sich anscheinend an Autos als Erwachsenen-Objekt und dem Computer fest.

7. Ergebnisse 121

P:	Ja, und was malst du daheim?
K8:	Autos.
P:	Das ist aber auch schwierig zu malen. Oder?
K8:	Nö.
P:	Nö. Ist einfach?
K8:	Ja.
P:	Und machst du das alleine? Oder hast du noch Geschwister, die ab und zu mit am Computer sitzen?
K8:	Nur ein kleinen Bruder. Der darf noch nicht an meinen Computer.
P:	Der ist noch zu klein.
K8:	Ja. Und der Computer gehört auch mir.
P:	Gehört dir? Ist das so ein Kindercomputer, so ein spezieller?
K8:	Ja.
P:	Ja? Und darfst du auch schon an den Erwachsenencomputer?
K8:	Ja.
P:	Echt? Und was machst du da?
K8:	Da darf ich auch Autorennen spielen.
P:	Und darfst du das alleine oder ist da der Papa oder die Mama mit dabei?
K8:	Alleine.
P:	Kannst du den Computer schon an- und ausschalten?
K8:	Ja.
P:	Und findest du dann auch schon die Spiele? Oder musst du da noch mal nachfragen?
K8:	Find die schon.
P:	Sind die schon drauf. Muss man die nur anklicken?
K8:	Ja. Auf dem schwarzen Bildschirm.
P:	Ja? Und da ist dann so ein Bild für Autospiel?
K8:	Ja.
P:	Und mit wem sitzt du da am liebsten vor dem Computer? Oder sitzt du alleine hier?
K8:	Alleine.
P:	Alleine? Auch hier im Kindergarten?
K8:	Ja.

Die letzte Antwort macht deutlich, dass K8 mit dem freien Zugriff auf den Computer sein „Groß sein" phantasiert, denn die Arbeit an der KidSmart-Station findet in dieser Kita immer in der Gruppe statt.

P: Und spielst du dann alleine das Spiel oder malst alleine?
K8: Alles alleine.

Die Ausschnitte dieses Interviews zeigen, mit welcher Entwicklungsaufgabe der 4-jährige Junge derzeitig konfrontiert ist. Ihm geht es vorrangig um Unabhängigkeit und Selbständigkeit. Er betont, dass er jegliche Medienhandlung alleine tätigt, obgleich es an manchen Stellen nicht zu stimmen scheint. Er möchte deutlich machen, dass er schon eigenständig mit Medien umgehen kann und z. B. bereits alleine die Spiele auf dem Desktop findet oder den Computer an- und ausschalten kann, ohne dass er auf die Unterstützung anderer angewiesen ist. Das mag nicht immer der Realität entsprechen, aber im Interview zeigt sich deutlich der Wunsch, sich von den „Kleinen" (z. B. seinem jüngeren Bruder) abzugrenzen und zu den „Großen" zu gehören. Dementsprechend erzählt er auch stolz, dass er einen eigenen Kindercomputer besitzt, der nur ihm gehört und den sein jüngerer Bruder nicht nutzen darf.

Auch andere Kinder streben nach Autonomie und träumen vom „Groß sein". Die nachfolgende Textpassage ist einem Interview mit einer Fünfjährigen entnommen, die stolz von ihrer älteren, elfjährigen Freundin erzählt, die bereits einen eigenen Computer besitzt und eine weiterführende Schule besucht. Auf die Frage, ob sie zuhause bereits an den Computer darf, antwortet sie, dass sie den Computer erst nutzen darf, wenn sie richtig schreiben kann. Stolz verkündet sie daraufhin, dass sie aber bereits eine Uhr besitzt, die sie lesen kann und dass sie im Winter sechs Jahre alt wird. In Anbetracht der Tatsache, dass das Älterwerden und Ältersein für sie einen wichtigen Stellenwert in ihrer Entwicklung einnimmt, fügt sich auch die folgende Textpassage passend in das Bild der Lebenswelt des Mädchens ein.

- *„Ich würde mir wünschen, dass ich schon erwachsen wäre."* (K25 = Mädchen, 5 Jahre, ohne Migrationshintergrund)

    P: Und was ist, wenn die ((„Wunschmaschine" Computer)) auch andere Wünsche erfüllen könnte? Also, alles was du dir wünschst. Würdest du dir irgendwas wünschen?
    K25: *((nickt))*
    P: Was würdest du dir wünschen?
    K25: Ich würde mir wünschen, dass ich schon erwachsen wäre.
    P: Willst du nicht mehr Kind sein?
    K25: *((schüttelt Kopf))*
    P: Da darf man nicht so viel, nicht?

7. Ergebnisse

K25: Das ist langweilig.
P: Kindsein ist langweilig?
K25: ((nickt))
P: Und Erwachsensein ist interessanter? Macht mehr Spaß?
K25: ((nickt))

Auch in der nachfolgenden Textpassage äußert sich ein fünfjähriges türkisches Mädchen dazu, was es sich wünschen würde. Es konstruiert das gleiche Bild wie das deutsche Mädchen in der Interviewpassage zuvor.

- *„Ich wünsche mir, ich wäre eine Frau."* (K32 = Mädchen, 5 Jahre, türkischer Migrationshintergrund)

    P: Das würdest du dir wünschen? Wenn du dir damit was wünschen könntest, zum Beispiel, wenn du dir wünschen könntest, groß zu sein oder älter zu sein oder eine bestimmte Person zu sein, was würdest du dir dann wünschen?
    K32: Ich (...).ich wünsche mir, ich wäre eine Frau.
    P: Du würdest eine Frau sein? Eine große Frau schon?
    K32: ((nickt))
    P: Und dann, was wäre dann besser oder anders?
    K32: Erstmal hab ich Geburtstag, dann werde ich eine Frau sein zu Hause.
    P: ((lacht)) und was würdest du dann machen?
    K32: Dann spiele ich.

In Bezug auf den Umgang mit dem Internetzugang am PC hat K32 ihr Ziel schon erreicht:

    P: Du guckst die Spiele im Internet? Woher weißt du denn, wie das funktioniert, hat dir das jemand gezeigt?
    K32: Nein, ich hab das alleine gemacht, weil ich groß bin.

K32 möchte ebenfalls erwachsen sein, auch wenn sie ihren Wunsch nicht richtig begründen kann. Mit der Aussage „dann werde ich eine Frau sein zu Hause" lässt sich vermuten, dass sie ein erwachsenes Vorbild vor Augen hat. Auch die Antwort „weil ich groß bin" auf die Frage, woher sie weiß, wie das Internet funktioniert, zeigt, dass sie sich von dem Bild des kleinen Kindes abgrenzen und ernst genommen werden möchte.

Im nachstehenden Interview wird der Wunsch nach dem „Groß sein" mit dem Fliegen assoziiert. Das Mädchen hätte gerne Flügel, damit es alleine zum Kindergarten fliegen kann. Fliegen, als ein Symbol der Freiheit, drückt an dieser Stelle den Wunsch nach Eigenständigkeit aus. Dieses Motiv findet sich auch bei der Zeichentrickserie *Winx* wieder, die das Mädchen angibt, manchmal zu sehen.

- *„Weil ich dann alleine zum Kindergarten fliegen kann"* (K43 = Mädchen, 4 Jahre, russischer Migrationshintergrund)

    P: Aber stell dir mal vor man könnte das. Stell dir vor diese große Maschine wäre eine Wunschmaschine. Was würdest du dir denn dann wünschen?
    K43: Flügel.
    P: Flügel? Wofür denn Flügel?
    K43: Damit ich fliegen kann.
    P: Ehrlich? Warum möchtest du fliegen können?
    K43: Weil ich dann alleine zum Kindergarten fliegen kann.
    P: Das klingt ja interessant. Würdest du dir noch etwas wünschen?
    K43: Ja.
    P: Was denn?
    K43: Schulkind zu sein.
    P: Möchtest du gerne größer sein?
    K43: Ja.
    P: Warum denn?
    K43: Weil ((Name eines anderen Kindes)) schon da ist.
    P: Aha. Wer ist ((Name eines anderen Kindes))?
    K43: Die hat blonde Haare.
    P: Ist das deine Freundin?
    K: Ja.
    (…)
    P: Ok. Was ich noch fragen wollte, (…) Guckst du denn manchmal auch Fernsehen?
    K43: Ja.
    P: Was guckst du denn da so?
    K43: *Rings* ((das Kind meint die Anime-Serie *Winx* auf *Nickelodeon*)) manchmal, weil das nicht so lange kommt.
    P: *Rings*?
    K43: Ja.

P:	Worum geht's da?
K43:	Da haben die Flügel.
P:	Ach so. Die wünschst du dir ja auch. Was findest du so toll daran?
K43:	Weil ich eine Lieblingsfee hab.
P:	Ist die denn besonders? Was hat sie denn Besonderes?
K43:	Die heißt *Stella* und hat blonde Haare.

In dem Interview wird deutlich, dass in der Medienvorliebe von K43 mehrere Aspekte zusammen kommen: der Wunsch, das Besondere, Fantastische zu können (und damit die Beschränkungen des Kindseins zu überwinden) und der explizite Wunsch, die Große, das Schulkind zu sein. Hier verbindet sich die erlebte Realität – ihre größere Freundin geht schon in die Schule – mit der medialen Identifikationsfigur *Stella*, ebenso blond wie die ältere Freundin und in der Serie *Winx* ebenfalls ein „Schulkind" an der Feenschule *Alfea* und 17 Jahre alt. Die Bemerkung über die blonde Haarfarbe der Freundin und die der präferierten Medienfigur, lässt darauf schließen, dass die Freundschaft zu dem Schulkind und die altersunterschiedsbedingte institutionelle Trennung zu diesem ein zentrales und damit ein handlungsleitendes Thema des Mädchens darstellt, das es wiederum medial verknüpft.

Die aufgeführten Beispiele offenbaren die Relevanz, die der Aufbau einer eigenständigen Identität für Kinder in diesem Alter darstellt und wie sich der Konflikt des Kleinseins und Großwerdens auf ihre Medienhandlungen und Wünsche auswirkt. Die verschiedenen Beispiele verdeutlichen auch, dass hier das handlungsleitende Thema unabhängig von Geschlecht und Nationalität betrachtet werden kann und dass es von den Kindern unterschiedlich adaptiert und medial verarbeitet wird.

7.3.3 Geschlechtsidentität und Rollenbild

Kinder realisieren im Alter zwischen drei und vier Jahren, dass sie einem der beiden Geschlechter „Jungen" oder „Mädchen" zugeordnet werden, und bemühen sich, sich den Erwartungen, die mit dieser Kategorie verbunden sind, adäquat zu verhalten (vgl. Keuneke 2000). Um diese Erwartungen, die von außen an sie herangetragen werden, zu erfüllen, suchen sie in der Phase der Geschlechtsidentitätsgenese zunehmend nach Orientierungsmöglichkeiten. Diese finden sie zum einen im Verhalten ihrer direkten Bezugspersonen, zum anderen aber auch in medialen Charakteren.

Der nachfolgende Textausschnitt ist einem Interview entnommen, das auf Türkisch geführt wurde. Die Übersetzung erfolgte durch die Interviewerin. Da sich das interviewte Mädchen sehr schüchtern und zurückhaltend verhielt, war ihre Freundin beim Interview anwesend. Schon im bisherigen Gesprächsverlauf hat sich gezeigt, dass das Mädchen Filme und Serien präferiert, in deren Handlungen die Hauptprotagonistin eine Prinzessin darstellt.

- *„Dann werde ich schön"* (K54 = Mädchen, 5 Jahre, kurdischer/türkischer Migrationshintergrund)

    P: Sagen wir mal du wünschst dir was von mir. Und ich habe einen Zauberstab. Und ich sage: Hokus Pokus und was du dir wünschst, das geschieht. Was würdest du wollen? Was würdest du am meisten wollen?
    K54: Prinzessin.
    P: Wünschst du dir eine Prinzessin herbei oder willst du eine Prinzessin sein?
    K54: Ich.
    P: Du. Warum? Was passiert dann?
    K54: Dann werde ich schön.

Die Textpassage zeigt nicht nur, welches Attribut das Mädchen seiner Medienheldin zuschreibt, sondern auch für sich selbst wünscht. Verschiedene Studien zur medialen Darstellung von „Weiblichkeit" und „Männlichkeit" (vgl. Röser & Kroll 1995; Theunert 1995, 1996a; Schindler 1996; Luca 1998) konnten belegen, dass vor allem weibliche Medienfiguren eher klischeehaft konstruiert sind. Sie erscheinen im Vergleich zu männlichen Medienhelden nicht nur unterrepräsentiert, sondern zeichnen sich vor allem durch ihre Reduktion auf äußerliche Attribute wie Attraktivität und eine wenig ausdifferenzierte Persönlichkeit aus (vgl. Fritzsche 2007) – wenn es auch Ausnahmen gibt, wie wir oben im Interview mit dem Mädchen K7 feststellen konnten. Weise (2012) konnte am Typus des *Risk-Takers* nachweisen, dass für Kinder im Kita-Alter nicht notwendig das Rolemodel *Prinzessin* mit dem klassischen Dornröschen-Ideal einhergeht, erst noch vom Prinzen wach geküsst zu werden.

> „Die weiblichen Frauenfiguren sind nicht mehr (nur) die Prinzessinnen, die sich vom Prinz retten lassen, sondern sie retten sich selbst und den Prinz noch dazu. Insgesamt wählen die *Risk-Taker(innen)* mehrdimensionale Frauenfiguren, die dem äußeren ästhetischen Frauenbild entsprechen, auch

7. Ergebnisse

tradierte weibliche Verhaltensweisen aufweisen *und* gleichzeitig Qualitäten wie Kampfgeist, Abenteuerlust, Mut und Risikobereitschaft vorweisen. Die Figuren setzen sich virtuell mit Rollen als auch Rollenerwartungen auseinander und brechen dabei teilweise mit den tradierten Vorstellungen." (Weise 2012, 324, Herv. i. O.)

Die Antwort des Mädchens K54 lässt allerdings die Interpretation zu, dass sie vor allem ein attraktives Äußeres als positive Eigenschaft und Ideal von Weiblichkeit bewertet.

Auch der nächste Interviewausschnitt lässt erkennen, dass das Medienhandeln des Mädchens von optischen Attributen der Medienfigur bestimmt wird. Im Interviewverlauf zeigt sich, dass das Mädchen bereits regelmäßig ins Internet geht und z. B. auch die Erzieherin bittet, ihr die Homepage eines Kinderfernsehsenders auf der KidSmart-Station zu öffnen. Bei der Internetseite *www.gosupermodel.de*, die sie neben *www.spielaffe.de* angibt, handelt es sich um eine Plattform, auf der man eigene Models virtuell erstellen, anziehen und mit Accessoires ausstatten kann – eine Art PC-gestützte Ankleidepuppe. Durch den regelmäßigen Besuch der Internetseite bekommt der Spieler sogenanntes *goGeld* geschenkt, mit dem er dann neue Kleidung für sein Model kaufen kann. Genügt ihm das virtuelle Geld nicht, bietet die Seite dem Spieler auch die Option des *VIP*-Status, den er erhält, wenn er dafür in der realen Welt an den Homepage-Betreiber zahlt. Spätestens nach dem TV-Format *Germany's Next Topmodel* ist der Beruf des Models bei Mädchen und jungen Frauen beliebter denn je und vermittelt ihnen ein entsprechendes Schönheitsideal und weibliches Rollenbild. Wie das folgende Interview zeigt, ist nicht nur das 5-jährige Mädchen von dem interaktiven Modelleben begeistert, sondern auch ihre Tante, die mit ihr gelegentlich spielt und selbst schon zwei Avatare erstellt hat. Auch die Mutter hat gegen die mediale Beschäftigung ihrer Tochter nichts einzuwenden, schließlich ist sie es, die ihrem Kind den Zugang zur Plattform ermöglicht.

- „Ich spiel also so Model" (K78 = Mädchen, 5 Jahre, berberischer Migrationshintergrund)

    P: Und hast du auch zu Hause einen Computer?
    K78: Einen Laptop keinen Computer.
    P: Und erzähl mal, was machst du dann zu Hause?
    K78: Also ich geh manchmal zu *Spielaffe* rein oder *gosupermodel* und
    P: Was machst du dann da?
    K78: Da drin spiel ich.

P:	Erzähl mal, was spielst du da?
K78:	Ich spiel also so Model muss ich Haar kaufen und sich [ähm] so [ähh] ihr Haare glätten und die [ähm] Schminke machen und so immer so was machen, wenn ich d-die Haare muss man kaufen, mit Geld. Wir machen im (…) wir spielen so viel bei *gosupermodel* und dann [ähm] dann kriegen wir Geld, wenn wir so viel Geld haben, dann können wir ein paar Haare kaufen.
P:	Und warum machst du das gerne? Warum ist das toll?
K78:	Ja. Es macht Spaß.
P:	Und mit wem machst du das dann zu Hause am Computer?
K78:	Meine Mutter schreibt das vor und dann geh ich rein. (…)
P:	Und dann machst du das alleine? (…) Machst du das noch mit jemandem zusammen manchmal?
K78:	Manchmal mit meine Tante. Meine Tante geht da auch rein.
P:	Ach so, und.
K78:	Aber meine Tante hat sich da drin gelöscht.
P:	Echt?
K78:	Die hat jetzt schon schon so [ähm] zwei Spiele angemeldet. An Computer.
P:	[Mhh]
K78:	Jetzt macht sie nur ein Spiel, der zweite Spiel muss sie auch machen, aber macht sie nicht.

Auch das nächste Mädchen bevorzugt genderweibliche Formate und unterstreicht dies deutlich mit der Aussage, dass sie alles mag, außer Spiele für Jungen. Das ist ein Indiz dafür, dass sie ein klares Rollenverständnis von einem Mädchen hat und auch bei Medieninhalten zwischen gender-weiblichen und gender-männlichen unterscheidet.

- *„Ich mag alles, aber nicht für Jungs"* (K65 = Mädchen, 4 Jahre, arabischer Migrationshintergrund)

P:	Was machst du denn zu Hause mit so einem Computer?
K65:	Das spiel ich immer.
P:	Da spielst du immer? Was spielst du denn damit? Zuhause?
K65:	*Barbie*. *Prinzessin*. *Aladin*. *Arielle*.
P:	Oh, das ist ja toll.
K65:	Und da kann man auch mit Fotos machen.

7. Ergebnisse

P:	[Hmh] Was ist denn dein allerallerliebstes Lieblingsspiel zu Hause? Hast du ein ganz bestimmtes Lieblingsspiel?
K65:	Was?
P:	Hast du ein ganz bestimmtes Lieblingsspiel? Was du am allerliebsten machst?
K65:	Ja.
P:	Wie heißt das denn?
K65:	Ich weiß nicht.
P:	Hmh, du hast grad was gesagt mit einem *Barbie*spiel. Was muss man denn da machen?
K65:	((denkt nach, zuckt mit den Schultern))
P:	Oder bei dem *Arielle*spiel. Magst du das *Arielle*spiel?
K65:	((nickt))
P:	Warum magst du das denn gerne? Was hast du am liebsten?
K65:	Ich mag alles, aber nicht für Jungs.
P:	Nicht für Jungs? Nur die Mädchenspiele?
K65:	((nickt))

Dass Mädchen nur Prinzessinnen und Puppen mögen und ihre Medienhelden ausschließlich nach optischen Reizen wählen, widerlegt spätestens das nächste Beispiel. Das Verhalten des Kindes ist während des ganzen Interviews provokativ und auch der folgende Auszug zeigt, dass es dem Mädchen in erster Linie darum geht, Grenzen auszutesten. Es versucht nicht, dem traditionell weiblichen Geschlechtsrollenstereotyp zu entsprechen, sondern vorwiegend das Gegenteil von dem zu machen, was von einer traditionell weiblichen Rolle erwartet wird.

- *„Weil ich dann alle erschrecken kann"* (K68 = Mädchen, 5 Jahre, ohne Migrationshintergrund)

P:	Ok. Guckst du sonst noch was gerne im Fernsehen?
K68:	[Äh] ja.
P:	Was denn?
K68:	*Timmy Turner*.((Figur aus der Zeichentrickserie *Cosmo & Wanda* auf *Nickelodeon*))
P:	*Timmy Turner*? Warum guckst du das denn gerne?
K68:	…[äh] weil das mit, auch mit Monster ist.
P:	Monster! Findest du Monster gut?
K68:	Ja.

P:	Warum findest du die denn gut?
K68:	Weil ich dann alle erschrecken kann.
P:	Ach so.
K68:	Und aufessen kann.
P:	Und du isst und erschrickst Leute gerne?
K68:	Ja.
P:	Ach so.
K68:	Deswegen wünsch ich mir zu Weihnachten auch Monsterverkleidung und weißt du, was ich mir noch wünsche zu Weihnachten?
P:	[Mmh] *((verneinend))*. Nein.
K68:	Verklei, Spidermanverkleidung, der Schwarze, der ist auch böse.
P:	Willst du immer die Bösen sein?
K68:	*((nickt))*
P:	*((lacht))*
K68:	Ich, ich mag gerne den Schwarzen, der kann nämlich fliegen.
P:	[Mmh]
K68:	*Huhu* *huhu*, dann kann ich auch fliegen und ich wünsch mir zu Weihnachten auch noch Raketen, die ich so aufsetzen kann *((Aufsetzbewegung wie Rucksack))* und dann fliegen, dann fliege ich und dann wünsche ich mir auch noch ein Raumschiff und und noch echte Raumanzüge und dann kann ich fliegen im Weltraum, wenn wenn Nacht ist.
P:	[Hhh] Boooar, du hast aber ganz schön große Wünsche!
K68:	Und ich wünsch mir auch noch Schlagzeug, ich kann schon Schlagzeug spielen.
P:	Echt? Von wem hast du das denn gelernt?
K68:	Aussen Fernsehen.
P:	Echt? Wurde das da gezeigt, wie man das macht?
K68:	[Äh] nein, die haben das einfach so gespielt.
P:	Ach so.
K68:	Die konnten das schon. Erwachsene.
P:	[Aah] Und wer hat dir das mit dem Computer gezeigt, wie man das so macht?
K68:	[Ääh] keiner. Ich konnte das einfach schon so.
P:	Wie? Von ganz alleine?
K68:	Ja.
P:	Musste dir dein Papa da gar nicht zeigen, wie das geht? Das kann ich ja fast nicht glauben.

K68: Da guck ich immer meinem Papa zu [hhh], wie der das macht.
P: Aah, du guckst dir das so ein bisschen ab von dem?
K68: Ja.
P: [Aah] das ist n richtig guter Trick. Das muss ich mir merken Und was.
K68: Aber kannst du dir nicht merken.
P: Wieso?
K68: *((lacht))*
P: Meinst du ich bin blöd?
K68: *((lacht))* [Hihi] ja.

Das Mädchen konterkariert das traditionelle weibliche Geschlechterstereotyp. Sie identifiziert sich nicht nur mit einem männlichen, *action*-orientierten Medienhelden, sondern auch gleich mit einem von der bösen Sorte, mit *Venom*, einer der Gegner *Spidermans*. Als Begründung nennt sie seine Eigenschaft des Fliegens. Diese Idee entwickelt das Mädchen im Interview auch begeistert weiter, indem es sich noch weitere Gegenstände wünscht, die ihrer Meinung nach fliegen können (Rakete, Raumschiff, Raumanzug). Hier kommen deutliche Allmachtsfantasien des Kindes und seine Lust auf Spannung, Abenteuer und Action zum Ausdruck. Auch ihr präferierter Serienheld *Timmy Turner* fügt sich in das Selbstbild der „Rebellin" ein. Die Medienfigur *Timmy Turner* entspricht eher der Rolle eines Antihelden. Er ist klein, trägt rosa Kleidung, weil sich seine Eltern ursprünglich ein Mädchen gewünscht haben, ist nicht gut in der Schule und wird von seiner Babysitterin *Vicky* drangsaliert. Durch die Elfen *Cosmo* und *Wanda* versucht er jedoch mit Hilfe von Wünschen den negativen Gegebenheiten entgegen zu wirken. Allerdings verschlimmert er hierdurch nur die Situation, so dass er am Ende seine Wünsche wieder rückgängig macht.

Dass das Mädchen „provozieren" möchte, zeigt sich auch in der Antwort auf die Frage, warum sie Monster gut findet. Die Begründung „weil ich dann alle erschrecken und aufessen kann", ist überraschend und verunsichert auch die Interviewerin. Diese Reaktion scheint dem Mädchen zu gefallen, was sich im weiteren Verlauf des Interviews bestätigt. Sie unterstellt der Interviewerin bzw. der Puppe, dass sie sich den Trick „sich etwas abzuschauen" nicht merken kann und antwortet auf die Frage der Puppe, ob sie sie für „blöd" hält, mit „ja". Hier zeigt sich deutlich, dass sie ihre Grenzen, auch im Hinblick auf den Interviewpartner, auslotet.

Interessant in dieser Textpassage ist zudem, unabhängig vom Entwicklungsthema, die übergangslose Verknüpfung von medialen und non-medialen Themen und Tätigkeiten. Auf die Frage, woher das Mädchen denn Schlagzeug spielen gelernt hat, antwortet es: „aussen Fernsehen", also aus dem Fernsehen. Diese Aussage veranschaulicht die Adaption des Medienangebots. Das Mädchen ist durch das Fernsehen auf das Schlagzeugspielen aufmerksam geworden, es hat Vorbildfunktion für Wünsche und Kompetenzen.

7.3.4 Medien-Kompetenzen: Was Kinder wissen und machen können

Die Interviews zeigen, dass die befragten Kinder bereits zu den aktiven Mediennutzern zählen und auch schon über vielseitige mediale Kompetenzen verfügen. Einige von ihnen beschreiben sehr stolz und detailliert ihre Medientätigkeit, andere hingegen sind in den Interviews eher gehemmt und zurückhaltend. Trotzdem lassen sich zahlreiche kognitive Fähigkeiten und Fertigkeiten konstatieren und auch soziale Kompetenzen im Bereich der Mediennutzung ausmachen.

Das mediale Verfügungswissen der Kinder ist durch unterschiedliche Assoziationen gekennzeichnet, abhängig von den bisher gesammelten Medienerfahrungen. Am häufigsten wird der Computer mit Spielen in Zusammenhang gebracht. Spielen war zumindest am Anfang des Projekts die Tätigkeit, die die Mehrheit der Kinder, die Computerzugang besaßen, dort ausführt. Viele Kinder lernen im Verlauf des Projekts aber auch andere Nutzungsformen kennen und einzelne Kinder können den Computer oder das Internet bereits verständlich und nachvollziehbar erklären. Zum Beispiel kann der Junge im folgenden Gespräch schon recht gut veranschaulichen, was man mit einem Computer machen kann, und im weiteren Verlauf gelingt es ihm, den Handlungsablauf eines Computerspiels zu beschreiben. Solches Wissen kann man dem Kompetenzbereich *Medienkunde* zuordnen:

- *„Das ist ein Computer"* (K18 = Junge, 4 Jahre, russischer Migrationshintergrund)

    P: Sag mal, ich hab mal ne Frage. Ihr habt ja hier diese KidSmart-Station, stimmt das?
    K18: Ja.
    P: Was ist denn das?
    K18: Das ist ein Computer, das hab ich auch schon mal zu Hause.
    P: [Oh] das ist ein Computer. Was macht man denn damit?
    K18: Da kann man in Internet gehen, was spielen oder was malen.
    P: [Oh] Was kann man denn da machen bei dem Spiel?

7. Ergebnisse

K18: Bei dem Spiel, da muss man fahren wenn man was drückt, dann muss man alles da rein packen.
P: In die Maschine?
K18: Ja, in die ((*unverständlich*)) (...) und dann isses wieder hier.
P: [Oh] (...) hast du dir das selbst beigebracht, wie das geht, oder hat dir das jemand gezeigt?
K18: Das hab ich selber beigebracht.

Auch der nächste Junge kennt sich mit dem Computer, vor allem in der Handhabung der Computermaus, für sein Alter bereits sehr gut aus und weiß z. B., dass man mit der Maus etwas („Ordner") öffnen kann. Des Weiteren ergänzt er ungefragt, dass er nur so lange am Computer spielt bis die Uhr abgelaufen ist. Das bedeutet, dass er die in der Kita festgelegte Regel zur Zeitbeschränkung bei der Computernutzung nicht nur kennt, sondern sie auch akzeptiert und anwendet. Dies kann als Steigerung seiner Sozialkompetenz gewertet werden.

- *„Da muss man immer auf die Maus drücken"* (K51 = Junge, 4 Jahre, türkischer Migrationshintergrund)

    P: [Mh]? Was für Spiele spielst du da?
    K51: ((*unterbricht*)) die Uhr.
    P: Die Uhr? (...) Und wie geht das Spiel?
    K51: (...) Da muss man immer auf die Maus drücken.
    P: Ach, man muss immer auf die Maus drücken. Was ist denn die Maus?
    K51: da kann (...) alles aufmachen damit.
    P: Ah, da kann man alles aufmachen damit. Okay. Spielst du noch mehr an dem Computer?
    K51: Nein, wenn die Uhr ab is, dann is ein anderer.
    P: Ach so, manchmal läuft ne Uhr, okay. (...) Und was is, wenn die Uhr abgelaufen is?
    K51: Da kann ein anderer spielen.

Auf die Frage, ob er bereits das Internet kennt und erklären kann, antwortet der folgende Junge, dass man im Internet schreiben kann. Diese Antwort lässt erkennen, dass der Junge das Internet mit Schrift und Kommunikation in Verbindung setzt. Mit „Post schreiben" bezieht er sich vermutlich auf das Verfassen von Emails oder Nachrichten in sozialen Netzwerken.

- *„Eine Post schreiben"* (K11 = Junge, 4 Jahre, ohne Migrationshintergrund)

P:	Ich, also ich habe ja schon gesagt, ich kenne mich nicht ganz so gut aus. Ich hab gehört, wenn man einen Computer hat, hat man auch Internet.
K11:	Ja.
P:	Ja. Kannst du mir erklären was Internet ist?
K11:	Kann man schreiben.
P:	Schreiben kann man da? Wie? Also anderen Leuten, oder was schreibt man denn da?
K11:	Eine Post schreiben

Schreiben ist die Tätigkeit, die sehr viele Kinder mit dem Computer und vor allem mit dem Internet verbinden. Sie erkennen auch diese Tätigkeit als notwendige Voraussetzung zur kompetenten Nutzung und ärgern sich manchmal, dass sie die Schrift noch nicht wirklich beherrschen. Hier ist aber eine große Motivation zum Schreibenlernen erkennbar, die sicher auch schulisch genutzt werden könnte:

Das fünfjährige Mädchen (K101) mit türkischem Migrationshintergrund fühlt sich bei seinen Schreibversuchen vom Vater und der Schwester bevormundet:

K101:	Ich hab was geschreibt und dann, dann, ähm, und dann kommt mein Papa. Hat das ver, das war was schön. Ich wollte mal Wort Mario schreiben, dann kommte mein Papa. (...)
P:	Und dann?
K101:	Dann kann ich de nicht. Dann kommt, dann [ähm, ähm] bei mein Papa kommte meine Schwester, (...) rein.
P:	Wollte der Papa nicht, dass du schreibst?
K101:	((*schüttelt mit traurigem Gesichtsausdruck den Kopf*))
P:	Was hat der denn gesagt?
K101:	Er hat gesagt, schreib nie wieder, dann [ähm] deine Schwester kann schreiben (...)

Auch das sechsjährige Mädchen (K 119) mit serbischem Migrationshintergrund fühlt sich selbst schon als schreibtüchtig. Sie erkennt andererseits sehr klar, dass sie noch nicht wirklich schreibkompetent ist:

7. Ergebnisse

P: Kannst du mir denn mal aufschreiben, was so eine Maschine können sollte?
K119: Ja.
P: Guck mal, da liegt n Stift und n Zettel.
K119: Ja.
P: Kriegst du den auf? ((*macht den Stift auf und fängst an zu schreiben*)) Dann leg mal los. Was würdest du dir wünschen? Was würd die Maschine können müssen, wenn es nach dir geht. Was meinst du? Schreib das mal auf, bitte.
K119: Ich kann nicht so viel schreiben.
P: Was du kannst. Schreib dass, was dir gerade in den Kopf kommt und wie du es kannst. Ganz egal, einfach schreiben.
K119: ((*schreibt und redet dabei*)) Eine schöne, schöne Jacke (...) Kann nicht so gut schreiben, muss noch lernen.
P: Ganz egal. Was du schreiben kannst, schreibst du auf. Und sonst machst du es anders.
K119: Darf ich ruhig anders machen, das ist nicht schlimm, das muss man aber lernen.
P: Genau.
K119: Das is aber ein bisschen schwierig.
P: Kannst den Stuhl ruhig ein bisschen näher ran nehmen. So, dann leg mal los.
K119: ((*nach kurzer Überlegung*)) Ich wünsche mir lieber was anderes (...) Ich wünschte (...) e (...)
P: [Mhm hm]
K119: Das der Anfang, ne?
P: [Mhm hm]
K119: W (...)
P: Ja.
K119: Jetzt kann ich das schon (...) Muss ich nachdenken.
P: Nicht schlimm.
K119: ((*denkt angestrengt nach und schreibt*)) Fertig.
P: Fertig? Was haste mir da aufgeschrieben, was heißt das?
K119: Ich wünschte, ich hätte mir eine ganz, ganz schöne Jacke gekauft. ((*der Stift fällt ihr runter*))
P: O.k.

Nach einer Weile besinnt sich K119 noch einmal und möchte sich noch einen *Hello Kitty*-Computer wünschen. Sie reflektiert sehr ernsthaft ihren eigenen Schreibprozess:

> K119: Ja (…) Wieso er-, erzählst du nicht mehr sowas, wie ich das lange erzählt habe? Soll ich nochmal was wünschen?
> P: ((*lacht*)) Willste dir nochmal was wünschen? (…) Wünsch dir nochmal was. Kannste mir auch aufschreiben.
> K119: ((*beginnt direkt zu schreiben*)) e (…) oh, da muss ich noch (…) w, w (…) was hab ich jetzt gemacht? Ich wollte das Gleiche. Nicht schlimm. Ich kann nochmal da unten.
> P: Du darfst nochmal, klar.
> K119: Da unten. Ich hab das aus Versehen falsch gemacht. Aber zum Glück kann ich bis Z ABC schreiben (…) Das ist schon richtig (…) ich wünschte, dass ich, e, (…) ich wünschte, dass (…) dass, (…) dass ich so ein Hello- K bekomm (…) pu ((*überlegt und schreibt weiter*)) (…) Da steht, dass ich wünschte, einen Hello-Kitty-Computer haben wollte. Das hab ich mir gewünscht.
> P: Also da steht, ich wünschte, dass ich einen Hello-Kitty-Computer haben wollte.

Auch das sechsjährige Mädchen (K102) ohne Migrationshintergrund kennt schon wichtige Unterschiede. K102 kann einen Spiele-Computer von einem „richtigen" Computer unterscheiden, kann mit dem Computer spielen und schreiben:

> P: Habt ihr da auch einen Computer?
> K102: Einmal einen Sp Com [ähm] Spielcomputer für mich, und meine Mama hat n richtigen.
> P: [Mhm] Was machst du auf dem Spielcomputer so?
> K102: Da gibt's so ein [ähm] eine Maus, ne?
> P: [Mhm]
> K102: Da hab ich so ein, eine Karte, die man da reinstecken muss. Und natürlich erst mal anmachen. Und dann [ähm] steht da auch Sachen, die ich da drauf schreiben muss. Nachschreiben. (…)
> P: Aber was macht man denn da so alles überhaupt am Computer?
> K102: Da kann man natürlich auch Spiele spielen. Also ich ka, geh da nicht so oft hin.
> P: Ja.

7. Ergebnisse

K102: Und (…) eigentlich spielen wir nur (…)
P: Hier spielt ihr dann nur?
K102: Wir spielen nur Sachen im Computer. Und (…)
P: Was kann der denn noch?
K102: Natürlich kann der auch schreiben. Und wir können auch (…) manchmal Spiele spielen (…)
P: [Mhm]
K102: Und wir können auch manchmal (…) also mehr weiß ich nix.

Der Junge aus dem nächsten Interview kennt sich für sein Alter überdurchschnittlich gut mit dem Hybridmedium Computer aus. Durch die gemeinsame Computernutzung in der Familie konnte er sich bereits richtiges „Expertenwissen" aneignen. Er kann u. a. schon erklären, wie Fotos auf den Computer gespielt werden oder wie ein Laptop und eine Festplatte aussehen.

Die Nutzung des Internets verbindet er mit Konsum. Dies ist nachvollziehbar, da das Einkaufen im Netz, so die FIM-Studie 2011 (MPFS 2012), bei Eltern die häufigste Internettätigkeit darstellt (42 %). Spannend ist auch die Begründung des Kindes, woher er denn sein breites Wissen über den Computer hat. Er gibt an, seinen Onkel bei der Computernutzung immer genau zu beobachten. Der Junge kann seine Fähigkeit und Fertigkeiten auch selbst schon gut einschätzen. Er fühlt sich beispielsweise im Fotografieren sehr kompetent, sagt aber auch, dass er die Nutzung des Internets bislang noch nicht bewerkstelligen konnte. Mit der darauf folgenden Aussage „Und ich beobachte ihn, dann weiß ich das wieder" bringt er seine Lernfähigkeit und seine Motivation zum Ausdruck. Das Interesse und der Wille, sich mit der Internetnutzung und dessen Funktion auseinanderzusetzen, sind bei ihm deutlich vorhanden. Hier werden weitere *Mediennutzungsaspekte* deutlich.

- *„Das ist so n flaches Ding und dann kann man das aufklappen und dann sind da so Tasten"* (K47 = Junge, 5 Jahre, ohne Migrationshintergrund)

    P: Schön! Kann man denn mit dem Computer noch andere Sachen machen außer spielen? *((gleichzeitig:Kind zustimmend))* Was kann man denn noch machen?
    K47: Sachen bestellen.
    P: An dem Computer? [Wow] Und noch was?
    K47: Und da kann man Fotos machen.
    P: Machst du das auch manchmal zuhause?

K47:	Ja.
P:	Machst du das alleine oder mit deinem Onkel zusammen?
K47:	Ich mach das alleine.
P:	Das kannst du schon?
K47:	Ja.
P:	Bist du ein richtiger Computerexperte?
K47:	*((zustimmend))* [Mhm]
P:	[Wow] Toll und was machst du mit dem Computer, ach, mit den Fotos?
K47:	[Mhm] die mach ich dann auf dem Computer und wenn manche nicht schön sind löscht mein Onkel die.
P:	Ok, und machst du die Fotos selber?
K47:	*((zustimmend))* [Mhm] Mit ner Kamera.
P:	Und wie kommen denn die Fotos von der Kamera auf den Computer das man die sehen kann?
K47:	Da ist da so ein Kabel und den Kabel macht man an Computer rein und dann kommen die Fotos.
P:	Dann flitzen die Fotos durch das Kabel in den Computer rein?
K47:	*((zustimmend))* [Mhm]
P:	[Wow] Das ist ja toll. Und gibt es noch irgendwas, was man an dem Computer machen kann?
K47:	Sonst nichts mehr.
P:	Sonst gar nichts? Du, ich hab mal gehört, dass es ein Internet gibt. Weißt du was ein Internet ist?
K47:	*((zustimmend))* [Mhm] Da kann man Sachen bestellen.
P:	[Wow] und kann man auch andere Sachen im Internet machen?
K47:	Sonst nichts mehr.
P:	Nur Sachen bestellen? Aber ist ja auch schon toll was man damit machen kann.
K47:	Mein Onkel kann sogar sich eine ganze Festplatte bestellen.
P:	[Boah] was ist denn eine Festplatte? Das kenne ich gar nicht. Weißt du was eine Festplatte ist?
K47:	*((zustimmend))* [Mhm]
P:	Kannst du mir das erklären?
K47:	Das ist (…) Das ist (…) wenn eine (…) so n plattes Ding und dann macht man das aufn Computer drein (…) reingeschraubt. Und dann kommt (…) und dann (…) und dann kommt so 'n Bild.
P:	[Wow]. Du bist ja ein Computerexperte. Super.

K47:	Mein Onkel kennt das alles.
P:	Und dein Onkel erklärt dir immer alles was er da macht?
K47:	*((nickt))*
P:	Schön.
K47:	Ich kann auch immer beobachten.
P:	Ok. Machst du das gerne mit dem Beobachten?
K47:	*((zustimmend))* [Mhm]
P:	Schön, das ist bestimmt spannend, das glaub ich.
K47:	Durch die Türklinke.
P:	Wirklich? Weiß dein Onkel dann gar nicht, dass du ihn beobachtest?
K47:	*((zustimmend))* [Mhm]
P:	Das ist ja spannend!
K47:	Und mein Opa kauft ne Kamera damit ich dem aufn (…) aufn (…) auf meinen Computer kann der mal sehen.
P:	Hast du einen eigenen Computer zuhause auch?
K47:	Nein, einen Laptop.
P:	[Boah] – was denn n Laptop?
K47:	Das ist wieder so n flaches Ding und dann kann man das aufklappen und dann... und dann sind da nur so Tasten.
P:	Wow und damit kennst du dich auch schon gut aus mit so einem Laptop.
K47:	*((nickt))*
P:	Super. Kann man mit einem Laptop auch ins Internet gehen?
K47:	*((zustimmend))* [Mhm]
P:	Hast du das schon mal gemacht?
K47:	Nein. Ich schaff das nie.
P:	Hat dein Onkel dir das schon mal gezeigt, wie man so was macht?
K47:	Nein. Und ich beobachte ihn, dann weiß ich das wieder.

Vor allem das letzte Beispiel zeigt, mit welchen Medienkompetenzen einige Kinder bereits eingeschult werden, und es steht gleichzeitig exemplarisch für die Bildungsbenachteiligung, die Kinder mitbringen, wenn sie im Vergleich zu anderen Kindern in einem „medienfreien Raum" aufwachsen. Die Interviews verdeutlichen, dass die Kinder durch die aktive Mediennutzung in der Kita und zuhause an Nutzungskompetenz dazu gewinnen, die auch für ihre weitere Bildungsbiografie als relevant bewertet werden muss. Erstaunlich ist ihre Selbstlernfähigkeit und ihr genaues Beobachten – vor allem, da der Computer ein schriftgestützt funktionierendes Medium ist, bei dem viele Tätigkeiten Schreib- und eigentlich auch

Lesekompetenzen erfordern. Die Kinder kompensieren große Teile bzw. orientieren sich über erweiterte logographemische Erinnerungen.

7.3.5 Verknüpfung von Medieninhalten und Spielpraxis

Die Befragung der Eltern und Erzieherinnen haben bestätigt, dass Kinder Medieninhalte spielerisch verarbeiten, indem sie diese szenisch nachspielen oder in ihre Spielpraxis aktiv mit einbeziehen. In vielen Interviews wird dies noch einmal besonders ersichtlich, vor allem in den Nacherzählungen der Serien- und Filmplots. Lautmalerisch und gestikulierend werden die Geschichten – für den Interviewer manchmal nur begrenzt verständlich und narrativ kaum nachvollziehbar – von den Kindern ausgestaltet und episodisch wieder gegeben. Auch der folgende Junge erzählt begeistert den Medieninhalt des Zeichentrickfilm *Cars*. Handlungsträger in seiner Geschichte stellt vor allem das Auto *McQueen* dar sowie andere Autofiguren des Films (*King, Chick Hicks, Hook*). Erkennbar an den „gefüllten Pausen" des Interviewers ([Aha], [Mhm]) kann dieser offensichtlich der nicht-linearen Erzählung des Kindes nur begrenzt folgen. Das lässt sich damit erklären, dass bei Kindern die narrative Kompetenz noch nicht so vollständig ausgeprägt ist, um ihre Erzählungen für Erwachsene nachvollziehbar zu organisieren (vgl. Mey 2006).

- *„Und hat die ganzen Autos *bum* *bum* *bum* gerammt"* (K10 = Junge, 4 Jahre, ohne Migrationshintergrund)

    P: [Aha] [Mhm], guckst du denn auch gerne Fernsehen zu Hause?
    K10:   Ja, *McQueen*.
    P: *McQueen*?
    K10:   *McQueen*, der *McQueen*- Film.
    P: Was issn das?
    K10:   Wo *McQueen* mit seine Freunde den Rennen, wo, wo die Rennstrecke is. Da fährt da mit auffe Rennstrecke.
    P: Is *McQueen* ein Auto?
    K10:   [Mhm]
    P: [Aha]
    K10:   Und und *King* wurde immer von *Sik ((Chick)) Hicks* gerammt.
    P: [Aha]
    K10:   Das *King* kaputt is.
    P: [Mhm]
    K10:   Dann flug der *((Geräusche))*, auf vonne Strecke geflogen.

7. Ergebnisse

P: *((lacht))* Ha, das hört sich ja spannend an.
K10: Und dann hat *Mc Queen* den Rennen verpasst, er w wollte nämlich *King* auffe Straße besiegen.
P: [Mhm]
K10: Und hat die ganzen Autos *bum* *bum* *bum* gerammt.
P: Du kennst ja die ganze Sendung! Guckste die ganz oft?
K10: [Mhm] und der Orange *schn* stand vor den Zaun, *f* oben und der Gelbe stand unten auffe Rennbahn und er's hat der, hat der links geguckt, rechts, oh, *pff* weggeflogen.
P: [Mhm]
K10: Und dann hat der nach da geguckt, [ohoh] auffen Dach mi-mitten Auto gefahren. Und is hab'n *McQueen*-Film wo geguckt und *McQueen*.
P: Ja?
K10: [Äh] gegen das Riesenmonster gekämpft haben.
P: *Hhhh* Riesenmonster? Mensch. Hast du auch noch andere Sachen von *McQueen*? Gibt's das auch als, hast du das auch als Spielzeugauto? *McQueen*?
K10: Ja.
P: Ja?
K10: Und als Quad zum Spielen.
P: [Aha]
K10: Ich hab davon den Krankenwagen sogar und *Hook* hat gesagt, geh mal auffen Zaun.
P: [Mhm]
K10: Und *Hook* hat sich dran gehangen, ganz weit gefahrn *pff* Krankenwagen ausse *((unverständlich))* geflogen.
P: [Mhm]
K10: Und aussen Haus geflogen noch, aussen Fenster geflogen.
P: [Mhm]
K10: Und der Krankenwagen is von, zum Krankenwagen ins Fenster reingeflogen *pff*.
P: *((lacht))*
K10: So böse is, so.

7.3.6 Medienangebote

Nutzung von medienkonvergenten Angebotsstrukturen

Erste Schritte der konvergenten Mediennutzung lassen sich bei einem Teil der interviewten Kinder bereits feststellen. Zwar verläuft diese Nutzung noch nicht im Sinne eines parallelen Handlungsstrangs in multifunktionalen Geräten ab (z. B. Lied auf *youtube* anhören, dieses in einem sozialen Netzwerk posten und nebenher mit Freunden chatten), aber es zeigt sich, dass die Kinder, die bereits Zugang zum Internet haben, häufig gezielt nach inhaltsähnlichen Medienangeboten suchen. Das folgende Beispiel veranschaulicht, wie Kinder bereits im Kindergartenalter ihre Interessen und Medienhelden konvergent verfolgen. Der interviewte Junge ist sehr fußballbegeistert und spielt auch selbst im Verein. Er geht seinem Hobby sowohl im realen Leben nach als auch medial. Im bisherigen Gesprächsverlauf hat er erzählt, dass er gerne Sportspiele, in erster Linie Rennauto, Basketball und auch Fußball auf der *Playstation* spielt. Im hier vorgestellten Gesprächsausschnitt wird deutlich, dass er Fußball auch *online* verfolgt, indem er die Internetseite seines Lieblingsvereins und auch Seiten anderer Vereine besucht. Zudem gibt er an, sich bereits *online* Musik angehört zu haben, die wiederum in thematischem Bezug zum Fußball steht. Ähnlich handhabt er auch den Umgang mit dem zweiten Medienthema, für das er sich interessiert. *Hot Wheels*, ursprünglich als Spielzeugauto von *Mattel* konzipiert, wird inzwischen auch als TV-Serie vermarktet. Auch wenn der Junge sein Interesse bislang in distinkten Medien (TV und Internet) verfolgt, lassen sich hier bereits medienkonvergente Nutzungsstrukturen entdecken.

- *„Zum Beispiel von Real Madrid war ich schon auf der Seite"* (K9 = Junge, 5 Jahre, ohne Migrationshintergrund)

    P: Und bei euch zu Hause am Computer machst du da auch was anderes?
    K9: Ja, zum Beispiel *Hot Wheels*. Da gibt nämlich ne Sendung von *Hot Wheels*. Das sind Autos, die fahren ganz schnell. *Hot Wheels* sind Autos dann. Aber es gibt auch echte *Hot Wheels* Autos. Und eins, mein Papa hat auch ein echtes *Hot Wheels* Auto.
    P: Und ist das ein Spiel oder ist es eine Internetseite, dieses *Hot Wheels*?
    K9: Eine Internetseite.

7. Ergebnisse

P: Also, das heißt, du gehst dann auch ab und zu auf die Internetseiten, die dich interessieren? Machst du das dann mit dem Papa zusammen? Oder der Mama oder schon alleine?

K9: Manchmal noch mit dem Papa.

P: Also, *Hot Wheels* gehst du auf die Internetseite. Wo warst du noch? Warst du schon mal auf irgendwelchen Seiten von Fernsehsendern? Auf *Kika*? Oder *Toggo*?

K9: Ja. Bei *Logotos* ((wahrscheinlich *Lotus Hot Wheels*, ein Spielangebot auf der Kinder-Homepage *www.spiele-zone.de*)) da hat's mir richtig gefallen.

P: Welche hat dir gefallen?

K9: Aber mir hat schon mal bei *Logo* ((Homepage der Kinder-Nachrichtensendung *Logo!* auf der Homepage *www.tivi.de* des *ZDF*)) gefallen, weil Borussia gespielt hat. Gegen Mainz 05. Die neuen Trikots. Und der Neue hat das Tor gemacht. Der Neue (...)

P: Fußballspieler?

K9: Ja.

P: Das heißt du gehst dann auch auf die Fan-Seiten vom BVB ((Dortmund))?

K9: Ja, ich hab schon mal einen echten Spieler von Dortmund gesehen.

P: Im Stadion, oder?

K9: Nein.

P: So? Privat?

K9: Ja, weil wir beim Trainingsgelände von Borussia ((Dortmund)) waren. Schon drei Mal.

P: Toll.

K9: Da habe ich *Zidan* gesehen.

P: *Zidane*? Ist das der Franzose? ((falsche Nachfrage des Interviewers, das Kind meint den ehemaligen Dortmunder Spieler *Mohamed Abdullah Zidan*, gebürtiger Ägypter))

K9: Ja. Da habe ich *Barosch* ((meint den ehemaligen Dortmunder Spieler *Lucas Barrios*)) gesehen. Da habe ich alle Spieler gesehen. Von jedem habe ich ne Autogramme gekriegt.

P: [Wow] Super. Mögen deine Eltern auch Fußball?

K9: Nein. Meine Mama liebt ein bisschen Schalke.

P: [Oooh] Das ist aber ein bisschen gefährlich, oder? *((lacht))*

K9: Mein Papa und ich lieben Borussia.

P: Seid ihr auch schon mal zusammen im Stadion gewesen?

K9:	Ja, wir gehen jedes Heimspiel. Und jedes Bundesligaspiel waren wir da.
P:	Toll. Und warst du dann auch schon auf anderen Internetseiten?
K9:	Ja, ich kenn noch ein paar Sachen. Zum Beispiel von Real Madrid war ich schon auf der Seite. Und von Barcelona. Und [hm] von Brasilien.
P:	Und warst du auch schon mal im Internet nicht wegen Fußball, sondern weil du irgendetwas anderes geguckt hast? Weil du irgendwelche Bilder schauen wolltest (…) oder Musik angehört hast.
K9:	Ja, Musik. Zum Beispiel *Waka Waka*.
P:	Ah, *Waka Waka*. Das war auch ein Fußball WM-Lied ((2010)) oder so. Von *Shakira*.

Medienhelden im Medienverbund

Die heutige Kindergeneration verfügt bereits über eine voluminöse Kaufkraft, durch Weihnachts- und Geburtstagswünsche ebenso wie durch *peer pressure*, also den Erwartungsdruck der Gleichaltrigengruppe, ein Spielzeug, eine DVD oder ein anderes, häufig auch medial beworbenes Utensil zu besitzen. Nach Angaben der *KidsVerbraucheranalyse 2011* der *Egmont Ehapa Gruppe* verfügen die 4- bis 13-Jährigen in Deutschland durchschnittlich über 12 Euro monatlich (vgl. KVA 2011). Die Verschränkung von Medieninhalten und Marketing im Medienverbund (vgl. Marci-Boehncke 2010) sind bereits für Kinder spürbar, denn Marken und Merchandising-Produkte zählen mittlerweile als *symbolisches Kapital*, mit dem Kinder sich auch in der Gruppe der Gleichaltrigen positionieren können (vgl. Marci-Boehncke 2009a). Dementsprechend werden Kinder vom Medienmarkt gezielt umworben, denn das Angebot zu beliebten Medienfiguren ist größer denn je.

Die *Puppet Interviews* geben einen Einblick, wie gut es dem Medienmarkt gelingt, seine Ware an das Kind zu bringen. Die befragten Kinder erzählen euphorisch, welche Medienverbundprodukte sie schon besitzen und welche sie sich noch wünschen. Die meisten Merchandising-Produkte beziehen sich auf Kinderserien oder Kinderfilme, und zwar in einer globalisierten Wertschöpfungskette (Rath & Möbius 2008). Es ist nahezu alles dabei, von Kleidung über Bettwäsche bis hin zu Spielzeug, Kuscheltieren und DVDs. Bei Jungen besonders beliebt sind v. a. Artikel zu *Cars*, *Hot Wheels*, *Die wilden Fußballkerle* und *Spongebob*. Die am häufigsten genannten Marken der Mädchen waren *Hello Kitty* und *Barbie*. Ebenfalls sehr beliebt bei Jungen sind jegliche Produkte des Dortmunder Fußballvereins *BVB* wie z. B. Trikots oder Computerspiele. Die folgenden beiden Textausschnitte geben einen

7. Ergebnisse

Einblick in die Vielfalt der Medienverbundprodukte, die in den Kinderzimmern der befragten Kinder vorhanden sind.

- „*Ich hab schon alles von Spongebob*" (K8 = Junge, 4 Jahre, ohne Migrationshintergrund)

    P: Und hast du auch noch was von *Spongebob* außer der Serie?
    K8: Ja.
    P: Was hast du?
    K8: [Ähm] *Spongebob*-Bettwäsche, *Spongebob*-Cappi.
    P: Hast du dir das gewünscht?
    K8: Ja, alles.
    P: Wünscht du dir Sachen von *Spongebob*?
    K8: Ich hab schon alles von *Spongebob*. Auch nen *Spongebob*-Fernseher haben wir auch.

- „*Und ich hab sogar die Parkgarage davon*" (K1 = Junge, 4 Jahre, ohne Migrationshintergrund)

    K1: Ja. Und ich habe sogar die Parkgarage davon.
    P: Die Parkgarage von *Cars*?
    K1: Die habe ich zu Weihnachten gekriegt.

Und das sechsjährige Mädchen mit serbischem Migrationshintergrund möchte neben einer warmen Jacke doch auch noch einen *Hello Kitty*-Computer:

K119: Da unten. Ich hab das aus Versehen falsch gemacht. Aber zum Glück kann ich bis Z ABC schreiben (…) Das ist schon richtig (…) ich wünschte, dass ich, e, (…) ich wünschte, dass (…) dass (…) dass ich so ein *Hello K* bekomm (…) [puh] ((überlegt und schreibt weiter)) (…) Da steht, dass ich wünschte, einen *Hello Kitty*-Computer haben wollte. Das hab ich mir gewünscht.

7.3.7 Das soziale Umfeld

Mediengebrauch in der Familie

Nicht in allen Interviews finden sich explizit Aussagen über den Mediengebrauch in der Familie. Allerdings lassen sich drei Aspekte besonders deutlich hervorheben:

1. Der Großteil der 4- und 5-Jährigen gibt an, auch zu Hause den Computer oder einen speziellen Kindercomputer nutzen zu dürfen.
2. Die genannten Medienhandlungen, die zu Hause am Computer getätigt werden, sind vorwiegend passiver Natur (z. B. Spiele spielen).
3. Bei vielen Kindern findet nach ihrer Aussage keine Medienbegleitung im Elternhaus statt.

Ob Mädchen oder Junge, mit oder ohne Migrationshintergrund – die meisten befragten Kinder dürfen, so die Interviews, zu Hause den Computer nutzen. Bis auf einen deutschen Jungen, dessen Eltern sich bewusst dagegen entschieden haben, sind auch alle Familien der befragten Kinder mit mindestens einem Computer oder Laptop ausgestattet. Einzelne Kinder haben sogar einen Computer im eigenen Zimmer, wie das folgende Beispiel zeigt.

- „Nein, ich hab das alles alleine gemacht, weil ich groß bin" (K27 = Mädchen, 5 Jahre, türkischer Migrationshintergrund)

    P: Oh (...) wo steht denn der Computer?
    K27: Der steht auf meine Zimmer.
    P: Ist der bei dir im Zimmer?
    K27: Ja, wir haben zwei Computer, einen für meine Schwester, einen für mich und für meine Brüder [äh] steht auch, aber nicht in meinem Zimmer.
    P: Oh (...) und kannst du mit dem Computer auch ins Internet gehen?
    K27: Ja.
    P: Machst du das auch?
    K27: Ja.
    P: Ganz alleine?
    K27: *((nickt))*
    P: Und was machst du dann im Internet?
    K27: Dann (...) wenn ich habe gemacht ein Internet, dann kommen sie die Spiel.

P:	Da kommen die Spiele?
K27:	((nickt))
P:	Du guckst die Spiele im Internet?! Woher weißt du denn, wie das funktioniert, hat dir das jemand gezeigt?
K27:	Nein, ich hab das alleine gemacht, weil ich groß bin.

Die Textpassage kann auch als Beispiel für die beiden anderen Aspekte herangezogen werden. Passive Mediennutzung wie das Spielen von Computer- oder Onlinespielen sowie das Fernsehen werden in den Interviews als häufigste Medienhandlung in der Familie genannt. Nur vereinzelt geben Kinder an, auch am PC zu malen, zu schreiben oder mit Fotos zu arbeiten. Kreative und produktive Mediengestaltung wie z. B. die Bildbearbeitung oder die Erstellung einer eigenen Powerpoint-Präsentation wird von keinem Kind beschrieben. Am häufigsten werden auf die Frage, welche Spiele die Kinder spielen, *Autorennen*, *Fußball* und weitere Sportspiele genannt. Aber auch *Jump and Run*-Spiele finden bei den 4- und 5-Jährigen Anklang.

Das am häufigsten von den Kindern gesehene TV-Format stellt der Zeichentrick dar. Bei den genannten Serien und Filmen handelt es sich vorrangig um Kinderformate wie z. B. *Cosmo & Wanda*, *Phineas und Ferb* oder *Cars*, aber auch crossmediale *all-age*-Formate, die sowohl Kinder als auch Erwachsene ansprechen (vgl. Rose 2011) wie z. B. *Wickie* und *Spongebob*. Darüber hinaus gehören dazu Serien, deren Zielgruppe eigentlich Jugendliche und Erwachsene darstellen, beispielsweise *die Simpsons*, werden von den Kindern angegeben. Vereinzelt wird auch von Filmen berichtet, die gewalthaltig erscheinen. Allerdings ist hier unklar, ob das Kind den Film wirklich gesehen hat oder ihn z. B. nur aus der Vorschau oder aus Erzählungen anderer Kinder und Jugendlicher, z. B. Geschwisterkinder, kennt.

Die Medienpräferenzen der Kinder unterscheiden sich im Hinblick auf das Geschlecht nur geringfügig. Sowohl *Cosmo & Wanda*, als auch *Phineas und Ferb*, *Caillou* sowie *Spongebob* sind bei Jungen und Mädchen gleichermaßen beliebt. Geschlechtsspezifisch sind *Barbie* oder Prinzessinnenfilme oder gendermännliche Formate wie *Hot Wheels*. Fußball kann inzwischen – gerade in Dortmund 2012, wo der heimische BVB den deutschen Meistertitel erkämpft hat – nicht mehr unbedingt als geschlechtsspezifisches Thema verstanden werden, obwohl es sich bei den Kindern noch eher geschlechtsspezifisch ausprägt.

Ein Teil der befragten Kinder nutzt den PC mit einem Elternteil oder Geschwistern. Einige Kinder dürfen den PC aber auch schon selbständig und ohne elterliche Kontrolle nutzen. Teilweise wird noch Unterstützung von einem Erwachsenen, vor allem beim Zugang ins Internet, benötigt. Einige Kinder beschreiben in den Interviews allerdings schon genau, wie sie die Spiele oder Internetseiten auf dem Computer finden. So auch der Junge aus dem folgenden Beispiel.

- *„Da kann ich auf irgendein Spiel drauf drücken"* (K75 = Junge, 4 Jahre, ohne Migrationshintergrund)

    K75: Ich spiele [ähm] ganz viele Spiele. *Mickey Mouse*-Spiele.
    P: *Mickey Mouse*-Spiele? Was macht man denn da?
    K75: Da muss man. Da kann ich auf irgendein Spiel draufdrücken.
    P: Ja.
    K75: Dann. Und dann auf den Skateboard-Spiel draufdrücken und dann. Und dann, dann drücke ich auf den Skateboard. Dann, dann ((*unverständlich*)) mit *Mickey Mouse* den Weg. Und dann, dann fährt sie den Weg.

Auch dieses Beispiel zeigt, dass Kinder nicht zwingend der Lese- und Schreibkompetenz mächtig sein müssen, um den Computer nutzen zu können und zu dürfen. Viele Schritte der Computerhandhabung laufen über das Symbolverständnis ab und genauso, wie die Kindergartenkinder in der Lage sind, den *Coca Cola*-Schriftzug als Gestalt zu erkennen, können sie (Spiel-) Symbole (z. B. *Desktop*-Symbole) auf dem Computer wiederfinden. Das ermöglicht bereits Vierjährigen, sich gezielt der Mediennutzung widmen zu können, die sie interessiert.

Beim Fernsehen zeichnet sich ein ähnliches Bild ab wie bei der Computernutzung. Viele Kinder behaupten häufig alleine fernzusehen. Dies lässt die Vermutung zu, dass auch beim Fernsehen oft keine Medienbegleitung stattfindet und ein Teil der Kinder bei der Auswahl und Verarbeitung von Medieninhalten alleine gelassen wird.

(Medien-)Erziehungskonzept

Hinweise auf das (Medien-)Erziehungskonzept in der Familie lassen sich nur in einem kleinen Teil der Befragungen finden. Hier werden vorrangig Vereinbarungen zur Nutzungszeit beschrieben. Im nachfolgenden Interview wird aber auch deutlich, dass z. B. Medienverbot als Teil der Erziehung genutzt wird. Der Junge

7. Ergebnisse

hat für einige Tage Fernsehverbot bekommen. Der Grund hierfür geht aus dem Interview allerdings nicht hervor.

- *„Aber ich hab Fernsehverbot"* (K81 = Junge, 4 Jahre, ohne Migrationshintergrund)

    P: Sag mal, mit dem Computer zu Hause. Spielst du denn da etwas besonders gerne mit?
    K81:   Ja. Aber viele Spiele sind weg.
    P: [Oh] Warum?
    K81:   Spiele ist nur für Papa da.
    P: Ja? Und was machst du dann am Computer zu Hause?
    K81:   Fernseh gucken. Aber ich hab Fernsehverbot und Spielverbot. Drei Mal muss ich schlafen.
    P: Und dann darfst du spielen am Computer?
    K81:   Nein. Mit meinem Spielzeug im Zimmer.

Auch das Mädchen im nächsten Interview gibt an, dass sie gelegentlich mit Fernsehverbot bestraft wird.

- *„Wenn ich kein Fernsehverbot hab"* (K4 = Mädchen, 5 Jahre, ohne Migrationshintergrund)

    P: Und guckst du auch nach dem Kindergarten?
    K4:   Nur wenn ich auch noch ins Bett geh. Wenn ich kein Fernsehverbot hab.
    P: [Oh] Hast du ab und zu Fernsehverbot?
    K4:   Ja.
    P: Wieso? Was machst du, dass du Fernsehverbot bekommst?
    K4:   [Äh] (…)
    P: Bist du frech zur Mama?
    K4:   [Hm]
    P: Oder machst du gar nichts und kriegst es einfach? Hihi.
    K4:   Ich bin mal frech.

Die Eltern dieses Mädchens verknüpfen Medien allerdings nicht nur mit Bestrafung, sondern auch mit Leistung und setzen Mediennutzung zur Belohnung ein. Der folgende Textabschnitt zeigt, dass das Mädchen erst wieder den Computer nutzen darf, wenn es in einem größeren Zahlenraum zählen kann.

P:	[Ah] Und darfst du da auch schon mal hin? [...] Hast du da schon mal was machen dürfen am Computer von deinem Papa?
K4:	[Hm] Schon mal ja, aber jetzt nicht mehr.
P:	Jetzt nicht mehr? Warum darfst du nicht mehr?
K4:	Weil ich bisher nur bis Hundert zählen kann. Ich kann das noch nicht.

Medienerziehung betrifft aber nicht nur die *Bestrafung* und *Belohnung* von Leistung, sondern auch den *Nutzungsumfang*. Aus dem nächsten Gespräch geht hervor, dass die Eltern nicht die genaue Zeit und Dauer der Mediennutzung bestimmen sowie das Fernsehformat, sondern stattdessen mit dem Kind verhandelt haben, dass es einmal am Tag fernsehen darf, wobei es sich die Sendung dann aussuchen kann. Da Kinder in diesem Alter noch kein richtiges Gefühl für Zeit entwickelt haben, kann man diese elterliche Beschränkung als vernünftig bewerten.

- *„Einmal Fernseh gucken"* (K33 = Junge, 4 Jahre, afrikanischer Migrationshintergrund)

P:	[Mh] gut, dass *Kim Possible* da ist. (…) Darfst du denn [ähm] beim Fernsehen auch immer (…) 10 Minuten oder darfst du noch länger oder was darfst du da?
K33:	Einmal Fernseh gucken.
P:	Einmal am Tag?
K33:	Ja.
P:	Und dann darfst du dir was aussuchen, was du guckst?
K33:	[Mhm] ((zustimmend))

Auch beim nächsten Jungen wurde eine zeitliche Begrenzung, hier für das Computerspielen ausgehandelt. Er darf maximal drei bzw. vier Level spielen. Die Begrenzung nach Leveln erscheint ebenso sinnvoll wie die Begrenzung der Fernsehnutzung nach Sendungen. Zum einen, weil auch hier noch die Schwierigkeit besteht, Zeit richtig einzuschätzen, und zum anderen, weil der Abbruch mitten im Spiel (oder auch mitten in einer Fernsehsendung) den Spannungsbogen des medialen Angebots abbricht und Spannungsaufbau (Aufregung, „Grusel", Furcht) nicht mehr narrativ zu Ende führt, d. h. auflöst. Schließlich ist es für Kinder frustrierend, wenn sie ein Spiel abbrechen müssen, bei dem sie – wie häufig in Online-Spielen – eventuell nicht speichern können.

7. Ergebnisse

- *„Schon länger. Drei Level."* (K13 = Junge, 4 Jahre, ohne Migrationshintergrund)

    P: Spielst du öfter zu Hause oder im Kindergarten?
    K13: Zu Hause.
    P: Darfst du da auch nur ein paar Minuten oder schon länger?
    K13: Schon länger. Drei Level.
    P: Drei Level?
    K13: Ich meinte vier Level.
    P: Vier?
    K13: Ja.
    P: Und hast du das Spiel schon fertig?
    K13: [Äh] nee, ich bin nicht zu Hause.

Die Interviews zeigen nicht nur, dass Eltern die Mediennutzungsdauer ihrer Kinder beschränken und Verbote im Sinne von Strafen einsetzen, sondern auch die Medien selbst, die das Kind nutzen darf, einschränken. Folgendes Beispiel erklärt die Abmachung, ab wann das Kind den Computer zu Hause nutzen darf.

- *„Aber erst mal, wenn ich richtig schreiben kann"* (K5 = Mädchen, 5 Jahre ohne Migrationshintergrund)

    P: O.k. Stimmt. Und habt ihr daheim auch schon so ein Computer-Dingsbums?
    K5:   Wo?
    P: Daheim. Zu Hause.
    K5:   ((*nickt*))
    P: Darfst du da auch schon ran?
    K5:   ((*schüttelt den Kopf*)) Aber erst mal, wenn ich richtig schreiben kann, aber jetzt hab ich schon ne Uhr.

Wie das Beispiel zeigt, machen die Eltern die Computernutzung von der Schreibkompetenz ihrer Tochter abhängig, die sie in der Schule erwirbt. Dass das Kind bereits Medienerfahrungen in der Kita sammelt, beeinflusst die Medienerziehung der Eltern diesbezüglich nicht. Aus dem weiteren Interviewverlauf geht hervor, dass das Kind zwar noch nicht den Computer zu Hause nutzen darf, aber einen eigenen Fernseher im Kinderzimmer stehen hat und zu unterschiedlichen Medienfiguren Bettwäsche, Kuscheltiere, Kleidung und andere Merchandising-Produkte besitzt. Ob die Medienerziehung von den Eltern diesbezüglich reflektiert wird, ist fraglich.

Freunde

Freunde bzw. die Gruppe der Gleichaltrigen nehmen im Leben eines Kindes spätestens mit dem Eintritt in den Kindergarten eine zunehmend wichtige Stellung ein. Freunde bestimmen, was gerade „angesagt" ist. Bereits im Kindergartenalter wird deutlich, dass Freunde sowohl den Medienumgang mitgestalten, als auch die Konsumorientierung. Die nächste Textpassage verdeutlicht exemplarisch, dass Freunde häufig die gleichen Medieninteressen teilen. Das fünfjährige Mädchen findet *Prinzessin* gut, mit der Begründung, dass ihre Freunde diese auch toll finden.

- *„Meine Freunde finden das auch toll"* (K17 = Mädchen, 5 Jahre, türkischer Migrationshintergrund)

    P: Nix. Und was ist denn deine Lieblingssendung? Oder die liebste Frau oder der liebste Mann, dein Held? Wen findest du da ganz toll im Fernsehen?
    K17: Die Prinzessin.
    P: Die Prinzessin. Warum findest du die denn so schön oder so toll?
    K17: Ja, mein Freunde finden das auch.
    P: Wie bitte?
    K17: Meine Freunde finden das auch.
    P: Deine Freunde finden das auch toll.
    K17: Jaa.
    P: Und du findest das dann auch toll.
    K17: Jaa.
    P: Warum denn, erzähl mal. Weil ich weiß das nicht so, weil ich ja ein Junge bin. Was ist denn so toll an den Prinzessinnen?
    K17: Ay ich weiß das auch nicht.

Freunde beeinflussen allerdings nicht nur die Medieninhalte und die Medienwünsche der Kinder, sondern haben häufig auch eine positive Wirkung auf deren Sozialkompetenz, wie der folgende Ausschnitt aus dem gleichen Interview darstellt. Das Mädchen sitzt zu Hause nicht alleine vor dem Computer, sondern nutzt diesen gemeinsam mit ihrer Freundin. Entweder sie spielen gemeinsam, indem sie sich die Tasten auf der Tastatur teilen oder sie wechseln sich beim Spielen fair ab. Das Kind leistet seiner Freundin beim Spielen auch Hilfestellung.

    P: Aber wenn ((Name einer Freundin)) zu dir kommt, dann geht ihr auch an den Computer?

7. Ergebnisse

K17: Ja.
P: Ja. Was macht ihr denn zusammen bei dir mit dem Computer?
K17: Nein. Zuerst macht ((Freundin)) Spiele und mach ich. ((Freundin)) weiß nicht manchmal die Computer. Ich mache ihn auf. Sie macht die manchmal was anderes drückt sie.
P: Ach so.
K17: Aber und dann geht das kaputt.
P: Ach so. Und wo drückst du immer? Weißt du wo du drücken musst?
K17: Jaa.
P: Ja?
K17: Ja, bei unten Knöpfen immer (...) ((Freundin)) unten knöpft ((Freundin)) hier, ich knöpfe hier. Hier ist richtig, hier falsch.

Viele weitere Interviews konstruieren ein ähnliches Bild. Freunde sind den Kindern sowohl bei non-medialen Handlungen wichtig als auch bei medialen. Auch die studentischen Beobachtungen und die der Erzieherinnen bestätigen das Bild eines medialen und zugleich sozialen Kindes. Die Kinder unterstützen sich bei medialen Tätigkeiten häufig gegenseitig und geben einander Anweisungen und Hilfestellungen. Im Gegensatz zur nicht-medialen Spielpraxis, bei der sich die Kinder gerne die Gegenstände aus der Hand nehmen und einander vormachen, wie man zu spielen hat, fällt bei der Computerarbeit auf, dass die Anweisungen meist verbal erfolgen und lediglich mit dem Finger die Handlung auf dem Bildschirm visualisiert wird, ohne dem anderen Kind die Maus aus der Hand zu nehmen. Bei 49 im Rahmen der teilnehmenden Beobachtung begleiteten Kindern zeigt sich nur in einem Fall, dass ein Kind allein am Computer arbeitete. Durchschnittlich waren 3.78 Kinder (SD 1,48) an den Stationen miteinander tätig.

Die Kita

Wie auch schon die Befragungen der Eltern und der Erzieherinnen gezeigt haben (vgl. Kapitel *7.1.5 Motivation, mit neuen Medien zu arbeiten*), belegen auch *die Puppet Interviews*, dass der große Teil der Kinder mit Motivation und Freude an der Medienarbeit in der Kita teilgenommen hat. Dabei waren die einzelnen Medienprojekte breit gestreut (vgl. auch Kapitel *8. Die medienpädagogische Intervention*). Auf die Frage im *Puppet Interview*, was sie bereits im *Medienkompetent zum Schulübergang*-Projekt gemacht haben, kommen die unterschiedlichsten Antworten:
- Malen,
- Bilderlotto basteln,
- Spiele spielen,

- fotografieren,
- Musik aufnehmen,
- Bilder im Internet anschauen,
- mit den eigenen Fotos puzzeln
- Bucherstellung.

Vergleicht man die Antworten der Kinder hinsichtlich der Mediennutzung in der Kita mit der Mediennutzung zu Hause, zeigt sich ganz deutlich, dass die Medienarbeit in der Kita aktiver und kreativer gestaltet wird als die private Mediennutzung. Somit ergänzt die pädagogische Medienarbeit in der Kita die eher passiv-rezeptive Mediennutzung in der Familie durch kreative und produktive Mediengestaltung und eröffnet den Kindern damit neue Medienpraxen.

Aussagen zur Mediennutzungsdauer zeigen, dass auch die Mediennutzung in der Kita Regeln folgt. Viele Kinder wissen bereits und akzeptieren auch, dass sie nur eine begrenzte Zeit am Computer spielen dürfen oder nicht alleine davor sitzen sollen und sich abwechseln müssen. Auch der nachfolgende Gesprächsverlauf zeigt, dass der befragte Junge die Regeln genau kennt und auch danach handelt.

- *„Aber jetzt muss ich abwechseln"* (K52 = Junge, 4 Jahre, afrikanischer Migrationshintergrund)

    P: Mit wem bist du denn immer am Computer und machst die Spiele?
    K52:   (Name eines Freundes)).
    P: Ist das dein Freund?
    K52:   [Mhm] ((*zustimmend*))
    P: Ja? Und weißt du auch, wie lange du da dran sein darfst?
    K52:   Zehn.
    P: Zehn Minuten?
    K52:   [Mhm] ((*zustimmend*)) Aber jetzt muss ich abwechseln.
    P: Oh – Mit wem musst du denn abwechseln?
    K52:   Mit ((Freund)).
    P: [Ah] und darf dann jeder einmal?
    K52:   [Mhm] ((*zustimmend*))

Das Aufstellen und Einhalten von Regeln, die der Allgemeinheit zugutekommen, fördert bei Kindern die Sozialkompetenz und das Verständnis von Gerechtigkeit. Auch wenn die meisten Kinder die Regeln akzeptieren und sich daran halten, zeigt das nächste Beispiel, dass der Umgang mit Regeln für den kindlichen Egozentrismus alles andere als einfach ist und auch Geduld etwas ist, das die Kinder beim Medienkompetent zum Schulübergang-Projekt lernen (mussten).

- *„Weil da war langweilig als ich nicht dran war"* (K2 = Junge, 4 Jahre, polnischer Migrationshintergrund

    P: Und was machst du sonst noch am Computer? Hast du da schon mal gemalt?
    K2: ((*nickt*))
    P: Ja? Hat dir das auch Spaß gemacht?
    K2: Aber da war auch mal ein bisschen langweilig.
    P: Beim Malen? Warum?
    K2: Weil da war langweilig, als ich nicht dran lang war.
    P: Ah, wenn du warten musst? [Mhm] Und was hast du sonst da so gemacht? Hast du da auch schon mal alleine etwas gemacht? Oder nur mit anderen?
    K2: Nur mit den Kindern in der Gruppe.
    P: Und dann musst du manchmal auch warten. Und dann dauert's länger. Und das ist langweilig?
    K2: ((*nickt*))

7.3.8 Schlussfolgerungen

Die Ergebnisse der qualitativen Interviews zeigen, dass Kinder Medien nicht wahllos rezipieren, sondern interessengeleitet und kontextspezifisch. In erster Linie bearbeiten sie durch die Mediennutzung – in unseren Interviews vor allem erfasst für das Fernsehen und das Internet – entwicklungsspezifische Themen wie das Kleinsein und Großwerden oder die Auseinandersetzung mit der eigenen Geschlechtsidentität.

Medieninhalte werden von den Kindern adaptiert und in die eigene Spielpraxis eingebaut. Hinsichtlich der Medienformate und -inhalte unterscheiden sich Jungen und Mädchen in vielen Punkten nicht. Sie bevorzugen teilweise die gleichen Filme und Serien (*Cosmo & Wanda*, *Tauschrausch*, *Cars*), wobei Mädchen allerdings stärker zu weiblichen Medienfiguren (*Prinzessin*, *Barbie*, *Kim Possible*) tendieren und Jungen zu männlichen (*Spiderman*, *Mc Queen*), was jedoch nicht ausschließt, dass sich auch ein Junge mit *Kim Possible* und ein Mädchen mit *Spiderman* beschäftigen kann.

Auch der PC scheint für Mädchen und Jungen gleichermaßen interessant zu sein, wobei sich die Tätigkeiten dort geringfügig unterscheiden. Beide Geschlechter spielen gerne Computerspiele, sowohl *online* als *offline*. Allerdings bevorzugen Jungen vorrangig Sportspiele (Autorennen, Fußball), während Mädchen lieber Spiele mit einem deutlichen Medienbezug zum Fernsehen wählen (*Barbie, Caillou, Winnie Pooh*).

Des Weiteren veranschaulicht die Auswertung, dass die Kinder bereits viele Medienerfahrungen und auch Kompetenzen in die Kita mitbringen, diese sind jedoch vorwiegend passiv und rezeptiv geprägt. Sie nutzen bereits eine breite Palette an Medien und diese auch zunehmend konvergent. In der Handhabung des Computers kennen sich die Kinder teilweise schon gut aus, wobei der Großteil über das Symbolverständnis abläuft. Eine kreative und produktive Mediennutzung findet in ihrem häuslichen Medienalltag allerdings nur selten statt. Spielen und Schreiben sind die Haupttätigkeiten, die die Kinder für sich und ihre Familie mit dem Computer und dem Internet verbinden. Alle scheinen gerade über die Computernutzung sehr motiviert, Schreiben zu lernen und merken sich notwendige Phrasen, so auch das sechsjährige Mädchen (K 119) mit serbischem Migrationshintergrund:

P: Das ist ein Spiel gewesen.
K119: Ja.
P: Was du spielst. Also das war nicht im Internet?
K119: [Mhm] Am Laptop.
P: Am Laptop war das. O.k.
K119: Und ich hab noch geschrieben www.barbiespiele.de. Hab ich das gespielt. Das hat Spaß gemacht.
P: Ah. www.barbiespiele.de. Und da ...
K119: Das hat meine Cousine auch.

Eine kontinuierliche Medienbegleitung im Elternhaus fehlt weitgehend. In manchen Elternhäusern gibt es keine zeitliche und inhaltliche Einschränkung der Medien, in anderen werden Medienverbote als Strafe oder Mediennutzung als Belohnung in der Kindererziehung eingesetzt. Zudem ist – wie auch schon die Elternbefragung gezeigt hat (vgl. Kapitel *7.2.5 Medienreaktionen*) – eine starke Konsumorientierung festzustellen. Die Kinder besitzen bereits viele Merchandising-Produkte und wünschen sich weitere Artikel mit Medienbezug.

Die Kita als erste institutionalisierte Sozialisationsinstanz muss somit zunehmend den Auftrag der Medienerziehung übernehmen, dem viele Eltern nicht nachkom-

7. Ergebnisse

men. Die Interviews spiegeln wider, dass die Intervention des *Medienkompetent zum Schulübergang*-Projekts die Medienerfahrungen der Kinder bislang erfolgreich um kreative und produktive Medienpraxen erweitert hat.

Auch Regeln zur Medien-, vorrangig zur Computernutzung, die in manchen Familien fehlen, werden von den Kindern in der Kita angenommen und akzeptiert. Die befragten Kinder berichten, dass sie in der Kita gemeinsam mit ihren Freunden an der Station sitzen und sich regelmäßig untereinander abwechseln. Hier zeigt sich, dass die Medienarbeit in der Kita auch die Sozialkompetenz fördert. Die teilnehmenden Beobachtungen der Studierenden sowie die Befragung der Erzieherinnen bestätigen, dass sich die Kinder bei der aktiven Medienarbeit gegenseitig helfen.

7.4 Teilnehmende Beobachtungen

Die teilnehmenden Beobachtungen werden von den Studierenden in den Einrichtungen, basierend auf einem knappen, vorgegebenen Beobachtungsbogen, durchgeführt. Die Erzieherinnen sind informiert darüber, dass es teilnehmende Projektbeobachtung durch die Studierenden gibt, genaue Fragestellungen werden jedoch nicht mitgeteilt, damit das Verhalten nicht auf die befragten Aspekte eingestellt werden kann.

Es werden zu Beginn das Gesamtsetting – sowohl der Umgang mit der KidSmart-Station (*Welche Programme werden genutzt? In welcher Sprache? Wer nutzt die Software gerade? In welcher sozialen Konstellation?*) als auch der Inhalt und vor allem die mediale Ausgestaltung der beobachteten Projekttermine in den Blick genommen. Darüber hinaus werden anschließend personenbezogen die Motivation der Kinder und Erzieherinnen sowie ihre medienpraktische Kompetenz anhand einer vierstufigen Skala eingeschätzt. Beobachtet wird an drei Terminen, die die Studierenden selbst wählen. Sie sollten ungefähr den Beginn, die Mitte und das Ende des Projektzeitraums erfassen. Da es sich wirklich um teilnehmende Beobachtung handelte, die Studierenden also auch immer selbst mit an der Projektarbeit pädagogisch beteiligt waren, ist der Beobachtungsbogen bewusst sehr puristisch gestaltet worden.

Da pro Einrichtung vier Kinder (*idealiter* je ein Mädchen und ein Junge mit und ohne Migrationshintergrund) betrachtet werden sollten, sowie zu allen am Projekt beteiligten Erzieherinnen (i. d. R. zwei pro Kita-Gruppe) Beobachtungen notiert werden sollten, waren die Studierenden damit an der Grenze der Möglichkeiten angekommen. Dieses Erhebungsinstrument nutzt die Vertrautheit des Beobachters mit der Gruppe – was ein authentischeres Verhalten der Beobachteten erwarten lässt. Die Projektarbeit und das Verhalten der Teilnehmenden wird damit in bestimmten Details konkret und recht authentisch beschreibbar (vgl. Atteslander 2008, 95).

Die Probleme und Schwierigkeiten dieser Methode, die zum Bereich der ethnographischen Forschung gehört, sind in der Forschung hinreichend bekannt und beschrieben (vgl. Mikos 2005, 316 f.): Persönliche Involviertheit kann zu selektiver Wahrnehmung führen, die pädagogische Beteiligung kann unter der Beobachtungsaufgabe leiden (Rollenkonflikte, Überforderung), die Fokussierung, die nötig ist, kann die Beobachtung anderer Aspekte verhindern (eine andere Form der selektiven Wahrnehmung). Die häufig in solchen Situationen genutzte und noch weiter objektivierende Videoaufzeichnung konnte in unserem Fall aus materiellen, organisatorischen und rechtlichen Gründen nicht gewählt werden, wir waren also auf die schriftlichen Notizen der Studierenden allein angewiesen. Neben einfachen Ja-Nein Fragen kamen zur Einschätzung von Motivation und Kompetenz sowie zum Grad der medialen Selbständigkeit Likert-Skalen zum Einsatz, es blieb aber auch jeweils Raum für freie Beobachtungen. Auch das Geschlecht des Beobachtenden wurde erfasst. Zwar waren in der großen Mehrzahl weibliche Studierende beteiligt, doch soll eine genauere Auswertung der Beobachtungsdaten auch noch die geschlechtsspezifische Perspektive zu den Studierenden berücksichtigen. Vor allem in den Interviews zeigten sich da große Unterschiede. Männliche Studierende berichteten hier von einem deutlich besseren Zugang gerade zu Jungen mit Migrationshintergrund als die weiblichen Studierenden, bei denen einzelne Jungen dieser Gruppe ein Interview schlicht verweigerten. Ob auch bei den teilnehmenden Beobachtungen Unterschiede auffallen, wird noch zu klären sein. Auf jeden Fall ist das Geschlecht des Beobachtenden mit erfasst worden. Die Studierenden sind im Seminar an der TU Dortmund im Vorfeld der Interventions- und Forschungsaufgabe, aber auch noch einmal durch einen Instruktionstext auf das Verfahren vorbereitet worden.

Im Folgenden erfolgt zunächst ein Überblick über die Software-Nutzung, daran anschließend werden die konkreten Daten der teilnehmenden Beobachtung einer Studierenden sowie deren Auswertung aus zwei Kitas exemplarisch dargestellt.

7. Ergebnisse

7.4.1 Software-Nutzung im Projekt

Die KidSmart-Stationen sind standardmäßig mit einer Lernsoftware ausgestattet (EdSmart), die gemäß der Bedarfe der Kitas durch andere Software ergänzt wurde (vgl. zu Details und Bewertung des Edsmart Software Kapitel 7.1.7 *Digitale Mediennutzung während der Projektarbeit*). Die Studierenden wurden im Rahmen der Teilnehmenden Beobachtung gebeten, u. a. die Nutzung dieser Edsmart Lernsoftware zu erheben. Über die drei Beobachtungszeitpunkte ergibt sich eine bemerkenswerte Veränderung. Hat die Edsmart Software zu Beginn und in der Mitte des Projekts noch eine hohe Nutzung, so fällt diese bis zur Abschlussbeobachtung ab.

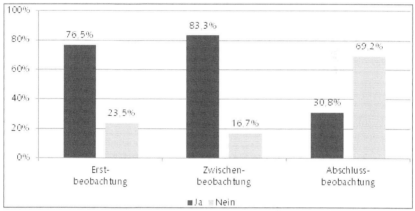

Abbildung 47: Beobachtete Nutzung der Edsmart- Software im Projektverlauf ($N_{Erstbeo.}=17$; $N_{Zwischenbeo.}=18$; $N_{Abschlussbeo.}=14$)

Anscheinend wurde im Verlauf des Projekts die jeweilige projektbezogene Mediennutzung, die auf andere, v. a. Nutzungsprogramme zugriff, aktiver und damit weniger an Lernsoftware orientiert.

Die Programme[25] wurden darüber hinaus sehr unterschiedlich genutzt, über alle drei Beobachtungszeitpunkte lag *Millie's Math House* und *Sammy's Science House* vorne.

---

25 Die Spiele von Edsmart decken verschiedene Lernfelder ab. Millie's Math House führt in basale Rechenprozesse ein, Sammy's Science House zeigt Naturphänomene, v. a. Tiere und ihre Benennung, Trudy's Time & Place House vermittelt grundlegendes Wissen zu Zeit und Uhr, Thinkin' Things Collection 1, 2, 3 und Toony the Loon's Lagoon fördern durch Denkspiel Gedächtnis und andere kognitive Fähigkeiten und Bailey›s Book House führt spielerisch zum Lesen hin.

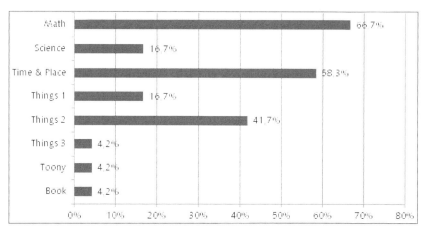

Abbildung 48: Nutzung der angebotenen Edsmart-Software-Pakete über die Gesamtbeobachtungszeit.

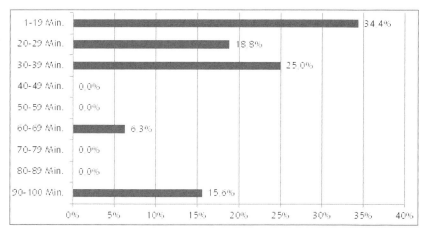

Abbildung 49: Nutzungsdauer der Kidsmart-Stationen in Minuten über die Gesamtbeobachtungszeit.

Obwohl alle Spiele in mehreren Sprachen zur Verfügung standen (Deutsch, Englisch, Türkisch, Russisch), wurden die Spiele fast ausschließlich (91,7 %) auf Deutsch verwendet, lediglich in 8,3 % der Beobachtungen spielten die Kinder die Software auf Türkisch.

Zur Nutzung allgemein lässt sich aus den Beobachtungen noch auf die soziale Nutzung und die Zeit hinweisen. In 96,9 % der Beobachtungen spielten die Kinder nicht alleine, sondern zu mehreren mit der Kidsmart-Station (MW 3,78, SD 1,48) und die

7. Ergebnisse

Nutzungsdauer bewegt sich v. a. zwischen 1 und 39 Minuten, bei 15,6 % lag die Nutzung über 90 Minuten, und zwar v. a. in der Zwischen- und der Abschlussbeobachtung, was auf eine Phase der medialen Produktion in den Projekten hindeutet.

7.4.2 Teilnehmende Beobachtung der Akteure – ein Beispiel

Am Beispiel zweier Kitas soll gezeigt werden, wie die Studierenden vorgegangen sind und welche Ergebnisse beschrieben werden. Eine Synopse aller Beobachtungen steht noch aus und wird im Kontext einer Dissertation beschrieben. Deshalb soll an dieser Stelle nur auszugweise dargestellt werden, welche Ergebnisse in etwa hier zu erwarten sind. Dabei beziehen wir uns auf die Auswertungen der Studierenden Myriam Jörges (2012), die diese im Kontext ihrer unveröffentlichten Masterarbeit im Frühjahr 2012 zu zwei von ihr im Rahmen des Forschungsprojekts *Medienkompetent zum Schulübergang* (vgl. Kapitel *9.2.4 Die Studierenden*) betreuten Kitas erhoben hat (im Folgenden Seite 162-177). Begonnen wird bei dem in Jörges Arbeit mit Kapitel 5.2.1 nummerierten Abschnitt (ebd., 92). Die Kapitelzählung wird jedoch aus Gründen der Textkohärenz dieser Studie angepasst. Gleiches gilt für die Verzeichnung der Abbildungen. Es wurden vorsichtige stilistische Änderungen vorgenommen, geringe Auslassungen sind entsprechend gekennzeichnet.

Auszug aus Myriam Jörges: „Da sind so zwei Internets. Eine orange (...) und noch eine blaue." Medienumgang von Kindern im Dortmunder KidSmart-Projekt. Eine qualitativ-empirische Studie. Unveröffentlichte Masterarbeit an der TU Dortmund. 2012, S. 92-107

„(...)

Die KidSmart-Beobachtungen und die Beobachtungen zum Setting des Kita-Projektes werden hier als Einstieg genutzt, um die Rahmenbedingungen und Untersuchungskontexte der teilnehmenden Beobachtungen darzustellen. Daraufhin werden die Ergebnisse der Erzieherbeobachtung besonders im Hinblick auf die durchgeführte Medienarbeit und die medialen Kompetenzen der Erzieherinnen betrachtet. Abschließend geben die Daten der Kinderbeobachtung Aufschluss über den Medienumgang der Kinder und ihre Motivation zur medialen Projektarbeit.

Ergebnisse der KidSmart-Beobachtung

Die Ergebnisse der KidSmart-Beobachtungen sollen Aufschluss über die Besonderheiten der in den einzelnen Kitas durchgeführten Projekte geben sowie die tatsächliche Nutzung der KidSmart-Station in zwei der am Projekt beteiligten Kitas darlegen.

In der Einrichtung A wird die KidSmart-Software insgesamt sehr selten benutzt. Es kann lediglich einmal die Nutzung des Lernprogramms *Millie's Math House* auf Deutsch beobachtet werden. In diesem Programm sollen den Vorschulkindern grundlegende mathematische Tätigkeiten wie das Zählen und das Lösen von Rechenaufgaben im Zahlenraum 1-10 näher gebracht werden. Darüber hinaus wird die KidSmart-Station jedoch häufig zur Projektarbeit genutzt. Wiederholt kann hierbei die Verwendung der Programme *TuxPaint* und *Windows Bild- und Faxanzeige* beobachtet werden. Gegen Ende des Projektes werden darüber hinaus auch der *Windows Internet Explorer* sowie die Software *Windows Paint* und *Picasa* genutzt, da die Funktionen von TuxPaint hier zur Bearbeitung der Fotos und Bilder nicht mehr ausreichen. Während der Projektzeiten sind durchschnittlich drei Kinder an der KidSmart-Station. Die Geschlechterverteilung variiert dabei sehr stark, je nachdem, welche Kinder zur Projektzeit anwesend sind. Die durchschnittliche Nutzungsdauer pro Gruppe beträgt ca. 20 Minuten. Da jedoch die beiden Erzieherinnen jeweils zwei Gruppen mit je drei Kindern

7. Ergebnisse

betreuen, erstreckt sich die Gesamtnutzung der KidSmart-Station auf rund 80 Minuten pro Projektsitzung.

In der Einrichtung B wird die KidSmart-Software hingegen öfter genutzt. Hier lässt sich vor allem die Verwendung der vorinstallierten Lernprogramme *Millie's Math House* und *Sammy's Science House* auf Deutsch beobachten. Dieses Programm ermöglicht den Vorschulkindern erste Einblicke in naturwissenschaftliche Phänomene. Auch hier wird die KidSmart-Station darüber hinaus in der weiteren Projektarbeit eingesetzt, hauptsächlich zur Verwendung der Programme *TuxPaint, Windows Paint* und *Windows Bild- und Faxanzeige*. Durchschnittlich wird der Computer auch hier circa 20 Minuten pro Kleingruppe genutzt. Da die Projektkinder hier jedoch aufgrund organisatorischer Schwierigkeiten oftmals nicht vollständig anwesend waren, konnte häufig nur mit zwei Kleingruppen gearbeitet werden, was dazu führte, dass die insgesamt beobachtete Nutzungsdauer 40 Minuten beträgt.

Die KidSmart-Station wird darüber hinaus auch als Spielmöglichkeit für die Kinder außerhalb der Projektzeiten genutzt. Die gesamte Verwendungsdauer liegt daher vermutlich deutlich über der beobachteten Zeit, kann jedoch nicht eindeutig bestimmt werden.

Beobachtungen zum Setting des Kita-Projektes

Auch die Beobachtungen zum Projektsetting dienen dazu, Auskunft über die einzelnen Projekte in den Kitas zu geben. Hier liegt der Fokus der Beobachtung besonders auf dem Interaktionsverhalten zwischen Erzieherinnen und Kindern, aber auch Medien, Sozialformen und das Projektthema sind von Interesse. Um die Rahmenbedingungen der verschiedenen Beobachtungszeitpunkte für die spätere Ergebnisdarstellung deutlich zu machen, werden die Beobachtungssettings nachfolgend skizziert. Die Ergebnisse des Projektsettings werden außerdem, wenn notwendig, in der Auswertung der Erzieher- und Kinderbeobachtung zur Beschreibung und Veranschaulichung der Beobachtungssituation aufgegriffen. Alle nachfolgend beschriebenen Beobachtungen finden in den Kindertageseinrichtungen selbst statt.

Zum Zeitpunkt der Erstbeobachtung in Einrichtung A geht es darum, an der KidSmart-Station mit der Software TuxPaint zu malen, wobei es keine thematische Vorgabe gibt. Insgesamt sind zwölf Kinder beteiligt, die jeweils in Dreiergruppen an der Station sind. Sie dürfen abwechselnd ihr eigenes Bild malen, während die zwei anderen Kinder dabei zuschauen. In jeder Gruppe sind drei Erwachsene anwesend. Die Erzieher lassen die Kinder eigenständig ausprobieren. Bei Fragen geben sie Hilfen und machen Vorschläge, was die Kinder malen könnten.

In der Zwischenbeobachtung schauen die Kinder selbst aufgenommene Fotos von der Kita am Computer an, um diese für die Weiterarbeit auszuwählen. Die Kinder drucken die Fotos aus, um im weiteren Verlauf des Projekts ein Bilderlotto damit zu erstellen. Insgesamt sind neun Kinder beteiligt. Aufgeteilt in Kleingruppen suchen sie ihre Fotos aus, während die anderen Kinder dabei zuschauen. In jeder Gruppe sind zwei Erwachsene anwesend. Die Erzieher erklären den Kindern, wie sie die Fotos auf dem Computer finden können. Sie lassen sie jedoch eigenständig ausprobieren und am Computer arbeiten.

Gegen Ende des Projektes beschäftigen sich die Kinder besonders mit dem Computer und dem Internet. Die insgesamt zwölf Kinder suchen in Kleingruppen im Internet nach Bildern des Künstlers Andy Warhol. Hierbei wird der Umstand, dass die Kinder noch nicht schreiben und lesen können dahingehend gelöst, dass die Erzieherin den Namen des Künstlers bei der Bildersuche von *www.google*.de eingibt. Die Kinder schauen sich dann gemeinsam die gefundenen Ergebnisse an dem Bildschirm an. Anschließend darf jedes Kind sein eigenes Andy Warhol Bild ausdrucken, das bereits im Voraus von der Erzieherin auf dem Computer gespeichert wurde. Daraufhin werden untereinander Portraits der Kinder aufgenommen, die im weiteren Projektverlauf in Anlehnung an Warhol weiter bearbeitet und ausgedruckt werden.

In der Einrichtung B wird im Zuge der Erstbeobachtung das Projektthema *Gefühle* spielerisch erarbeitet. Die Gruppe von sechs Kindern befindet sich dazu mit einer Erzieherin und den Studentinnen im Keller der Einrichtung, wobei die Kinder zunächst im Kreis sitzen und eine Schaf-Handpuppe vorgestellt bekommen. Anschließend agieren sie mit dieser Puppe. Die Erzieherin zeigt Bilder, auf denen Kinder verschiedene Gefühle ausdrücken. Die Kinder sollen beschreiben, was sie auf den Bildern sehen und versuchen, die Gefühle nachzuspielen. Die Kinder können darüber hinaus frei erzählen, was ihnen zu den Bildern einfällt. Nachdem Bilder zu unterschiedlichen Gefühlen besprochen wurden, machen die Kinder auch Bilder voneinander, auf denen

7. Ergebnisse

sie unterschiedliche Gefühle zeigen. Besonders leicht fällt den Kindern dabei das Ausdrücken von Freude und Angst. Abschließend teilt die Erzieherin den Kindern mit, dass im weiteren Verlauf des Projekts mit den Bildern ein Stimmungsbarometer und ein Bilderlotto erstellt werden sollen. Die Erzieherin lässt den Kindern im Erzählen über die Gefühle Freiraum und fragt bei einzelnen Beiträgen nach, wenn diese nicht genau verstanden werden. Im Umgang mit der Fotokamera lässt sie die Kinder weitgehend eigenständig arbeiten und hilft, wenn Schwierigkeiten in der Handhabung vorhanden sind.

In der Projektsitzung, in der die Zwischenbeobachtung stattfindet, geht es darum, ein Gefühle-Bilderlotto zu erstellen. Anwesend sind zwei Erwachsene und sechs Kinder, die am Projekt teilnehmen. Außerdem sind im Gruppenraum noch weitere Kinder sowie eine Erzieherin anwesend. Diese beteiligen sich jedoch nicht an der Projektarbeit.

Für das Spiel werden die vorher aufgenommenen Fotos von den Kindern verwendet, auf denen sie in Gruppen oder allein verschiedene Gefühle darstellen. Diese Fotos werden nun erst am Computer betrachtet. Es wird mit Paint ein Bildausschnitt gewählt und die Fotos werden daraufhin ausgedruckt. Nachdem die Kinder die Fotos ausgedruckt und ausgeschnitten haben, werden sie noch laminiert. Das Bilderlotto ist damit fertig und kann benutzt werden. Die Kinder sind sehr motiviert bei der Sache. Das Anzeigen und Ausdrucken der Fotos gelingt schon sehr gut. Nur bei der Erstellung des Ausschnitts mit Paint benötigen sie noch Hilfestellungen.

Die Kinder lernen in der Sitzung der Abschlussbeobachtung das Internet kennen. Es sind vier Mädchen des Projektes und die beiden Studentinnen anwesend. Außerdem befinden sich im Gruppenraum noch weitere Kinder und eine Erzieherin, die sich jedoch nicht an der Projektarbeit beteiligen.

Als Einstieg sprechen wir gemeinsam über die bereits geführten Puppet-Interviews, in denen die Puppe Paul auch bereits nach dem Internet gefragt hat. Die Kinder berichten von den Interviews und erklären nochmal, ob sie das Internet kennen und was das ihrer Meinung nach ist. Da dies der letzte Projekttag ist, darf sich nun jedes einzelne Kind auf der Internetseite *www.BlindeKuh.de* ein Spiel aussuchen und dieses spielen. Die anderen Kinder sitzen während dessen daneben und schauen zu.

Aspekte der Erzieherbeobachtung	Beobachtete Ausprägung					
	Erstbeobachtung		Zwischenbeobachtung		Abschlussbeobachtung	
	Erzieherin 1	Erzieherin 2	Erzieherin 1	Erzieherin 2	Erzieherin 1	Erzieherin 2
Motivation zur Medienarbeit	4	3	4	3	4	3
Freude an der Medienarbeit	4	3	3	3	4	3

Tabelle 4: Beobachtungsergebnisse zu Motivation und Freude der Erzieherinnen

Auffällig ist, dass einzelne Kinder immer noch Schwierigkeiten bei der Handhabung der Maus haben, andere hingegen bereits sehr sicher in deren Umgang sind. Die stärkeren Kinder helfen den anderen, wenn sie nicht wissen, wie ein Spiel funktioniert und geben Tipps und Hilfestellungen.

Ergebnisse der Erzieherbeobachtung

Mithilfe des Beobachtungsbogens werden verschiedene Aspekte des medienpädagogischen Handelns der Erzieherinnen erfasst. Die Darstellung der Ergebnisse berücksichtigt besonders den Medienumgang der Erzieherinnen und ihre Motivation zur Medienarbeit. Da aus Einrichtung B insgesamt nur die Angaben eines Beobachtungszeitpunktes vorliegen, werden nachfolgend nur die Daten der Erzieherinnen aus Einrichtung A berücksichtigt. Beide sind weiblich und stammen aus Deutschland.

Zu Beginn werden die Motivation und die damit verbundene Freude an der Medienarbeit der jeweiligen Erzieherin mithilfe einer vierstufigen Skala von 1 = „wenig motiviert/begeistert" bis 4 = „hohe Motivation/Freude" eingeschätzt. Folgende Tabelle macht die beobachtete Entwicklung im Hinblick auf motivationale Aspekte der Medienarbeit deutlich (vgl. Tabelle 4).

Hier zeigt sich, dass beide Erzieherinnen durchaus zur Medienarbeit motiviert sind. Es ergibt sich insgesamt ein Mittelwert von 3,5. Bei Erzieherin 1 kann dabei durchweg eine etwas höhere Motivation und Freude für die Projektarbeit beobachtet werden, als bei Erzieherin 2, bei der im Projektverlauf keine Entwicklung zu verzeichnen ist. Ihre Motivation und Freude wird durchgängig als eher begeistert (3) eingeschätzt.

7. Ergebnisse

Aspekte der Erzieherbeobachtung	Beobachtete Ausprägung					
	Erstbeobachtung		Zwischenbeobachtung		Abschlussbeobachtung	
	Erzieherin 1	Erzieherin 2	Erzieherin 1	Erzieherin 2	Erzieherin 1	Erzieherin 2
Beteiligung am Medienumgang	3	1	4	3	3	3
Sicherheit im Medienumgang	3	2	3	2	3	2

Tabelle 5: Beobachtungsergebnisse zum Medienumgang der Erzieherinnen

Auch bei Erzieherin 1 ist die Freude und Motivation an der medialen Projektarbeit gleichbleibend hoch. Nur in der Mitte des Projektes sinkt die Freude an der Medienarbeit kurzzeitig etwas ab, woraufhin sie gegen Ende wieder sehr begeistert mitarbeitet. Dies könnte auch mit den zu den verschiedenen Beobachtungszeitpunkten genutzten Medien zusammenhängen. In der Erstbeobachtung wird an der KidSmart-Station mit dem Programm *TuxPaint* gemalt. Die Erzieherin lässt die Kinder größtenteils selbständig agieren und ausprobieren. Im Zuge der Zwischenbeobachtung werden wiederum der Computer sowie auch der Drucker genutzt, da die Kinder ihre selbst aufgenommenen Fotos ausdrucken, um anschließend ein Bilderlotto zu erstellen.

Computer und Internet wurden in der Abschlussbeobachtung dazu eingesetzt, Bilder mithilfe einer Suchmaschine zu finden, um diese anzuschauen und daraufhin mit dem Drucker zu arbeiten.

Es wurden zu jedem Beobachtungszeitpunkt ähnliche Medien verwendet. Im Folgenden ist der Medienumgang der Erzieherinnen von Interesse, da dieser Auswirkungen auf ihre Motivation zur Medienarbeit haben könnte. In diesem Zusammenhang soll die aktive Beteiligung der Erzieherin im Umgang mit den im Projekt eingesetzten Medien sowie der Grad ihrer Sicherheit im Medienumgang beschrieben werden (vgl. Tabelle 5).

Beide Erzieherinnen beteiligen sich insgesamt eher aktiv im Umgang mit den verwendeten Medien. Es ergibt sich ein Mittelwert von 2,8. Bei Erzieherin 1 kann eine insgesamt höhere Beteiligung festgestellt werden, wohingegen Erzieherin 2 am Anfang des Projektes lediglich anweisend agiert und nicht selbst mit den Medien in Kontakt tritt. Da die Beteiligung jedoch bereits in der Zwischenbeobachtung stark ansteigt, könnte dies darauf zurückzuführen sein, dass die Erzieherin zu Beginn des Projektes die Kinder durch die eigene Zurückhaltung gegebenenfalls zur eigenständigen Arbeit an der KidSmart-Station motivieren möchte. Darüber hinaus zeigt sie sich eher unsicher im Umgang mit den Medien, worauf nachfolgend näher eingegangen wird.

Hinsichtlich der Medienkompetenz der Erzieherinnen lässt sich allerdings eine gleichbleibende niedrige Sicherheit im Medienumgang beobachten. Beide Erzieherinnen scheinen durch die Projektarbeit keinen technischen Kompetenzzuwachs zu erlangen. Es ergibt sich ein Wert von 2,5, der insgesamt einen nur eher sicheren Umgang mit den eingesetzten Medien widerspiegelt.

(...)

Darüber hinaus wird erneut auf einer vierstufigen Skala (von 1 = „gibt Arbeitsweise stark vor" bis 4 = „lässt die Kinder frei medial agieren") erfasst, inwiefern die Erzieherinnen die beteiligten Kinder in der Projektarbeit selbständig medial agieren lassen. Hier zeigt sich, dass die Erzieherinnen die Kinder insgesamt eher weniger eigenständig arbeiten lassen. Der Mittelwert beträgt 2,1. Dabei lassen sich jedoch deutliche Unterschiede in der Arbeitsweise der Projektarbeit der beiden Erzieherinnen ausmachen. Für Erzieherin 2 ergibt sich hierbei ein Mittelwert von 1,6, was bedeutet, dass den Projektkindern die Arbeitsweise eher vorgegeben wird. Hier lässt sich beobachten, dass in der Erst- und Abschlussbeobachtung die Arbeitsweise eher weniger und im Zuge der Zwischenbeobachtung stark vorgegeben wird.

(...)

Erzieherin 1 lässt die Kinder eher frei mit den eingesetzten Medien agieren, es ergibt sich ein Mittelwert von 2,6, wobei sie nur in der Zwischenbeobachtung den Kindern die Arbeitsweise stärker vorgibt. Im Zuge der Erst- und Abschlussbeobachtung kann hingegen festgestellt werden, dass sie die Kinder eher medial frei agieren lässt.

Da offenbar beide Erzieherinnen in der Zwischenbeobachtung die Arbeitsweise stärker vorgeben, kann dies teilweise auf die in dieser Projektsitzung eingesetzten Medien zurückgeführt werden, da die Kinder zum Teil Hilfestellungen beim Drucken und Ansehen der Bilder benötigten, die von den Erzieherinnen dann vorgegeben wurden.

7. Ergebnisse

Ergebnisse der Kinderbeobachtung

Es werden nachfolgend die Daten von insgesamt sieben am Projekt beteiligten Kindern betrachtet. Dabei handelt es sich um je zwei Jungen und Mädchen aus Einrichtung A sowie einen Jungen und zwei Mädchen aus Einrichtung B. Fast alle beobachteten Kinder haben einen Migrationshintergrund, nur einer der Jungen aus Kita A (Kind 3) kommt aus Deutschland. Es ist hier darauf hinzuweisen, dass der Junge (Kind 1) aus Kita B nach der Erstbeobachtung nicht mehr zur Projektarbeit erschienen ist. Daher können seine Daten im Hinblick auf die nachfolgenden Untersuchungsaspekte nur bedingt berücksichtigt werden.

Zunächst wird die Mediennutzung der Kinder im Kontext der Projektarbeit reflektiert, woraufhin der Medienumgang der Kinder besonders im Hinblick auf ihre mediale Kompetenzentwicklung betrachtet wird. Abschließend wird die Motivation zur Medienarbeit und ihre Beteiligung an der Projektarbeit dargestellt.

- Mediennutzung im Kontext der Projektarbeit

Der für die teilnehmenden Beobachtungen verwendete Beobachtungsbogen erfasst die in der jeweiligen Projektsitzung genutzten Medien gemäß der Klassifikation nach Harry Pross (1972). Die folgende Abbildung gibt einen Überblick darüber, wie häufig die Verwendung der verschiedenen Medienarten innerhalb der Projektarbeit bei den Kindern beobachtet werden kann. Diese Medien sind am jeweiligen Projekttag generell vorgegeben, was bedeutet, dass alle Kinder einer Einrichtung in dieser Projektsitzung die gleichen Medien und Arbeitsmaterialien nutzen.

In Einrichtung A kann die Verwendung von quartären Medien im Projektverlauf insgesamt elf Mal beobachtet werden. Dies bedeutet, dass zu jedem Beobachtungszeitpunkt der Computer verwendet wird. Darüber hinaus werden auch sekundäre Medien (21,0 %), wie die von den Kindern selbst ausgedruckten Bilder des Künstlers Andy Warhol verwendet. Tertiäre Medien (21,1 %) finden sich unter anderem in der Verwendung der Digitalkamera, die von den Kindern genutzt wird, um Portraits voneinander aufzunehmen und diese dann in Anlehnung an Warhol digital nachzubearbeiten.

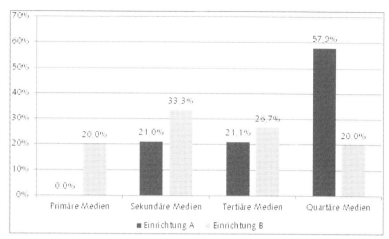

Abbildung 50: Verwendete Medienarten (nach Pross 1972) in der Projektarbeit in Prozent

In Einrichtung B fällt die Nutzung der unterschiedlichen Medienarten dagegen insgesamt vielfältiger aus, der Fokus liegt nicht so eindeutig bei den quartären Medien wie in Einrichtung A. Bereits im Zuge der Erstbeobachtung werden mit der Stimme und einer Schafshandpuppe, mit der das Projektthema *Gefühle* spielerisch eingeführt wird, den Bilder- Karten und der Digitalkamera drei verschiedene Medienarten verwendet. Gegen Ende des Projektes werden die Kinder dann spielerisch mit dem Internet vertraut gemacht.

Es werden somit alle Medienarten verwendet, wobei die Nutzung von primären und quartären Medien am wenigsten (je 20,0 %) und die von sekundären Medien am häufigsten (33,3 %) beobachtet werden kann.

Dennoch wird in der beobachteten Projektarbeit in beiden Einrichtungen hauptsächlich mit quartären Medien (77,8 %) gearbeitet, gefolgt von der Verwendung sekundärer Medien, die bei der Hälfte aller Kinder in den Projektsitzungen beobachtet werden kann. Auch die tertiären Medien werden zu 44,4 Prozent im Projektverlauf genutzt, wohingegen primäre Medien (16,7 %) nur in einer Projektsitzung von den beobachteten Kindern der Einrichtung B verwendet werden.

7. Ergebnisse

- Medienumgang der Projektkinder

Die an dieser Stelle berücksichtigten Projektkinder werden im Verlauf der Auswertung hinsichtlich ihrer medialen Kompetenz und ihrer Arbeitsweise im Projekt beschrieben, um die jeweiligen Voraussetzungen und Entwicklungstendenzen der einzelnen Kinder zu verdeutlichen. Auf dieser Grundlage können dann anschließend Vergleiche und Gegenüberstellungen vor dem Hintergrund verschiedener Merkmale durchgeführt werden. Nachfolgend wird zunächst der Fokus auf den Medienumgang und die Kompetenzentwicklung der beobachteten Projektkinder gelegt.

Im Hinblick auf die mediale Kompetenz wird dazu erst das schwächste und stärkste Mädchen der beobachteten Gruppe verglichen. Diese Einschätzung ergibt sich aus dem errechneten Mittelwert der Beobachtungsergebnisse (vgl. Tabelle 6).

Kind 1 aus Einrichtung A ist ein Mädchen, das sich zu Anfang eher begeistert an der Projektarbeit beteiligt. Sie setzt die Anweisungen der Erzieherin jedoch nicht immer vollständig und korrekt um und zeigt dabei einen nur eher sicheren Umgang mit den verwendeten Medien. Im Zuge der Zwischenbeobachtung kann hier ein Rückgang in fast allen beobachteten Bereichen verzeichnet werden. Das Mädchen zeigt sich unsicher und wenig begeistert. Sie folgt fast ausschließlich den Anweisungen der Erzieherin und arbeitet weitgehend nur beobachtend. In der Abschlussbeobachtung setzt sich dieses Bild fort. Sie arbeitet weiterhin eher anweisungsorientiert und zeigt Unsicherheiten. Vor allem die Handhabung der Maus bereitet ihr immer noch Schwierigkeiten.

Kind 2 aus Einrichtung B ist ebenfalls ein Mädchen, das sich zu Beginn des Projektes ebenfalls eher begeistert und weitgehend aktiv an der Projektarbeit beteiligt. Im Umgang mit den Medien ist sie noch eher unsicher, sie folgt den Anweisungen der Erzieherin und setzt diese größtenteils korrekt um. Bereits in der Zwischenbeobachtung lassen sich Entwicklungen hinsichtlich der Sicherheit im Medienumgang feststellen. Das Kind zeigt einen eher sicheren Umgang und beginnt mit einer eher freien Gestaltung der Inhalte. Im Zuge der Abschlussbeobachtung werden diese Entwicklungstendenzen weiter ausgebaut. Sie zeigt hier einen durchweg sicheren Umgang mit den verwendeten Medien und setzt die Anweisungen korrekt und eigenständig um. Darüber hinaus gibt sie anderen, schwächeren Kindern Tipps und Hilfestellungen im Umgang mit dem Computer. Im Vergleich der beiden Mädchen zeigt sich somit ein Zusammenhang zwischen der medialen Kompetenz beziehungsweise der Sicherheit im Medienumgang und der aktiven Beteiligung an der Projektarbeit sowie der Übernahme von Handlungsführung. Kind 2 ist aktiver an der Projektarbeit beteiligt, arbeitet eigenständiger durch die kreative Gestaltung ohne Vorgaben und weist im Projektverlauf eine wachsende Sicherheit im Medienumgang auf. Kind 1 hingegen ist zu Beginn noch aktiv beteiligt, verliert im Laufe des Projektes jedoch an Begeisterung, was sich dann auch auf die mediale Kompetenz auswirkt.

In der folgenden Darstellung wird diese Entwicklung erneut bestätigt. Hier werden, wiederum gemäß dem errechneten Mittelwert, das stärkste türkische Mädchen und der stärkste türkische Junge der Einrichtung A gegenübergestellt. Kind 4 aus Einrichtung A ist ein türkisches Mädchen, das sich zu Beginn des Projektes eher unsicher zeigt. Sie arbeitet weitgehend nur anweisungsorientiert und beobachtet viel. Im Laufe der Sitzung scheint sie jedoch an Unsicherheit zu verlieren und arbeitet nach und nach immer eigenständiger. Dies setzt sich in der Sitzung der Zwischenbeobachtung weiter fort. Sie weist allmählich einen eher sicheren Umgang mit dem Computer auf, wobei ihr die Nutzung der Maus noch Schwierigkeiten bereitet. Die Anweisungen der Erzieherin werden größtenteils korrekt umgesetzt. Ihre Handlungen sind dabei jedoch weiterhin stark anweisungsorientiert. Im Laufe der Abschlussbeobachtung arbeitet sie etwas weniger anweisungsorientiert und eher sicher im Umgang mit der verwendeten Vielzahl an Medien. Sie berichtet dabei auch von eigenen Erfahrungen und der Medienausstattung zuhause, da dort aus Platzgründen kein Drucker vorhanden ist.

Kind 2 aus Einrichtung A ist ein türkischer Junge, der sich bereits zu Beginn des Projektes begeistert beteiligt. Er zeigt schon in der Erstbeobachtung einen eher sicheren Umgang mit den Medien, übernimmt Handlungsführung und beginnt eigenständig und ohne Anweisung der Erzieherin mit der Bearbeitung eines Bildes mit der Software *TuxPaint*. Sein Verhalten in der Kleingruppe des Projektes ist dabei eher schüchtern und zurückhaltend. In der Zwischenbeobachtung setzt er seine korrekte Arbeitsweise und den eher sicheren Umgang mit den Medien fort. Er zeigt sich hier jedoch etwas weniger eigenständig und arbeitet in dieser Sitzung eher anweisungsorientiert. Zum Ende des Projektes nimmt seine mediale Kompetenz

7. Ergebnisse

weiter zu, er zeigt in der Abschlussbeobachtung einen sicheren Umgang mit allen verwendeten Medien. Er setzt die Anweisungen korrekt um und arbeitet dabei eher eigenständig. Auch hier zeigen sich bei beiden Kindern Zusammenhänge zwischen der Sicherheit im Medienumgang und der aktiven und selbständigen Beteiligung an der Projektarbeit. Betrachtet man die Beobachtungsergebnisse beider Kinder fällt auf, dass ein eher sicherer Umgang mit den eingesetzten Medien im Projektverlauf, mit einer eigenständigeren Arbeitsweise und einer aktiveren Beteiligung einhergeht, da sich die genannten Aspekte offenbar wechselseitig bedingen.

Kita	Kind		Erstbe-obach-tung	Zwi-schenbe-obach-tung	Ab-schluss-beob-achtung	Mittel-wert
	Nr.	Ge-schlecht				
A	1	w	3	2	2	2,3
A	2	m	3	3	4	3,3
A	3	m	4	4	3	3,7
A	4	w	2	3	3	2,7
B	1	m	1	-	-	-
B	2	w	2	3	4	3,0
B	3	w	2	3	3	2,7

Tabelle 6: Überblick der Beobachtungsergebnisse zur medialen Kompetenzentwicklung der Kinder (N=7) auf einer vierstufige Skala: 1 = „unsicher, zeigt keine Vorerfahrung" bis 4 = „zeigt sicheren Umgang"

Hier zeigt sich, dass bei fast allen Kindern im Vergleich von Erstbeobachtung und Abschlussbeobachtung ein Zuwachs in der Sicherheit im Medienumgang festgestellt werden kann. Die Ausnahme bilden Kind 1 und Kind 3 aus Einrichtung A, die im Hinblick auf die mediale Kompetenz auch gleichzeitig das stärkste und schwächste Kind der beobachteten Gruppe sind.

Bei beiden nimmt die Sicherheit im Umgang mit den verwendeten Medien zum Ende des Projektes eher ab, wobei sich Kind 1 bereits im Zuge der Zwischenbeobachtung eher unsicher zeigt.

Betrachtet man Kind 3 nun gesondert, wird neben der medialen Kompetenzentwicklung auch die Relevanz motivationaler Aspekte der frühkindlichen Medienarbeit deutlich. Kind 3 aus Einrichtung A ist das einzige deutsche

Kind der hier berücksichtigten Untersuchungsgruppe. Der Junge zeigt sich bereits zu Anfang sehr begeistert und sicher im Umgang mit den Medien. Er kommentiert die Medienarbeit der anderen Kinder der Kleingruppe, gibt Tipps zur Gestaltung und zur Handhabung der Software *TuxPaint*. Die eigenständige Erkundung der Funktionen des Programms ist darüber hinaus sehr ausgeprägt. Auch im Zuge der Zwischenbeobachtung kann weiterhin ein sicherer und begeisterter Umgang mit den Medien festgestellt werden. Er bemerkt eigene Anwenderfehler im Umgang mit der Maus sofort und behebt diese schnell selbständig. Zum Ende des Projektes wird ein geringer Rückgang in der Sicherheit im Medienumgang beobachtet, da die Handhabung unterschiedlicher verwendeter Medien in dieser Sitzung teilweise noch nicht problemlos gelingt. Dies bezieht sich besonders auf die Nutzung der Digitalkamera, mit deren Bedienung er offenbar noch wenig vertraut ist. Er setzt die Anweisungen der Erzieherin jedoch größtenteils korrekt um und beteiligt sich weiterhin begeistert im Umgang mit allen Medien. Im Hinblick auf die Computernutzung kann weiterhin ein sicherer Umgang festgestellt werden.

Die Begeisterung an der Medienarbeit des Jungen ist dabei in der gesamten Projektarbeit gleichbleibend hoch. Auch leichte Unsicherheiten im Umgang mit der Vielzahl der verwendeten Medien gegen Ende des Projektes beeinträchtigen seine Begeisterung und aktive Beteiligung an der Medienarbeit nicht. Er nimmt weiterhin sehr motiviert am Projekt teil. Wie in den Beschreibungen der Kinder bereits vielfach erwähnt, spielen auch motivationale Aspekte und ihre Begeisterung für die Medienarbeit offenbar eine Rolle im medialen Aneignungsprozess.

- Motivation zur Medienarbeit und Beteiligung an der Projektarbeit

Die Entwicklungstendenzen der übrigen beobachteten Kinder werden nachfolgend insbesondere im Hinblick auf motivationale Aspekte der medialen Projektarbeit betrachtet. Tabelle 7 gibt zunächst einen Überblick über die beobachtete Entwicklung der Kinder im Hinblick auf ihre Motivation zur Medienarbeit und ihrer Beteiligung im Projekt.

Die beobachtete Motivation zur Medienarbeit nimmt im Projektverlauf tendenziell zu. Im Vergleich von Erstbeobachtung und Abschlussbeobachtung ist die Begeisterung der Kinder für die mediale Projektarbeit mindestens gleichbleibend oder steigt an. Betrachtet man nur die Motivation der Jun-

7. Ergebnisse

Kita	Kind Nr.	Geschlecht	Erstbeobachtung Mot.	Erstbeobachtung Bet.	Zwischenbeobachtung Mot.	Zwischenbeobachtung Bet.	Abschlussbeobachtung Mot.	Abschlussbeobachtung Bet.
A	1	w	3	3	2	2	3	3
A	2	m	4	4	4	3	4	3
A	3	m	4	4	4	3	4	4
A	4	w	3	2	3	3	3	3
B	1	m	1	1	-	-	-	-
B	2	w	3	3	4	3	3	4
B	3	w	2	1	2	2	3	2

Tabelle 7: Überblick der Beobachtungsergebnisse zu der Motivation („Mot.") und Beteiligung („Bet.") der Kinder (N=7) auf einer vierstufigen Skala: 1 = „nur schwer motivierbar/weitgehend beobachtend" bis 4 = „begeistert/übernimmt Handlungsführung" [Kind B1 hat die Kita im Laufe des Projekts verlassen.]

gen, die regelmäßig an der Projektarbeit teilgenommen haben, liegt der Mittelwert ihrer Begeisterung bei rund 4,0.

Insgesamt zeigen sich beide Geschlechter zu der Projektarbeit motiviert, wobei sich die Jungen mit einem Mittelwert von 3,57 durchweg noch begeisterter beteiligen als die Mädchen, die mit einem Mittelwert von 2,83 hingegen eher begeistert sind.

Vergleicht man nun die Motivation des einzigen Kindes ohne Migrationshintergrund (Kind A3) mit der Motivation des anderen männlichen Kindes aus Einrichtung A (Kind A2) fällt auf, dass die beiden beobachteten Jungen bereits zu Beginn des Projektes eine sehr hohe Begeisterung zeigen, die im Projektverlauf weiter anhält.

Bei Kind A2 lässt sich nach der Erstbeobachtung jedoch ein Rückgang der aktiven Beteiligung an der Projektarbeit feststellen, wobei sein Verhalten in der Kleingruppe als eher schüchtern und etwas zaghaft beschrieben werden kann. Er setzt die Anweisungen der Erzieherin korrekt um und arbeitet dabei trotzdem eher eigenständig, wobei sein Verhalten in der Projektgruppe weiterhin zurückhaltend bleibt. Das selbständige und aktive Arbeiten wird hier zum Teil durch seine introvertierte Verhaltensweise gehemmt.

Ähnlich verhält es sich bei Kind B3 aus Einrichtung B. Das Mädchen ist zu Beginn des Projektes eher schwer zu motivieren. Sie beteiligt sich weniger aktiv an der Projektarbeit, spricht nahezu ausschließlich nach gezielter Aufforderung der Erzieherin und verhält sich weitgehend nur beobachtend. Auch im Umgang mit den verwendeten Medien zeigt sie sich eher unsicher. In der Mitte des Projektes kann bereits ein etwas sicherer Umgang mit den Medien beobachtet werden. Sie beteiligt sich darüber hinaus etwas aktiver in der Gruppe und arbeitet weniger anweisungsorientiert. Gegen Ende der Projektarbeit lassen sich weitere positive Entwicklungen beobachten. Ihre Arbeitsweise wird immer eigenständiger und sie zeigt einen eher sicheren Umgang mit den eingesetzten Medien. Deutlich wahrzunehmen ist auch ein Zuwachs der Motivation, da sie sich nun eher begeistert an der Projektarbeit beteiligt.

Bei beiden Kindern lässt sich eine stark introvertierte Verhaltensweise in der Kleingruppe beobachten, die Auswirkungen auf ihre Beteiligung an der Projektarbeit hat. Die persönlichen Eigenschaften der Kinder spielen also ebenfalls eine Rolle und sind bei allen Kindern individuell zu berücksichtigen.

Betrachtet man nun die Beteiligung der beobachteten Kinder an der Medienarbeit insgesamt, lässt sich auch hier bei allen Kindern eine Steigerung im Projektverlauf feststellen. In Einrichtung B nimmt die Beteiligung in der Mitte des Projektes bei einzelnen Kindern ab, zum Ende des Projektes beteiligt sich jedoch der Großteil der Kinder eher begeistert. Es ergibt sich für Kita A ein Mittelwert der aktiven Beteiligung von 3,08, wohingegen Kita B mit einem Betrag von 2,28 deutlich darunter liegt.

Ein medienspezifischer Anstieg der Motivation der Kinder lässt sich an dieser Stelle nicht mit Sicherheit feststellen, da in beiden Einrichtungen zu annähernd allen Beobachtungszeitpunkten quartäre Medien verwendet werden. Dieser Umstand macht eine Gegenüberstellung der unterschiedlichen Medienarten aufgrund fehlender Vergleichsgruppen nicht möglich.

Um abschließend die Zusammenhänge der unterschiedlichen Einflussfaktoren der Medienarbeit darzustellen, wird der Mittelwert jedes Beobachtungszeitpunktes hinsichtlich der Motivation, der Beteiligung und der Kompetenz aller Kinder errechnet. Folgende Abbildung macht die Entwicklungstendenzen deutlich (vgl. Abbildung 51).

7. Ergebnisse

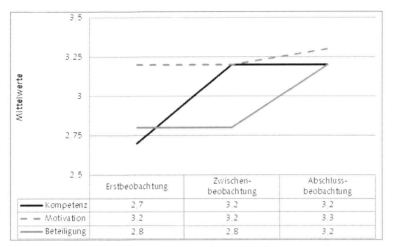

	Erstbeobachtung	Zwischen-beobachtung	Abschluss-beobachtung
Kompetenz	2,7	3,2	3,2
Motivation	3,2	3,2	3,3
Beteiligung	2,8	2,8	3,2

Abbildung 51: Zusammenhänge der Einflussfaktoren in der medialen Projektarbeit (N_{Kinder}=6), jeweils auf einer vierstufigen Skala, zum Faktor Kompetenz siehe Tabelle 6, zu den Faktoren Motivation und Beteiligung siehe Tabelle 7)

Zusammenfassend lässt sich feststellen, dass alle Kinder im Laufe der Projektarbeit sicherer im Umgang mit den verwendeten Medien werden. Auffällig ist hier besonders der Kompetenzzuwachs zu Beginn des Projektes. Die mediale Kompetenzentwicklung scheint vor allem gegen Ende des Projektes in Verbindung mit einer eigenständigeren Arbeitsweise und einer aktiveren Beteiligung an der Medienarbeit zu stehen. Die Kinder beginnen nach und nach, sich zu beteiligen und Handlungsführung in der jeweiligen Kleingruppe zu übernehmen. Während die Kompetenz zu Beginn kontinuierlich ansteigt, gewinnen die beteiligten Kinder somit allmählich an Selbstsicherheit.

Die Motivation der Kinder zur Beschäftigung mit den Medien ist bereits zu Beginn des Projektes hoch und steigt im Verlauf noch weiter an."

Ende des Auszugs aus Jörges (2012)

7.4.3 Resümee der Teilnehmenden Beobachtung

Aus den Beobachtungen wird für die gesamte pädagogische Situation folgendes bestätigt:

- Medienarbeit stellt sowohl für das Personal als auch für die Kinder eine hohe Motivation dar.
- Jungen zeigen sich dabei noch motivierter als Mädchen.
- Im Verlauf des Projekts erfolgt bei den Kindern ein Kompetenzzuwachs – auch bei denen, die sich bereits zu Beginn des Projekts recht sicher im Medienumgang verhalten haben.
- Der Zuwachs an Medienkompetenz bei den Erzieherinnen ist nicht sehr deutlich, was jedoch darauf zurückzuführen sein wird, dass sie für die durchgeführten Arbeiten die nötige Medienkompetenz mitgebracht haben.
- Besonders relevant ist in den Beobachtungen von Frau Jörges das Sozialverhalten der Kinder – jenseits ihrer unmittelbaren Medienkompetenz. Hier zeigt das Projekt, dass den Kindern über mediales Arbeiten auch soziale Kompetenzen erwachsen: Die Kinder werden selbstsicherer, sie entwickeln eigenständig Unterstützungsverhalten für andere. Voraussetzung dafür ist allerdings, dass das pädagogische Personal hier den Kindern den Entfaltungsspielraum einräumt: Je selbständiger sie mit den Medien agieren können, desto sicherer werden sie medial wie sozial.

Dieses Ergebnis ist pädagogisch nicht überraschend und gilt in vergleichbarer Weise auch für andere Handlungsfelder. Positiv hervorzuheben sind jedoch die prosozialen Effekte, die diese kreative – pädagogisch begleitete, aber eben *idealiter* nicht gänzlich fremdbestimmte – Medienarbeit auf die Kinder hatte. Diese Effekte widersprechen bekannten, und häufig eben nicht empirisch belegbaren (vgl. Bleckmann 2012), Sorgen vor kindlicher Überforderung durch die Beschäftigung mit Medien im Bereich der Frühen Bildung. Es zeigt sich, dass die Medien motivatorisch nicht nur für den Erwerb kreativen Verhaltens im Medienbereich einsetzbar sind, sondern auch zum Erwerb sozialer Kompetenzen. Diese bei den Kindern herauszufordern, bedarf es eines medienaffinen Habitus der Erzieherinnen: Je positiver und kompetenter sie selbst den Medien gegenüber stehen, desto eher können Kinder solche prosozialen Entwicklungschancen über Medien nutzen.

7. Ergebnisse

7.5 Der fokussierte Blick

Im Folgenden wollten wir zwei spezielleren Fragestellungen nachgehen und herausarbeiten, die Unterschiede in den Bereichen *Gender* und *Migration*. Dabei lassen sich unterschiedliche Medienvorlieben bei Kindern feststellen. Diese sind keinesfalls starr und bleiben in der Form dauerhaft bestehen – vielmehr handelt es sich um phasenweise Präferenzen. Über thematische Angebote etwa auf andere Formate oder Inhalte – ob über die Peer-Group nahegelegt, in der Familie durch Eltern oder Geschwister vermittelt oder auch per Zufall entdeckt – kommen Kinder immer wieder während ihrer Entwicklung und vermutlich lebenslang auf neue Lieblingsmedien. Die nachfolgende Darstellung zeigt also eine „Momentaufnahme" der Kinder in Dortmund im Alter zwischen 4 und 5 Jahren.

7.5.1 Jungen und Mädchen – eine geschlechtsspezifische Datenanalyse

Die Mediennutzung von Kindern unterscheidet sich – nicht nur im Hinblick auf das Alter und die ethnische Herkunft – sondern auch hinsichtlich ihres Geschlechts. Medien nehmen bereits früh einen Einfluss auf die Gender-Sozialisation von Kindern. Fernsehen, Computerspiele und Bücher (vgl. Huntemann & Morgan 2012, 308-309; Hust & Brown 2011, 100-103; Luca 2010; Signorielli 2012;Subrahmanyam & Greenfield 2012, 83) vermitteln „genderweibliche" und „gendermännliche" Rollenbilder und eröffnen den Kindern etablierte und traditionelle ebenso wie neue Handlungsmuster und Verhaltensweisen, die zu deren Identitätsstiftung beitragen (Hust & Brown 2011, 104-113).

Medieninhalte und Medienpräferenzen beeinflussen aber auch früh die Bildungskarriere von Kindern. Da die frühe Bildung und der Elementarbereich personell fast vollständig „weiblich" geprägt sind und dort vorwiegend „genderweibliche" Medienpraxen und Rollenbilder vermittelt werden, wird z. B. im Bereich der literarischen Sozialisation von einer „Bildungskrise" der Jungen gesprochen, die vor allem den Bereich der Lesekompetenz betrifft (vgl. Garbe 2010). Mit den „Neuen Medien", die in unserem Projekt integriert werden, bieten wir den Kindern quasi eine männliche Domäne an, die vor allem für Jungen Anknüpfungsmöglichkeiten für gendergewohntes Rollenverhalten bietet. Im Sinne eines „Gendermainstreaming" erhoffen wir uns durch bestimmte Arbeitsformen in der Projektarbeit einen Ausgleich zum fast ausschließlich weiblich geprägten Spiel- und Erziehungsverhalten zu schaffen.

Nachfolgend werden zuerst die quantitativen Daten der Erzieherinnen- und Elternbefragung hinsichtlich der Unterschiede zwischen Jungen und Mädchen in der Mediennutzung und Medienkompetenz ausgewertet, bevor im zweiten Teil inhaltsanalytisch auf die Medienthemen aus den qualitativen Interviews eingegangen wird, die ebenfalls nach Geschlecht differenziert werden.

Ausgangslage 1: Unterschiede in der Freizeitbeschäftigung von Jungen und Mädchen

Schon vor dem Projekt wurden sowohl Eltern (vgl. Abbildung 32) als auch Erzieherinnen (vgl. Abbildung 25) zu den Freizeitbeschäftigungen und zur Mediennutzung der Kinder befragt. Non-mediale Tätigkeiten stehen sowohl bei Mädchen als auch bei Jungen als Freizeitaktivität an erster Stelle. Hierbei fallen die Antworten der Eltern und Erzieherinnen erwartungsgemäß sehr genderrollentypisch aus (vgl. Tabelle 8).[26]

	soziales Feld „Kita"		soziales Feld „Familie"	
Ränge	Junge	Mädchen	Junge	Mädchen
1	Bauen	Rollenspiele	Draußen spielen	Draußen spielen
2	Draußen spielen	Malen und Basteln	Fahrzeuge	Malen und Basteln
3	Fahrzeuge	Puppen	Malen und Basteln	Puppen
4	Sport	Gesellschaftsspiele	Bauen	Fernseh, Video, DVD
5	Rollenspiele	Draußen spielen	Bücher anschauen/ vorgelesen	Bücher anschauen/ vorgelesen
6	Malen und Basteln	Sport	Fernseh, Video, DVD	Rollenspiele
7	Gesellschaftsspiele	Fernseh, Video, DVD	Gesellschaftsspiele	Gesellschaftsspiele
8	Fernsehen, Video, DVD	Bücher anschauen/ vorgelesen	Spielkonsole/ Computer	Spielkonsole/ Computer
9	Bücher anschauen/ vorgelesen	Fahrzeuge	Sport	Bauen
10	Hörspiele/Hör-CD	Bauen	Rollenspiele	Hörspiele/Hör-CD
11	Puppen	Spielkonsole/ Computer	Hörspiele/Hör-CD	Fahrzeuge
12	Spielkonsole/ Computer	Hörspiele/Hör-CD	Puppen	Sport

Tabelle 8: Rangordnung Lieblingsbeschäftigung der Kinder im Vergleich soziale Felder „Kita" und „Familie" (bis 50% dunkelgrau, unter 50% bis 33% hellgrau, unter 33% weiß)

---

26 Da es um eine Präferenzfrage geht, haben wir – wie schon an anderer Stelle im Bereich der Jugendmedienforschung (vgl. Marci-Boehncke & Rath 2007a) – die prozentuale Verteilung zugunsten einer Rangordnung der Lieblingsbeschäftigung aufgelöst. Dabei legen wir die Präferenzhöhe in drei Klassen fest: sehr hohe Präferenz (bis 50% der Nennungen), hohe Präferenz (unter 50% bis 33% der Nennungen) und Präferenz (unter 33% der Nennungen). Die Präferenzgrenzen sind in der folgenden Tabelle durch unterschiedliche Grauwerte der Zellen dargestellt.

7. Ergebnisse

Es wird deutlich, dass die *allgemeine Freizeitpräferenz* stark durch die feldspezifischen Beschäftigungsangebote bestimmt wird. Das Feld dominiert die Praxis. Selbst „Draußen spielen" ist nicht durchgängig in beiden Feldern und beiden Geschlechtern gleich hoch präferiert. Im Feld „Familie" ist „Draußen spielen" noch für beide Geschlechter auf dem 1. Rang, wohingegen schon Malen und Basteln sowie das Spielen mit Puppen und Rollenspiele eine stärker weiblich geprägte Domäne darstellen. Im Feld „Kita" fallen die Differenzen sogar noch größer aus. Als männliche Spielaktivitäten lassen sich das Spielen mit Fahrzeugen, Bauen und sportliche Interessen konstatieren.

Mediale Freizeitpräferenzen sind im Feld „Familie" bei Mädchen beliebter als bei Jungen. Während Mädchen DVD, Video oder TV (36,1 %) und Bücher anschauen oder vorgelesen bekommen (35,4 %) hoch präferieren, sind diese Medientätigkeiten bei Jungen nur grundsätzlich präferiert (28-29 %).

Erzieherinnen machen diesbezüglich jedoch andere Beobachtungen. Ihrer Auskunft nach beschäftigen sich zwar Jungen weniger mit Büchern (2,8 %, Rang 9) als Mädchen (7,4 %, Rang 8), aber beides wird doch nur als Präferenz genannt, fällt weit hinter die allgemeinen Beschäftigungen zurück. Und auch andere zumindest sekundäre mediale Aktivitäten finden geringen Anklang. Auch hier scheinen zum einen die Beschäftigungsangebote über Präferenz zu entscheiden, v. a. aber scheinen die *peers*, die Gleichaltrigengruppe, das maßgebliche Betätigungsfeld abzugeben – „erst die Freunde, dann die Medien" (Barthelmes & Sander 2001), dieser Grundsatz aus der Jugendmedienforschung gilt auch für die frühe Bildung.

Aber nicht nur die Beliebtheit medialer Tätigkeiten von Jungen und Mädchen unterscheiden sich, sondern auch die Präferenzhöhe medialer Beschäftigung an sich differiert zwischen den sozialen Feldern. So liegen in den Kitas die Computer- und Konsolenspiele bei beiden Geschlechtern weit hinten, mit dem 11. bzw. 12. Rang. Eltern hingegen sehen diese Medientätigkeit bei Jungen deutlich affiner als bei Mädchen – in der Präferenz hingegen stehen Computer- und Konsolenspiele gleichauf auf Rang 8 und sind nur allgemein präferiert.

Ausgangslage 2: Unterschiede in der Mediennutzung von Jungen und Mädchen

Schauen wir auf die einzelnen Kinder, kann die oben genannte Präferenz natürlich stark variieren. 14,1 % der Eltern gaben vor Projektbeginn sogar Computer-/Konsolenspielen als ein *Lieblingsmedium* ihres Jungen an. Auch die Erzieherinnen sehen im Computerspiel bei 24,5 % der Jungen ein sehr attraktives Medium (Lernspiele 12,2 %). Bei Mädchen fiel das Interesse hingegen etwas geringer aus. Bei 7% der Mädchen stellen, so die Eltern, Computer-/Konsolenspiele ein Lieblingsmedium dar. Ein großes Interesse an Computer-/ Konsolenspielen können die Erzieherinnen bei 11,9% der Mädchen beobachten. Die Diskrepanz bezüglich der Beliebtheit von Computer- und Konsolenspielen bleibt auch bei der Endauswertung bestehen. Hier stellen die Eltern bei 28,9% der Jungen ein größeres Interesse an Computer-/Konsolenspielen und 17,3% an Lernsoftware fest. Während Eltern von Mädchen nur bei 18,8% der Mädchen ein verstärktes Interesse an Computer-/ Konsolenspielen und 4,2% an Lernsoftware beobachten.

Es scheint also präferierte Medienangebote, Medienformate und Medientechnik zu geben, doch was sagt uns das? Angesichts einer zunehmend *konvergenten Mediennutzung* in der frühen Kindheit (vgl. Marci-Boehncke & Rath 2007b; Wagner & Theunert 2007), d.h. der Nutzung unterschiedlicher Medienangebote und Techniken zur medialen Fokussierung der *inhaltlichen* Interessen (z.B. bei Medienhelden), verliert die klassische und in den gängigen, meist jährlichen Mediennutzungserhebungen

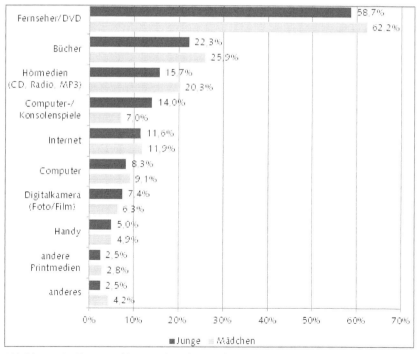

Abbildung 52: Eltern: Lieblingsmedien des Kindes (N_{Jungen}=121, $N_{Mädchen}$=143), Mehrfachnennungen möglich, Unterschiede nicht signifikant.

7. Ergebnisse

übliche Frage nach „dem Lieblingsmedium" des Kindes nicht nur an Bedeutung, sondern auch an Sinn. Denn diese Frage impliziert (von jeher schon) eine problematische Betrachtungsweise der Medienpraxis: die technische Präferenz – so als würde ein Mediennutzer ein Medium um seiner selbst willen präferieren. Das scheint aber wenig plausibel. Medien sind – wie ihre Herkunft aus dem Lateinischen schon belegt – ein Mittleres und damit ein Vermittelndes. Ihre Attraktivität erhält das Medium aus dem, was es an Inhalt transportiert. Wir haben daher nach den Lieblingsmedien gefragt und Mehrfachantworten zugelassen (vgl. Abbildung 52).

Präferenzmedien beider Geschlechter sind, so die Eltern, bislang noch die Bewegtbildmedien TV und DVD, das entspricht der Leitmedium-Diskussion, die das Fernsehen nennt, aber auch der Computer steigt sowohl bei Jungen als auch bei Mädchen in der Beliebtheitsskala. Schon vor Projektbeginn ist der Computer mit Internetzugang bei 11,9 % der Mädchen und 11,6 % der Jungen präferiert.

Lieblingsbeschäftigungen im Projekt und am Computer

Für 90,3 % der Jungen und für 86,2 % der Mädchen stellte der Computer nach Ansicht der Erzieherinnen während der Projektarbeit ein sehr attraktives Medium dar. Auch der digitale Fotoapparat erfreute sich bei 75 % der Jungen und 66,4 % der Mädchen großer Beliebtheit. Lernspielsoftware wurden von 35,5 % der Jungen und von 33,6 % außerordentlich gerne genutzt und für 33,1 % der Jungen und für 29,3 % der Mädchen wurden Bücher in der Projektarbeit als besonders attraktiv eingeschätzt.

Mit den Ergebnissen auf die Frage, welche medienpraktischen Tätigkeiten die Kinder im Projekt am Computer präferiert haben, lassen sich Zusammenhänge mit den Angaben zur Freizeitbeschäftigung erkennen. Malen stellt auch am Computer eine stärker weiblich geprägte Domäne dar, während Spiel- und Lernangebote häufiger von Jungen genutzt werden. Auch das Interesse am Internet scheint bei den Jungen (12,9 %) im Vergleich zu den Mädchen (7 %) ein wenig zu überwiegen.

Auf die Frage, ob es eine Tätigkeit gab, die die Kinder am PC nicht so gerne durchgeführt haben, wurden von den Erzieherinnen nur über 164 Kinder (84 Jungen, 80 Mädchen) Aussagen gemacht. Auch hier waren Mehrfachantworten möglich. Bei den Jungen an erster Stelle wurde die Textverarbeitung (36,9 %) genannt, vor dem Filme schneiden (33,3 %), Scannen (29,8 %) und Malen (27,4 %). Eine ähnliche Reihenfolge ergab sich auch bei den Mädchen. Als unbeliebteste Tätigkeit der 80 Mädchen wurde ebenfalls die Textverarbeitung angegeben (36,9 %), gefolgt vom Filmschnitt (40 %) und dem Scannen (38,8 %). Malen hingegen folgt mit einer geringen Prozentzahl (11,3 %) erst auf Rang 8.

Soziale Kompetenzen

Inwiefern die PC-Arbeit sozial förderlich ist, haben wir u. a. in der Frage untersucht, ob das Kind lieber alleine vor dem PC saß oder mit anderen Kindern. Die Antworten auf diese Frage sind nur vorsichtig zu interpretieren, da wir auf diese Frage bei 237 Antworten einen Anteil von 48,5 % haben, bei dem die Antwort „trifft zu" oder „trifft nicht zu" nicht klar angegeben wurde. Hier müssen wir davon ausgehen, dass den Erzieherinnen in Bezug auf das zu beobachtende Kind dieser Punkt entgangen ist. Aus den auswertbaren Antworten der Erzieherinnen geht hervor, dass der Großteil der Kinder (72,4 %) vorzugsweise mit mehreren Kindern vor dem PC saß.

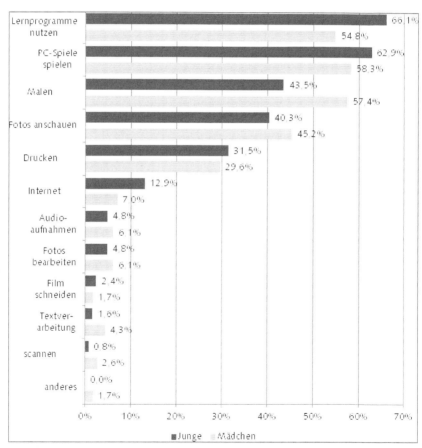

Abbildung 53: Erzieherinnen: Präferierte Beschäftigungen der Kinder am Computer (N_{Jungen}=124, $N_{Mädchen}$=115), Mehrfachantworten möglich.

7. Ergebnisse

Vergleicht man Jungen und Mädchen, so saßen, laut Erzieherinnen, mehr Jungen als Mädchen alleine am Computer. Bei 33,3 % der Jungen wurde angegeben, dass sie sich am liebsten alleine mit dem PC beschäftigten. Bei Mädchen hingegen waren es nur 22,8 %. Wie beschrieben, haben die *teilnehmenden Beobachtungen* der Studierenden in den Kitas vor Ort in knapp 50 Fällen nur eine solitäre Nutzung ergeben. Nach Einschätzung der Erzieherinnen überwog aber das Interesse an einer gemeinschaftlichen PC-Arbeit. 73 % der Mädchen und 69,4 % der Jungen spielten und arbeiteten, laut Erzieherinnen, am liebsten mit anderen Kindern am Computer.

Auf die Frage, ob das Kind bei der PC-Arbeit schnell ungeduldig wurde, zeigen sich bei Jungen und Mädchen keine großen Differenzen. 41,8 % der Jungen neigten zur Ungeduld, wenn sie warten mussten, weil andere Kinder an der Reihe waren, bei Mädchen waren es 42,1 %. Generell zeigten beide Geschlechter während der PC-Arbeit eine relativ lange Konzentrationsspanne. Nur 32,3 % der Jungen und 33,9 % der Mädchen konnten der PC-Arbeit über längere Strecken nicht konzentriert folgen.

Zur Sozialkompetenz zählt auch die Leistung und Annahme von Hilfestellungen. 66,6 % der Jungen nahmen, so die Erzieherinnen, Hilfestellung von anderen Kindern bei der Arbeit am PC an, bei Mädchen lag der Wert sogar bei 69,6 %. Einen leichten Unterschied lässt sich im Hinblick auf die Befolgung von Anweisungen erkennen. Während 78,4 % der Mädchen Anweisungen durch die Erzieherin abwarteten und befolgten, waren es bei den Jungen mit 71,1 % etwas weniger. Laut Angaben der Erzieherinnen überwog das Interesse an der Projektarbeit ein wenig bei den Jungen. Während bei 38,3 % der Mädchen das Interesse an der Projektarbeit schnell verloren ging, waren es bei den Jungen im Vergleich nur 34,9 %.

Elternarbeit

Schon vor Projektbeginn schätzten die Erzieherinnen die Kooperation mit den Eltern bei Jungen besser ein als bei Mädchen. Bei 71,8 % der Jungen wird die Zusammenarbeit mit den Eltern als gut eingeschätzt. Die Kooperation mit Eltern von Mädchen verläuft in 64,2 % der Fälle gut bis optimal.

Auch während der Projektarbeit hat, laut Angaben der Erzieherinnen, das Interesse der Eltern von Jungen überwogen. 46,1 % der Eltern eines Jungen haben sich für das Projekt interessiert. Bei den Mädchen waren es 40,6 % der Eltern. Am häufigsten beobachteten die Erzieherinnen ein Desinteresse der Eltern gegenüber dem Projekt. Bei 53,9 % der Jungen und 59,4 % der Mädchen war kein Interesse seitens der Eltern erkennbar. Irritierend: Obwohl ein so hoher Anteil der Eltern kein Interesse an der Projektarbeit gezeigt hat, wünschen sich dennoch 93,4 % eine Weiterführung des Projekts (95,2 % Jungen; 92,2 % Mädchen).

(Medien-) Kompetenzzuwachs

Bei der Endbefragung der Eltern und Erzieherinnen nach Abschluss der ersten Projektphase, wollten wir in erster Linie Veränderungen der Kinder, die mit dem Projekt mit eingingen, erheben. Obgleich Eltern und Erzieherinnen beide der Meinung sind, dass der Großteil der Kinder vom Projekt profitiert hat, schätzen Sie den Kompetenzzuwachs bei Jungen und Mädchen unterschiedlich ein. Während Erzieherinnen eine größere Relevanz im Projekt für die männliche Altersgruppe sehen, stellten die Eltern einen höheren Kompetenzzuwachs bei den Mädchen fest.

Freude hat das Projekt beiden Geschlechtern bereitet. Die Erzieherinnen sind der Meinung, dass 84,7 % der Jungen und 82,1 % der Mädchen Spaß am Projekt hatten. Die Werte der Eltern fallen mit 98,4 % bei den Jungen und 94,4 % bei den Mädchen sogar noch höher aus. Ein verstärktes *Interesse* an Medien konnten die Erzieherinnen seit der Projektarbeit vor allem bei den Jungen beobachten. 55,7 % der Jungen interessieren sich seither verstärkt für Medien, bei Mädchen sind es dagegen 41,9 %. Eltern haben hier allerdings eine andere Wahrnehmung. Sie stellen bei 68 % der Mädchen seit der Projektarbeit ein verstärktes Interesse an Medien fest, während bei Jungen das Interesse mit 41,6 % geringer ausfällt.

Auch auf die Frage, ob das Kind seit der Projektarbeit mehr Medien nutzen kann (*Mediennutzung* nach Baacke), zeigt sich, dass Jungen im Vergleich zu Mädchen nach Wahrnehmung der Erzieherinnen eine leicht höhere Nutzungskompetenz verbuchen können. 67,7 % der Jungen können seit der Projektarbeit mehr Medien nutzen, bei den Mädchen sind es 63,8 %. Auch hier unterscheiden sich wieder die Eindrücke der Erzieherinnen von denen der Eltern. Nach Angaben der Erziehungsverantwortlichen kann die Hälfte der Mädchen (50 %) mehr Medien nutzen als vor der Projektarbeit. Bei den Jungen trifft dies im Vergleich nur auf 35,6 % zu.

Der Großteil der Kinder konnte, laut Angaben der Erzieherinnen, sein Wissen über Medien erweitern (*Medienkunde* nach Baacke). 72,1 % der Jungen wissen nach der Projektarbeit mehr über Medien, bei Mädchen fällt die Anzahl mit 61,4 % über 10 Prozentpunkte geringer aus. Einen Wissenszuwachs konnten auch die Eltern bei ihren Kindern feststellen. Nach deren Aussage haben 64,7 % der Mädchen und

7. Ergebnisse

61 % der Jungen durch das Projekt ihr Wissen über Medien erweitert. Hier kristallisieren sich ähnlich hohe Werte heraus wie bei den Erzieherinnen, allerdings gehen die geschlechtsbezogenen Meinungen auch an dieser Stelle wieder auseinander.

Auch die *selbständige Mediennutzung* hat sich, nach Ansicht der Erzieherinnen, vor allem bei den Jungen gesteigert. 70,9 % der Jungen können nach der Projektarbeit selbständiger mit Medien arbeiten. Bei Mädchen sind es 64,9 %. Die Eltern sehen einen ähnlich Anstieg der medialen Eigenständigkeit ihrer Kinder. Allerdings nehmen sie auch hier einen deutlichen Vorsprung bei den Mädchen wahr. 61,5 % der Mädchen und 50 % der Jungen können, so die Eltern, seit dem Projekt selbständiger etwas mit Medien kreativ gestalten.

Aber auch *Medienwünsche* wurden, laut Aussagen der Eltern, bei Mädchen durch das Projekt stärker geweckt als bei Jungen. 57,7 % der Mädchen und 41 % der Jungen entwickelten ihrer Meinung nach mediale Anschaffungswünsche. Erzieherinnen stellen hingegen eine deutlich geringere Konsumorientierung fest, die mit 39,9 % bei den Jungen wieder höher ausfällt als mit 30,5 % bei den Mädchen.

Eigenständige Mediennutzung nach der Projektarbeit

Zu den Medien, die die Kinder seit Abschluss der ersten Projektphase selbständiger nutzen können, zählt sowohl bei Jungen als auch bei Mädchen der PC an erster Stelle. 69,6 % der Mädchen und 66,1 % der Jungen können nach Aussage der Erzieherinnen mit dem Computer eigenständiger umgehen als zuvor. An zweiter Stelle folgt der digitale Fotoapparat. Hier haben vor allem die Jungen nach Ansicht der Erzieherinnen an technischer Nutzungskompetenz hinzugewonnen. 58,5 % der Jungen und 52,2 % der Mädchen können seit der Projektarbeit selbständiger mit der Digitalkamera umgehen. Auch im Umgang mit Lernsoftware und Computer- und Konsolenspielen liegen die Jungen deutlich vor den Mädchen. Hier sind sich auch Erzieherinnen und Eltern einig. 35,6 % der Jungen können laut Erzieherinnen (Eltern: 18,2 %) Lernspielsoftware eigenständiger nutzen als zuvor. (Computer- und Konsolenspiele: Erzieherinnen: 20,3 %, Eltern: 27,3 %). Bei den Mädchen liegt die Zahl nach Auskunft der Erzieherinnen mit 26,1 % knapp über einem Viertel (Eltern: 12,8 %) und die Nutzung von Computer- und Konsolenspiele bei 13 %, so sind sich Erzieherinnen und Eltern einig. Aber auch im Hinblick auf Bücher hat sich der selbständige Umgang der Kinder gesteigert, so die Erzieherinnen. 31,3 % der Mädchen und 29,7 % der Jungen ist es möglich Bücher eigenständig zu nutzen. Auch beim CD-Player konnte ein selbständiger Medienumgang ausgebaut werden. Auch hier profitieren mit 21,2 % die Jungen ein wenig stärker als die Mädchen (16,5 %).

Interessant sind auch die Ergebnisse zur Internetnutzung. Jeder zehnte Junge (11 %) ist, nach Meinung der Erzieherinnen, nach der Projektarbeit in der Lage das Internet selbständiger zu nutzen. Eltern können diese Kompetenzerweiterung sogar bei fast jedem vierten Jungen feststellen (23,3 %). Mädchen liegen nach Ansicht der Eltern und Erzieherinnen im Bereich der Internetnutzung noch hinter den Jungen zurück (Erzieherinnen: 3,5 %, Eltern: 14,9 %).

Zusätzliche mediale Fertigkeiten nach der Projektarbeit

Der Frage, ob die Kinder durch das Projekt zusätzliche Fähig- und Fertigkeiten ausprägen konnten, stimmten die Erzieherinnen bei 82 % der Jungen und 77,6 % der Mädchen zu. Der Zuspruch fiel bei den Eltern etwas geringer aus (Jungen: 67,2 %, Mädchen: 70,2 %).

Am häufigsten sagten Eltern aus, dass das Führen der Computermaus ihrem Kind nun leichter fällt (Mädchen: 43,9 %, Jungen: 43,8 %), aber auch eine Steigerung im Umgang mit dem Fotoapparat können, nach Ansicht der Eltern, vor allem die Mädchen verbuchen (Mädchen: 35,1 %, Jungen: 15,6 %). Zudem hatte die Projektarbeit auch Folgen für den Medienumgang. Einen sorgfältigeren Umgang mit Medien haben sich sowohl ein Fünftel der Jungen als auch der Mädchen angeeignet (Jungen: 21,9 %, Mädchen: 19,3 %) und auch die Konzentration bei (Lern-) Spielen konnte bei einem Teil der Kinder durch das Projekt gesteigert werden (Jungen: 21,9 %, Mädchen: 19,3 %).

Pädagogische Relevanz des Projekts

Erzieherinnen sehen in dem Projekt vor allem eine große pädagogische Bedeutung für die Jungen. Für 49,2 % der Jungen schätzen die Erzieherinnen das Projekt als pädagogisch sehr bedeutend ein. Bei Mädchen wird die Relevanz mit 43,1 % immer noch hoch, aber im Vergleich zu den Jungen etwas geringer eingeschätzt. Als mangelhaft bis ungenügend wird das Projekt lediglich für 6,3 % der Kinder bewertet. Hier zeigen sich Diskrepanzen zwischen den Erzieherinnen und Eltern. Nach Aussagen der Eltern profitierten nämlich die Mädchen stärker von dem Projekt als die Jungen.

7. Ergebnisse

Auswirkungen der Projektarbeit auf die Mediennutzung in der Familie

Inwiefern die Intervention auch die *familiale Medienpraxis* beeinflusst, erfragten wir in der Enderhebung (vgl. Abbildung 54). Hier sollten die Eltern u.a. angeben, ob sich das gemeinsame Medienverhalten in der Familie seit dem Projekt verändert hat.

Bei 39% der Haushalte, in denen ein Junge lebt und in 33,3% der Haushalte mit einem Mädchen, hatte das Projekt keine Auswirkungen auf die familiale Mediennutzung. Die größte Veränderung wurde in der gemeinsamen Mediennutzung mit Mädchen erreicht. 45,6% der Familien nutzen Medien nun häufiger mit ihrer Tochter. Bei den Jungen trifft dies nur auf 28,8% zu. Die Selbständigkeit im Medienumgang hat bei beiden Geschlechtern ähnlich zugenommen. 27,1% der Jungen und 24,6% der Mädchen dürfen, laut Angaben der Eltern, nun selbständiger Medien alleine nutzen.

Während Eltern in der Ersterhebung aussagten, dass 15,4% der Jungen und 13,8% der Mädchen viel über Medien reden, wurde von ihnen nach dem Projekt

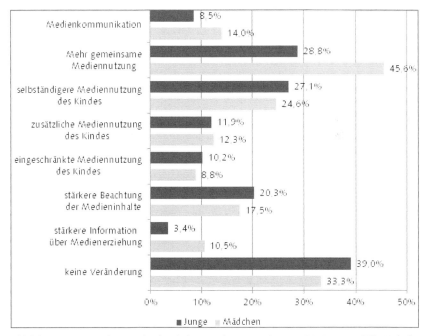

Abbildung 54: Veränderung der familialen Medienpraxis (N_{Jungen}=59, $N_{Mädchen}$=57), Mehrfachantworten möglich.

beobachtet, dass Mädchen in der Familie stärker über Medien und Medieninhalte kommunizieren als Jungen. 51,9 % der Eltern gaben an, dass ihre Tochter mit ihnen darüber spricht, was sie mit Medien macht oder was sie in Medien gesehen hat (Jungen: 41,9 %). Dementsprechend wird auch in der Medienerziehung mit Mädchen (14 %) häufiger über Medien gesprochen als mit Jungen (8,5 %).

Schlussfolgerungen der quantitativen Ergebnisse

Die Ergebnisse der Eltern- und Erzieherinnenbefragung zeigen, dass sowohl Jungen als auch Mädchen im Alter von vier bis fünf Jahren bereits zu den aktiven Mediennutzern gehören, wobei sich laut Eltern Mädchen in ihrer Freizeit etwas stärker mit Medien beschäftigen als Jungen. Die Angaben zu den Freizeitaktivitäten machen aber auch deutlich, dass sowohl Eltern als auch Erzieherinnen ein sehr geschlechterrollentypisches Spielverhalten der Kinder wahrnehmen, das sich teilweise auf die Medienpraxis übertragen lässt.

Nach Ansicht der Eltern und Erzieherinnen profitierten beide Geschlechter vom Projekt und konnten einen Großteil ihrer Kompetenzen erweitern. Allerdings differiert die Wahrnehmung von Erzieherinnen und Eltern hinsichtlich dieses Kompetenzzuwachses nach Geschlecht. Während Erzieherinnen vor allem eine pädagogische Bedeutung des Medienprojekts für Jungen erachten, beobachteten Eltern eine positive Entwicklung im Mediennutzungsbereich stärker bei den Mädchen. Wir vermuten, dass die Unterschiede in der Wahrnehmung auf geschlechterstereotypische Meinungen und Erwartungen der Erzieherinnen zurückzuführen sind, die jedoch noch näher untersucht werden müssen.

Übereinstimmungen lassen sich aber dennoch konstituieren, vor allem in den Bereichen der Computer- und Konsolenspiele. Eltern und Erzieherinnen korrespondieren in der Meinung, dass Computer- und Konsolenspiele stärker eine männlich geprägte Domäne darstellen. Diese Auffassung bestätigen auch weitere Untersuchungen zum Mediennutzungsverhalten von Jungen und Mädchen (vgl. Anand & Krosnick 2005; Rideout, Vanderwater & Wartella 2003; Rideout & Hamel 2006; KIM 2010). Auch in der Internetnutzung verzeichnen Jungen vor und nach der Intervention den Mädchen gegenüber einen Vorsprung.

7. Ergebnisse

7.5.2 Medien und Migration

Unterschiedliche Ausgangsbedingungen und Voraussetzungen von russischen und türkischen Migrantenkindern

In der ersten Projektphase (September 2010 bis Juni 2011) waren Kinder mit einem Migrationshintergrund mit knapp 74 % hoch vertreten (vgl. Abbildung 55).[27] Während die Teilnehmerzahl türkischer Kinder knapp unter der Anzahl der deutschen Kinder im Projekt lag (31,3 % zu 31,6 %), waren Kinder mit arabischen Wurzeln mit 14 % am zweitstärksten vertreten, gefolgt von Kindern mit russischem Kulturhintergrund mit rund 7 % (vgl. Abbildung 54).[28] 60 % der beteiligten Eltern gaben nicht Deutschland als ihr Geburtsland an. Dennoch wurde von der Mehrheit der Eltern-Fragebogen auf Deutsch ausgefüllt. Einen übersetzen Fragebogen in ihrer Herkunftssprache[29] bevorzugten nur 12 % der türkischen und lediglich 3 % der russischen Eltern. Der Großteil der Eltern, die an diesem Projekt mitgewirkt haben, sind zwischen 30 und 35 Jahre alt, gehören also vermutlich mindestens zur zweiten Generation der Zuwandererfamilien, die als Arbeitskräfte (so genannte „Gastarbeiter") seit den 1960er Jahren nach Deutschland gekommen sind. Die Anzahl der antwortenden Mütter war viermal größer als die der Väter. Demzufolge stehen mediale Gewohnheiten, Verhaltensweisen sowie Vorlieben der Kinder primär unter starkem Einfluss der Mutter als der zentralen Bezugsperson des Kindes (Hurrelmann, Hammer & Nieß 1993, 33-34; Elias & Lemish 2008, 25). Sie bleibt auch für die 6- bis 19-Jährigen die wichtigste Ansprech- und Gesprächspartnerin (MPFS 2012a, 41-49). Insbesondere türkische Mütter fallen aber – so zeigen andere Studien – mit ihren „mangelnden Sprachkenntnissen" in der deutschen Sprache auf, die wiederum in

---

27 Im Folgenden machen wir den Migrationshintergrund daran fest, ob das Kind neben dem Deutschen oder zusätzlich zum Deutschen eine zweite Primärsprache erworben hat. Hier sind zur Nationalität Überlappungen möglich, da in Deutschland die Staatsbürgerschaft weitgehend nach ethnischer Zugehörigkeit erworben wird. Da bei der Abfrage einer anderen als der deutschen Primärsprache Mehrfachantworten möglich waren, summieren sich diese Werte zu > 100 %. Der Anteil der nur deutschsprachig sozialisierten Kinder ist mit 31,6 % hingegen eindeutig.

28 Wir werden, trotz des auf den ersten Blick starken Anteils arabisch sprachsozialisierter Kinder, neben den türkischen Kindern vor allem die russisch sprachsozialisierten Kinder in den Blick nehmen. Die Gruppe der arabisch sprechenden Kinder ist äußerst heterogen und fasst kulturell disparate Teilgruppen zusammen, die in ihrer jeweils sehr geringen Ausprägung hier nicht eigens berücksichtigt werden können.

29 Insgesamt stand der Fragebogen in sieben Sprachen zur Verfügung, die vorab in den beteiligten Kitas abgefragt wurden: Deutsch, Türkisch, Russisch, Polnisch, Serbokroatisch, Französisch, Arabisch. Wir danken den Übersetzerinnen und Übersetzern, die uns bei der Erstellung der Bögen unterstützt haben: Elena Grassler, Maria Grzybek, Habib Güneşli, Dejan Nosic, Irina Trintschuk, Zuhal Ülger, Larissa und Issam Yahia.

den Mediennutzungsgewohnheiten der ethnokulturell orientierten Minderheit zum Ausdruck kommen (z. B. Simon & Neuwöhner 2011, 459-460; Bonfadelli & Bucher 2008, 96; Marci-Boehncke & Rath 2007a, 204; Marci-Boehncke, Rath & Güneşli 2013; Treppe 2007, 184). Inzwischen rücken aber auch russische „Spätaussiedler" bzw. „Russlanddeutsche" zunehmend in den Fokus der Forschung.

In Deutschland leben 2010 etwa 16 Millionen Menschen mit einer Zuwanderungsgeschichte. Diese Zahl ist bis heute konstant geblieben. Mit einem Anteil von 19% – das sind weit über zwei Millionen Ansässige – bildeten allerdings die „Russlanddeutschen" im Oktober 2011, knapp vor der türkischen Bevölkerungsgruppe (17%), sogar die größte ethnische Minderheit in der Bundesrepublik Deutschland, und leiteten in der Tat eine Neuordnung innerhalb der ethnischen Gruppierungen in die Wege (Simon & Neuwohner 2011, 458-459; Treppe 2007, 20-21).

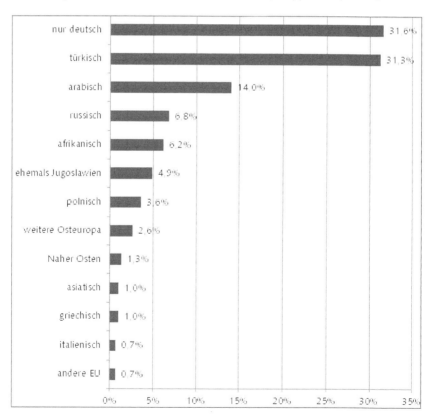

Abbildung 55: Angaben zum Migrationshintergrund der 4- bis 5-Jährigen in Abhängigkeit von der Gesamtanzahl in Prozent (N = 307)

7. Ergebnisse

Während sich türkischstämmige Migranten innerhalb der Generationen in ihrer „Integrationsstärke" deutlich voneinander unterscheiden, zeigen russischstämmige Migranten eine stärkere Homogenität (Simon & Neuwohner 2011, 461-468). Allerdings scheint der Umgang mit der Herkunftskultur anders zu erfolgen als bei türkischen Familien. Elias und Lemish (2008, 25) weisen darauf hin, dass russische Eltern in Deutschland, was die Sprachkenntnisse ihrer Kinder anbelangt, sehr konsequent erziehen. Sie forderten ihre Kinder nachhaltig dazu auf, heimatsprachige Medienangebote zu nutzen, damit sie über das Herkunftsland besser informiert sind und ihre Muttersprache pflegen und erhalten. Sowohl fiktionale als auch Bildungsangebote (etwa historische Dokumentationen) werden im TV rezipiert. Darüber hinaus wird auch die Lesekompetenz auf Russisch geübt. Russische Eltern prägen damit aktiv das Mediennutzungsverhalten der Kinder.

Auch in unserer Projekt-Studie spiegelt sich dieses Erziehungsverhalten wider. So geben alle russischen Eltern an, zuhause mit ihren Kindern die Herkunftssprache zu sprechen. Allerdings ist Russisch nicht in allen Fällen die Erstsprache von russischstämmigen Kindern. Mehr als die Hälfte dieser Kinder bewegen sich von Anfang an und ungezwungen in der deutschen Sprache und nutzen Medien des Aufnahmelandes. Die Wahrscheinlichkeit, dass Kinder, die den Zugang zur Sprache der Mehrheitsgesellschaft frühzeitig (Familie, Kindergarten) ermöglicht bekommen, einen besseren Kompetenzzuwachs erfahren, ist größer als umgekehrt (Marci-Boehncke & Rath 2007a, 142). Nehmen wir nun die genannten Aspekte *Migrationshintergrund, Sprache in der Familie (Eltern) und Erstsprache* (von deutschen, russischen und türkischen Kindern) in der folgenden Übersicht nochmals auf (vgl. Abbildung 56).

Obwohl nur knapp 32% der am Projekt beteiligten Kinder keinen Migrationshintergrund besitzt, wird in über 83% der Familien die deutsche Sprache als primäre Kommunikationssprache gesprochen. Nach Angaben der Migranteneltern ist in 38% der Fälle „Deutsch" die Erstsprache ihres Kindes. Etwa ein Drittel der türkischen Familien in unserem Projekt tendiert dazu, ihre Kinder von Anfang an mit der deutschen Sprache zu sozialisieren. Spätestens seit den Ergebnissen von Trebbe, Heft und Weiß (2010) und der jüngsten ARD/ZDF-Studie 2011 (Simon & Neuwohner 2011, 460) wissen wir aber auch, dass ein größerer Anteil dieser Haushalte ihre Kinder in beiden Sprachen (Deutsch und Türkisch) (medial) sozialisieren, wodurch die Frage nach der „Muttersprache" bzw. der Sprache der ersten Sozialisation für diese Gruppierung unscharf wird und nicht unmittelbar beantwortet werden kann (Gogolin u. a. 2005).

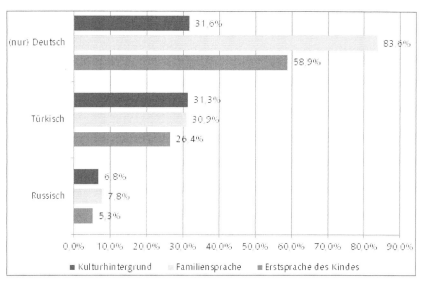

Abbildung 56: Sprachsozialisatorische Praxis in Familien mit (nur) deutschem, türkischem und russischem Kulturhintergrund ($N_{Kulturhintergrund}$=307; $N_{Familiensprache}$=269; $N_{Erstsprache}$=265).

Medien sind „Orte sozialen Kontakts"

Spätestens in den Kindertageseinrichtungen können Vorschulkinder mit und ohne Zuwanderungsgeschichte ihre medialen Erfahrungen in der Interaktion mit fremden Personen (Erzieherinnen, Kinder) ausprobieren und im sozialen Miteinander erweitern. Die Ergebnisse unseres Projekts ergaben, dass der Mehrheit der 4- bis 5-Jährigen kulturelle Begegnungen keine Schwierigkeiten bereiten. Die Erzieherinnen stufen die Kinder als kooperativ ein. Dementsprechend gestalten die (Vorschul-)Kinder auch ihre „freien Spielzeiten".

Was sich hier zeigt ist, dass die familiäre Freizeit von Vorschulkindern anders genutzt wird als die Zeit in der Kita. Freie Rollenspiele mit anderen, Sport und Bauen sind in der Kita attraktiver, dem gegenüber scheinen freies Spiel draußen und die Nutzung von TV, Video, Hörspiel, Büchern oder Computer zu Hause höher im Kurs zu stehen. Allerdings ist auch die Mediennutzung nicht nur passive Rezeption: Das Spiel mit der Konsole oder dem PC fordert Aktivität und Entscheidung, es ist kompetitiv, kreativ und ermöglicht aktive Partizipation – nicht selten von mehreren Spielern (vgl. Marci-Boehncke & Rath 2011a, 24).

7. Ergebnisse

So spielt dieses fünfjährige türkische Mädchen (K36) häufig bei sich zu Hause mit einer türkischen Freundin am Computer. Die Freundin schafft es offensichtlich immer, den Computer zum Absturz zu bringen, und der Vater repariert.

K36: E. ((Name einer Freundin)) kommt manchmal mein Zuhause.
P: Ehrlich? Und darfst du mal an den Computer zusammen mit Freundinnen drangehen? Gehst du zusammen mit E. an den Computer?
K36: Ja, aber E. macht das kaputt immer. Papa macht/ Papa repariert das.
P: Ach dein Papa repariert das und die E.
K36: Immer!
P: Ehrlich? E. macht immer kaputt, hm? (…) Ja. Was macht ihr denn zusammen bei dir mit dem Computer?
K36: (…) Zuerst macht E. Spiele und mach ich. E. weiß nicht manchmal die Computer. Ich mache ihn auf. Sie macht die manchmal was anderes drückt sie.
P: Ach so.
K36: Aber und dann geht das kaputt.
P: Ach so. Und wo drückst du immer? Weißt du, wo du drücken musst?
K36: Jaa.
P: Ja?
K36: Ja, bei unten Knöpfen immer E. Unten knöpft E. hier, ich knöpfe hier. Hier ist richtig, hier falsch.
P: Ach so. Und sie macht immer den Falschen. Und was macht ihr da? Spielt ihr dann Spiele auf dem Computer?
K36: Die Prinzessin. Und die mein Krokodil.

Allerdings ist diese partizipative und soziale Nutzung digitaler Medien nicht per se positiv – es kommt auch hier auf den Inhalt an, wie das folgende Beispiel eines vierjährigen türkischen Jungen (K58) zeigt, der aus pädagogischer Sicht auffällige Medienpräferenzen zeigt, die offensichtlich nicht elterlich begleitet werden.

K58: Wir kämpfen nur (…) wir spielen doch nur (…) ich hab das mal mit X ((Name des Bruders)) gemacht (…) er lässt mich immer mit seinem Handy spielen (…) Pistole, Knarre. Da ist so eine Kettensäge, die macht so ((zeigt mit den Händen von oben nach unten und macht das passende Geräusch dazu)) da kommt Blut raus.
P: Das musst du mir mal genauer erklären, was ist da auf dem Handy?

K58: Auto, Ballspiel, Knarrespiel (…) und ((überlegt)) da ist so ein Stein ((zeigt mit den Händen)) mit Spitzen und da kommt ein Mensch vorbei und dann kommt der Stein runter und wenn man den nicht sieht, dann kommt da Blut raus.
P: Oh, das klingt echt gefährlich ein bisschen. Kann man denn noch andere Sachen mit dem Handy machen?
K58: Bei dem Knarrenspiel sind so Knarren und die Kettensäge und eine Wasserpistole und eine Bombe und eine Schnachne ((?)).
P: Was ist denn das?
K58: Das ist auch eine Knarre, die macht alle Menschen tot (…) von den Avatars. Die blauen Dinger. Kennst du die?
P: Ja, davon hab ich schon gehört.
K58: Ich bin jetzt auch bei meinem Bruder im Dings ein Avatar geworden (…).ein großes und ein kleines Avatar, das hat X für mich gemacht. Das war gar nicht gruselig. Dann hab ich mit den Menschen gekämpft.

Nach Angaben der Eltern sind die 4- bis 5-Jährigen Kinder des Projekts im Umgang mit Computer (21,6%) sowie Computer- und Konsolenspielen (35,5%) sicherer unterwegs als ihre Erziehungsberechtigten selbst. Bereits knapp 30% der Kinder im Projekt steht der Familiencomputer auch mit Onlinefunktionen zur Verfügung (Marci-Boehncke, Rath & Güneşli 2012). Dabei scheinen die Mütter besonders medial benachteiligt zu sein.

Ein fünfjähriges türkische Mädchen (K7) verdeutlicht dies auch im Hinblick auf den elterlichen Handybesitz:

P: Also, ihr habt nen Computer, nen Fernseher zuhause. Habt ihr sonst noch so technische Geräte daheim? Zum Beispiel ein Radio oder ein Handy oder ein Fotoapparat. Habt ihr sowas zuhause?
K7: (…) Handy hat der Papa.
P: Handy hat der Papa. Hat die Mama auch ein Handy?
K7: [HmHm] ((verneint))

Auch in russischen Familien scheint der Vater medial dominant. So berichtet eine Vierjährige (K 23):

P: Sag mal, K, habt ihr denn auch einen Computer zu Hause?
K23: Ja, zwei. Einer gehört uns und einer gehört unserem Papa.

7. Ergebnisse

Deutlich wurde zudem aus den teilnehmenden Beobachtungen der Medienarbeit der Kinder, dass Kinder mit einem nicht primär deutschen kulturellen Hintergrund häufiger Hilfeleistungen entgegengenommen haben als ihre gleichaltrigen deutschen Spielpartner (Marci-Boehncke, Rath & Müller 2012). Der Computer (mit Internet) ist in diesem Sinne ein „Ort sozialen Kontakts", der ähnlich wie das Fernsehen in der konkreten medialen Praxis die Grenzen zwischen den jeweiligen Kulturen aufhebt. Medientätigkeiten führen also nicht zu sozialer Vereinsamung, im Gegenteil: sie sind Gesprächsanlass und Rahmen sozialer Verständigung. Das wird auch in den curricularen Vorgaben für Institutionen der Frühen Bildung in Deutschland über alle Bundesländer hinweg einheitlich beurteilt. So heißt es etwa in den nordrhein-westfälischen Bildungsgrundsätzen für die 0- bis 10-Jährigen: Medien sind für die Kinder „eine positive Erweiterung ihrer sonstigen Erfahrungsmöglichkeiten und Teil ihrer Kinderkultur" (Bildungsgrundsätze 2011, 66).

Der prosoziale Effekt, den die gemeinsame kreative Medienarbeit hier erkennen lässt, soll an dieser Stelle auch erweiternd in die internationale Forschung zu sozialen Effekten von medialem Handeln eingebracht werden. Rezeption ist nicht die einzige Handlungsrichtung, mit Medien umzugehen – auch wenn in der Forschung häufig diese Perspektive eingenommen wird. Kinder erfahren nicht nur eine „media exposure" (Mares, Palmer & Sulliva 2011, 268-289), sie sind nicht nur „ausgesetzt", sondern können aktiv handeln – und dies nicht alleine als Nutzer von vorgegebenen Inhalten wie etwa beim Videospiel, sondern als Produzenten eigener Geschichten oder Dokumentationen. Es ist dringend notwendig, dass Forschung nicht mehr nur TV-Konsum und Video-Spiele argwöhnisch betrachtet, sondern die ganze Breite medialer Handlungsmöglichkeiten in den Blick nimmt – und dies gerade im Zeitalter der Konvergenz, wo Kinder schon früh aktive Teilhabe in der Kinderkultur erreichen können.

Besonders bemerkenswert ist in diesem Zusammenhang, dass und wo diese Kinderkultur international ist. Denn in der globalisierten Medienwelt sind die populären Medienformate heute in fast allen Kulturen zugänglich (Feilitzen 2012, 386-387). So kennen fast alle Kinder etwa die Fernsehfigur *Spongebob Schwammkopf* – egal, ob türkisch, russisch oder arabisch. Ähnliches gilt auch für das explizit bildungsorientierte Format *Dora the Explorer*.[30] Was aber wissen Erzieherinnen und Lehrkräfte über explizit nationalspezifische Formate ihrer Kinder in Kita oder Schule?

---

30 Wir verzichten hier auf eine ausführliche Diskussion des Aspekts internationaler Medienproduktion für Kinder. Denn trotz der auch aus ökonomischen Gründen transkulturellen Orientierung der Medienindustrie (vgl. Rath & Möbius 2008) transportieren auch internationale Produktionen einen teilweise extremen Anteil ethnischer oder kultureller Stereotype (Schlote & Otremba 2010), die gerade in der spannungsreichen Identitätsarbeit junger Migranten zwischen eigener Minderheitenkultur und dominanter Mehrheitskultur eine Herausforderung darstellen.

Lehrkräfte oder Erzieherinnen können dabei natürlich nicht die nationalspezifischen Formate z. B. des türkischen, russischen oder arabischen TV-Angebots kennen – aber es muss für die pädagogische Arbeit deutlich und bewusst werden, dass nicht alle Kinder selbstverständlich das Gleiche kennen und rezipieren. Hier kann der Unterschied zugleich zum Raum gegenseitigen Lernens werden. Kinder mit Migrationshintergrund zeigen dabei häufig die größere Vielfalt: sie kennen deutsche und herkunftssprachliche Angebote und suchen sich z. B. aus dieser breiten Angebotspalette ihre individuellen Medienhelden als Vorbilder aus. Sie haben somit Eigenes und Gemeinsames, was sie weit mehr als ihre deutschen Spielgefährten zur Identitätsbildung herausfordert. Lehrende und Erziehende können dies aktiv unterstützen, indem sie den Kindern Gelegenheit bieten, ihre Medienbiographien konstruktiv in den Bildungsalltag mit einzubringen. Um beim Beispiel „Medienhelden" zu bleiben: Medienhelden haben als mediale Vorbilder Orientierungsfunktion und spielen eine wichtige Rolle im Leben von (Vorschul-) Kindern (Terhart & Roth 2008, 19-21; Weise 2011). In unserer Studie haben wir bei 66,4 % der 4- bis 5-Jährigen Mädchen und bei 70,8 % der Jungen feste Medienhelden konstatieren können, die die Kinder zudem konvergent, also in unterschiedlichen Formaten, verfolgen. Laut Angaben der Erzieherinnen bringen die Kinder ihre Medienhelden in unterschiedlichsten Formen in die Kindertageseinrichtung mit (Marci-Boehncke, Rath & Müller 2012).

So berichtet dieses 4jährige türkische Mädchen (K63) von seiner konvergenten Nutzung zu *Hello Kitty*:

P: Kannst du mir denn auch sagen, habt ihr einen Computer zu Hause?
K63: Ja, [äh] ne ((schüttelt den Kopf)) nur PC und Laptop.
(...)
P Darfst du da auch dran? Was machst du denn damit?
K63: Spielen und malen.
P: Und was spielst du damit so zu Hause? (...) Und was malst du da?
K63: (...) ((überlegt)) ich spiele nur *Hello Kitty* ne und ich male nur *Hello Kitty* (...) und gucke *Hello Kitty* Filme abends.

Ein vierjähriges russisches Mädchen (K61) verfolgt *Die Sendung mit der Maus* konvergent in Computerspielen und im TV:

K61: Ich habe drei Spiele. Das ist *Schlaumäuse* ((Lernsoftware zur Sprachförderung von Microsoft)), *Sendung mit der Maus* und so...
P: Und die spielst du immer?

7. Ergebnisse

K61: Ja. (...)
P: Ja?! [Ähm] (...) habt ihr zu Hause eigentlich auch einen Fernseher?
K61: Einen Fernseher ja.
P: Guckst du viel Fernsehen?
K: Einen Fernseher im Wohn [ähm] Wohnzimmer und einer Fernseher ist im Schlafzimmer.
P: Und guckst du auch viel Fernsehen?
K: Ja (...) da gibt's auch *Sendung mit der Maus*.

Genderaspekte im Migrationskontext

Die Wahrnehmung der Eltern von Jungen und Mädchen scheint kulturell bedingt Unterschiede zu zeigen. Wir fragten zu diesem Thema die Eltern am Ende des Projekts, ob sie im Laufe des Projekts eine Veränderung, eine Zunahme von Fähigkeiten und Fertigkeiten, bei ihren Kindern wahrgenommen hätten. Betrachten wir die Wahrnehmung des Kompetenzzugewinns bei Kindern mit und Kindern ohne Migrationshintergrund der Eltern (vgl. Abbildung 57). Eltern ohne Migrationshintergrund nehmen bei rund einem Viertel der Jungen keine Veränderung wahr, bei Mädchen ist dies nur bei einem Achtel der Fall.

Im Folgenden wollen wir diesen Befund in Vergleich setzen zu den Einschätzungen der Erzieherinnen. Auch die Erzieherinnen wurden am Ende des Projekts gefragt, ob sie im Laufe des Projekts eine Veränderung, eine Zunahme von Fähigkeiten und Fertigkeiten, bei den Kindern wahrgenommen hätten. Die Erzieherinnen bemerken über alle Kinder eine deutliche Zunahme der Kompetenzen (93,3 % der Jungen,

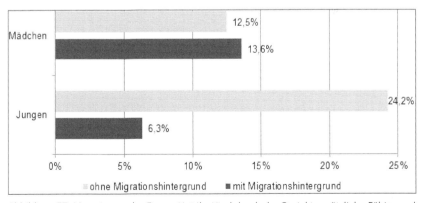

Abbildung 57: Verneinung der Frage „Hat Ihr Kind durch das Projekt zusätzliche Fähig- und Fertigkeiten hinzugewonnen?" durch Eltern mit und ohne Migrationshintergrund ($N_{\text{Eltern mit Mig.}}=157$; $N_{\text{Eltern ohne Mig.}}=44$; sig. mit $p<0,00$)

90,9 % der Mädchen), allerdings ist, wie Abbildung 58 zeigt, der generell schwache Anteil an Kindern, für die die Erzieherinnen keine Veränderung wahrgenommen haben, in Bezug auf den Migrationshintergrund im Verhältnis gespiegelt, d. h. bei Kindern ohne Migrationshintergrund wurde von den Erzieherinnen bei den Jungen ein geringerer Anteil ohne Kompetenzzugewinn wahrgenommen als bei den Mädchen, bei den Kindern mit Migrationshintergrund ist dies umgekehrt, hier ist der Anteil der Mädchen ohne Kompetenzzugewinn geringer.

Betrachten wir nun die kulturellen Gruppen separat. Zunächst die Kinder mit Migrationshintergrund (vgl. Abbildung 59): Die Erzieherinnen sehen hier eine

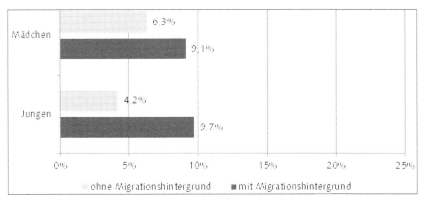

Abbildung 58: Verneinung der Frage „Hat das Kind durch das Projekt zusätzliche Fähig- und Fertigkeiten hinzugewonnen?" durch Erzieherinnen über Kinder mit und ohne Migrationshintergrund ($N_{mit\,Mig.}=163$; $N_{ohne\,Mig.}=115$; sig. mit p<0,00)

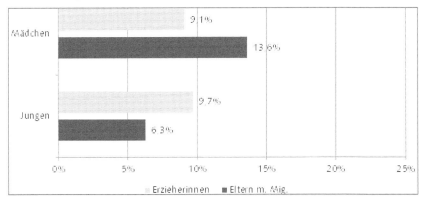

Abbildung 59: Verneinung der Frage „Hat Ihr/das Kind durch das Projekt zusätzliche Fähig- und Fertigkeiten hinzugewonnen?" durch Eltern mit Migrationshintergrund und Erzieherinnen über Kinder mit Migrationshintergrund ($N_{Eltern}=81$; $N_{Erzieherinnen}=163$)

7. Ergebnisse

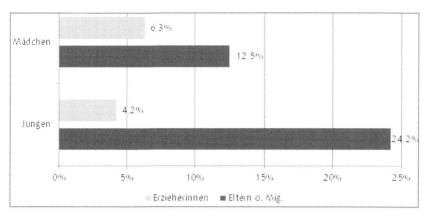

Abbildung 60: Verneinung der Frage „Hat Ihr/das Kind durch das Projekt zusätzliche Fähig- und Fertigkeiten hinzugewonnen?" durch Eltern ohne Migrationshintergrund und Erzieherinnen über Kinder ohne Migrationshintergrund (N_{Eltern}=44 $N_{Erzieherinnen}$=115)

ähnliche Entwicklung, unabhängig vom Geschlecht. Die Eltern mit Migrationshintergrund bescheinigen ihren Söhnen eine intensivere Entwicklung durch das Projekt als ihren Töchtern.

Nun zu den Kindern ohne Migrationshintergrund (vgl. Abbildung 60): Erzieherinnen sehen hier einen leichten Unterschied zwischen den Geschlechtern, die Kinder ohne eine Veränderung im Verhalten über das Projekt sind bei den Mädchen etwas stärker ausgeprägt als bei den Jungen. D. h. nach Auffassung der Erzieherinnen profitieren die Jungen leicht stärker als die Mädchen im Projektverlauf. Die Eltern aus Familien ohne Migrationshintergrund beurteilen dies deutlich anders. So nehmen die Eltern bei den Mädchen im Verlauf des Projekts eine viel deutlichere Verhaltensveränderung und Entwicklung wahr als bei Jungen.

Diese unterschiedliche Perspektive auf die Geschlechter und ihren Medienumgang hatte sich auch bereits in der Eingangserhebung zu den Medienpräferenzen der Kinder abgezeichnet. Die Eltern ohne Migrationshintergrund erleben bei ihren Söhnen ein breiteres Medienrepertoire und ausgeprägtere Nutzungsvorlieben bei Büchern und Internetnutzung (vgl. Abbildung 61).

Für Eltern mit Migrationshintergrund sind die Mädchen stärker auf diese beiden Medien orientiert (vgl. Abbildung 62).

Für Eltern mit Migrationshintergrund sind die Mädchen auch schon vor Projektbeginn die medial aktiveren. Es erscheint daher konsequent, dass diese Eltern bei den Mädchen im Verlauf des Projekts weniger Veränderung wahrnehmen. Für Eltern ohne Migrationshintergrund gilt das Gleiche, nur bezogen auf die Jungen. Es wäre nun weiter zu fragen und durch weitere Untersuchungen zu klären, ob

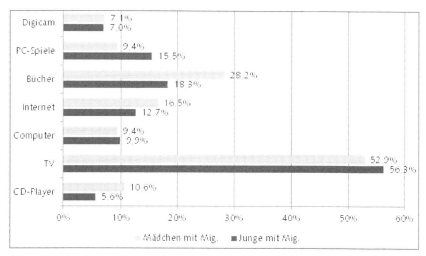

Abbildung 61: Angabe der Lieblingsmedien durch die Eltern mit Migrationshintergrund nach Geschlecht vor Projektbeginn ($N_{Mädchen}=86$; $N_{Jungen}=71$; sig. mit $p<0,00$)

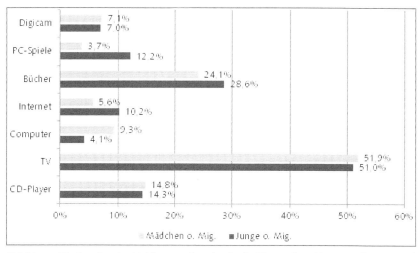

Abbildung 62: Angabe der Lieblingsmedien durch die Eltern ohne Migrationshintergrund nach Geschlecht vor Projektbeginn ($N_{Mädchen}=54$; $N_{Jungen}=52$; sig. mit $p<0,00$)

dies einer realen migrations-genderspezifischen Medienpraxis zuzuschreiben ist, oder ob sich in diesem Befund eine migrationsspezifische Genderwahrnehmung der Eltern ausdrückt.

7. Ergebnisse

Neben diesen kompetenzorientierten Einschätzungen der Erziehenden lässt unsere Studie auch einen Blick auf die mediale Geschlechterrollenpräferenz der Kinder selbst zu. Es zeigen sich bei einem ersten Blick in die Kinderinterviews der Mädchen mit Migrationshintergrund trotz insgesamt starker Orientierung auf Barbie und Prinzessinnen auch Vorlieben für starke Frauen – hier ist kein Unterschied zu den Kindern ohne Migrationshintergrund zu erkennen (vgl. auch Weise 2012). So wird z. B. die Zeichentrickheldin *Kim Possible* geschätzt, weil sie so stark ist, kämpfen kann und viele Freunde hat. Auch Prinzessinnen werden eher untypisch wegen ihrer starken Eigenschaften geschätzt, wie das folgende Beispiel eines fünfjährigen türkischstämmigen Mädchens (K36) zeigt:

P: Kannst du mir mal erzählen, was du da so gerne magst? Was dir so gefällt. Erzähl mal.
K36: Ja.
P: Ich guck ja auch manchmal so gerne Fernsehen.
K36: Die Prinzessin geht bei Prinz. Und sie sagt: *((laut))* Mein Prinz, wenn du nochmal so quatschst, dann geh ich weg von hier.
P: Aha. Dann ist er sau- die Prinzessin ist sauer auf den Prinz?
K36: Jaa.

Die medialen Vorlieben der Jungen sind in allen Kulturen wettbewerbsorientiert. Jungen mit und ohne Migrationshintergrund mögen action-reiche Spiele und Helden. Dies zeigt das folgende Beispiel eines fünfjährigen Jungen mit Migrationshintergrund (K44):

P: Ahaa. Hast du denn einen ein Lieblingsheld? So ein Superheld?
K44: Jaa.
P: Wer denn? (…) So wie du auch sein möchtest. Jemand.
K44: Jaa.
P: Wer denn?
K44: *Spiderman.*
P: *Spiderman?*
K44: [Hmhm] ((bejaht))
P: Den findest du toll?
K44: Jaa.
P: Was findest du denn so toll an dem?
K44: Der macht so mit den Hände *((zischt)).*
P: *((zischt))* Da kommt ein Spinnennetz raus, ne?

K44: Jaa.
P: Ja. Und das findest du toll. Was kann der denn noch so machen? Was macht der denn immer der *Spiderman*?
K44: Und dann und dann fliegt der.
P: O ja, der kann fliegen?
K44: Jaa.
P: Das findest du toll, ne?
K44: Jaa.

Interkulturelle Medienbildung in Einrichtungen der Vorschule

Was bedeutet dies für die Bildungspraxis in mehrkulturellen Gesellschaften? Es bedeutet zunächst, wie oben angedeutet, dass Lehrkräfte und Pädagoginnen und Pädagogen sich mit der heute oft interkulturellen Lebens- und Medienwelt ihrer Schülerinnen und Schüler auseinandersetzen müssen. Sie sollten dabei auch die Chancen erkennen und nutzen – nicht in erster Linie Defizite beobachten. Kinder können Experten sein und Wissen mit- und einbringen, das die Lehrkräfte vorher nicht selbst überprüfen können. Es ist möglich und pädagogisch sinnvoll – weil vertrauensbildend –, Schülergruppen gemeinsam arbeiten zu lassen, um medienbiographische Hintergründe auch ihrer Herkunftskulturen deutlich zu machen. Dazu müssen nicht nur konkrete Formate gehören, die vorgestellt werden. Auch der Medienmarkt sieht in jedem Land mehr oder weniger anders aus. Trotz Globalisierung und Internationalisierung gibt es dennoch Grenzen und Unterschiede. Sie herauszuarbeiten und auch die Folgen verschiedener Institutionalisierungen zu thematisieren, kann Erkenntnisse bringen, die über eine reine Medienpädagogik hinaus weisen. Wichtig erscheint heute – vor allem in Zuwanderungsgesellschaften – dass Medien nicht nur auf Informations- und Unterhaltungsfunktionen reduziert werden, sondern das gesamte Handlungsspektrum von Medien betrachtet wird – etwa auch die Funktion der Kommunikation und Pflege familiärer Nähe, wie sie deutlich wurde bei einem Kind, dass über den Online-Dienst *Skype* mit seiner Großmutter in der Ukraine Kontakt hält (vgl. Marci-Boehncke & Rath 2011b). Medien – vor allem interaktive – sind zentrale Instanzen der Identitätsbildung (Mikos, Hoffmann & Winter 2009; Theunert 2009). Gerade für die komplexe mehrkulturelle Identität – übrigens, wie Hengst (2009, 213) betont, nicht nur, aber vielleicht besonders von Zuwanderungsfamilien – bedeuten sie zum einen „Brücke zur Heimat" (vgl. Trebbe, Heft & Weiß 2010, 43), zum anderen Chance zur Erfahrung der Kultur und Sprache des Ziellandes und inhaltliches Angebot zur interkulturellen Identitätsausgestaltung. Die Themen und Formate, die für

7. Ergebnisse

Kinder und Jugendliche zur Identitätsbildung wirksam werden, ergeben sich fast unmerklich aus einem gemeinsamen Pool internationaler Medienangebote, die Kinder von klein auf erkunden und für sich entdecken.

Dass die Medienwirklichkeit von Kindern in die Ausbildung der Ausbilder und die Frühe Bildung hinein gehört, ist in vielen Ländern angekommen und wird wissenschaftlich auf breiter internationaler Basis empfohlen (Anderson 2010; Fedorov 2008, 2001; Fuenmayor 2010; Myasnikova 2009; Valdivia 2010).[31] In Deutschland ist Medienbildung inzwischen in allen Bundesländern Konsens und im Rahmen der länderspezifischen Bildungsvereinbarungen festgeschrieben. Was variiert, ist die Umsetzung dieser Forderungen. Dies hängt zum einen mit Rahmenfaktoren wie Fortbildungsmöglichkeiten und Ausstattung zusammen. Allerdings ist häufig unklar, wie eine Integration von Medienarbeit im Vorschulalter aussehen könnte.

Beispielhaft soll daher kurz ein Kita-Projekt vorgestellt werden, in dem zwölf Kinder unterschiedlicher kultureller Herkunft teilgenommen[32] haben. Es ging dabei um ein Projekt im Rahmen der Verkehrserziehung, in dem zugleich Sprach- und erste Lesefähigkeit im Medienkontext weiter entwickelt wurden. In der Gruppe waren arabische, kurdische, marokkanische, tamilische und türkische Kinder. Das gemeinsame Arbeiten knüpfte an den Bildungsbereich „soziale, kulturelle und interkulturelle Bildung" an und fokussiert dabei auf die Erkundung der Stadt Dortmund. Die Kinder recherchierten, produzierten und kommunizierten mit verschiedenen Medien. Nicht die Medien selbst standen dabei im Mittelpunkt, sondern es ging darum, Sprachen kennen zu lernen und Heterogenität als konstitutives Element kindlichen Alltags zu erfahren.

Über Kinderliteratur wurde der Einstieg ins Projekt gewählt. Es bot sich „Mein Wimmelbuch – Unterwegs zum Kindergarten" (Högerle & Döring 2009) und ein Kinderlied des deutschen Liedermachers Rolf Zuckowski (1979) an: „Mein Platz im Auto ist hinten". Der nächste Schritt des Projekts führte die Kinder mit den Erzieherinnen in die Stadt zu einem Spaziergang: Mit digitalen Fotokameras sollten die Kinder in Kleingruppen eigenständig die Umgebung ihrer Kita erforschen bzw. erkunden. In Anlehnung an die verwendete Kinderliteratur wurde der jeweilige

---

31 Daneben sollte in der Ausbildung auch die besondere Situation mehrsprachig aufwachsender Kinder und ihre Probleme beim korrekten Grammatikerwerb des Deutschen berücksichtig werden. Hoffmann (2012) hat hierzu aktuell für lernende Kinder mit türkischem und russischem Migrationshintergrund ein Grundlagenlehrwerk für die Sprachlehrerausbildung veröffentlicht.
32 Für die Konzeption, Durchführung und Beschreibung dieses Projektteils danken wir der Studierenden Ann-Kristin Graf von der Technischen Universität Dortmund.

Weg zwischen Kindertagesstätte und Wohnsitz der Kinder sowie markante Plätze im Quartier (z. B. der türkische Supermarkt, die Kinderarztpraxis, die Grundschulen im Stadtteil) dokumentiert. Besonderes Augenmerk lag dabei naturgemäß auf Verkehrszeichen, Fahrzeugen usw. Im Sinne einer zukünftig eigenständigen Orientierung in der Stadt wurden die Kinder an den Gebrauch von innerstädtischen Verkehrsmitteln wie beispielsweise im öffentlichen Personennahverkehr die so genannte „Stadtbahn" und „U-Bahn" herangeführt. Hierbei sollten die eigenen Fotografien der Kinder als Grundlage für die Erstellung eines eigenen Stadtplans dienen. Ausgehend von diesem Bildmaterial konnten die Kinder ihre Sprach- sowie Medienkompetenz erweitern, indem sie sowohl in ihrer jeweiligen Muttersprache (z. B. Arabisch, Kurdisch, Marokkanisch, Tamil und Türkisch) als auch in ihrer Zweitsprache Deutsch mittels des Textverarbeitungsprogramms MS Word die Bilder der dokumentierten Objekte beschriften. Anschließend wurden diese beschrifteten Bilder auf Karten gedruckt. Sie konnten dann wiederum den Kindern für weitere Spiele zur Erinnerung und Vertiefung des Erlebten dienen.

Das Prinzip des „Verkehrs-ABC", also der verschiedensprachigen Beschriftung der im Erleben der Kinder angeeigneten und medial dokumentierten „Kennmarken" im heimischen Verkehr, lässt sich beliebig auf andere Sprachen (Russisch, Polnisch, Italienisch, etc.) und Objekte übertragen. Um die Kinder individuell in den spielerischen Lernkontext einzubeziehen, sie für eine Offenheit gegenüber mehrkulturellen Kontexten zu sensibilisieren und letztlich auch hinsichtlich der frühen Medienerziehung die Möglichkeit zu bieten, neue Kompetenzen zu erwerben, wurden von ihnen zunächst Geräusche und später unter Einbindung der Eltern die jeweilige Bezeichnung der fotografierten Objekte in ihrer Muttersprache digital aufgezeichnet. Diese Audiodateien wurden anschließend mit den digitalisierten Bildern am Computer zu einem multimedialen Bilderlotto zusammengestellt.

Die Kinder werden hier in mehrfacher Hinsicht gefördert: Zum einen geht es um die Erkundung des Nahbereichs, sie erwerben erste Verkehrsregeln und üben das Verhalten als Fußgänger und die Orientierung in der Stadt (Geographie, Stadtkunde, Regelwissen). Zum anderen üben sie den eigenständigen Umgang mit Medien (Bilderbuchlesen, Audio-CD-hören und starten, Fotoapparat benutzen, diskontinuierliche Texte wie den Stadtplan erfassen), sie lernen ein Textverarbeitungsprogramm kennen und nutzen und erstellen eigene Audio-Aufzeichnungen. Darüber hinaus wird multikulturell mit Sprache umgegangen: Sowohl die familiären Herkunftssprachen als auch Deutsch als Sprache des Aufenthaltslandes werden geübt. Dies schult interkulturelle Spracherfahrungen und fördert inkludiertes Handeln in der Kita.

Sowohl medial als auch kulturell konnten durch solche Kita-Projekte „Grenzen" überwunden werden – sowohl in der Intervention in den Kitas als auch über den Forschungsprozess. Es geht dabei darum, Unterschiede zur Kenntnis zu nehmen und auch im Forschungsprozess zu berücksichtigen, aber nicht kompensatorisch, sondern egalitär: Die Forschenden müssen pluralistisch in der Forscherhaltung sein, um den Erfordernissen unserer sich schnell verändernden multikulturellen und multimedialen Gesellschaft gerecht zu werden (Asamen & Berry 2012, 375). Heterogenität wird als ein Proprium – ja, eine Bereicherung – im Projektverlauf wahrgenommen. Insofern wird hier nicht nur medial, sondern auch kulturell „konvergent" gemeinsam gearbeitet. Denn Kinder in einer Kita sind in erster Linie gemeinsam Kinder – und haben erst in zweiter Linie den einen oder anderen kulturellen Hintergrund (Harrell & Gallardo 2008, 115-116).

7.6 Schlussfolgerungen

Die Ergebnisse der ersten Erhebungswelle bestätigen und verstärken Annahmen, die bereits aus anderen Studien (Six, Gimmler & Frey 1998; Six & Gimmler 2007; Marci-Boehncke & Rath 2007b; Schneider et al. 2010) bekannt sind. Zum einen wird deutlich, dass Erzieherinnen oft ein unklares und inadäquates Verständnis von Medienerziehung haben und die Wirkungen des kindlichen Medienumgangs teilweise falsch einschätzen. Zum anderen wurde die Machbarkeit für Medienarbeit stark an den strukturellen Rahmenbedingungen der Einrichtungen bemessen. Diese subjektive Einschätzung geht a) auf einen *einseitigen Medienbegriff* zurück, der nur elektronische Medien als Medien wahrnimmt, und b) mangelndes Verständnis *integrierter Medienarbeit*, das die Medien als zusätzliches Thema und nicht als pädagogisch gestaltete Handlungsumgebung versteht.

So bewerten in der Eingangserhebung ein Drittel der Erzieherinnen die Medienthematik in der Frühen Bildung als ein künstliches Problem und unterschätzen somit – da ist sich die Forschung einig – die Relevanz, v. a. auch von elektronischen Medien in dieser Altersgruppe. Ebenso viele Erzieherinnen sprechen Medienkritik im Zusammenhang mit Medienerziehung keine bedeutende Rolle zu. Allerdings will fast die Hälfte ein Gefahrenpotenzial erkennen, das von Medien ausgehen kann. Die größten Schwierigkeiten für die Medienarbeit sehen Erzieherinnen mitunter in der Betreuungsrelation von Erzieherinnen zu Kindern, den ökonomischen Ressourcen wie der Medienausstattung und dem Zeitfaktor. Die Ergebnisse zur Medienerstattung zeigen jedoch, dass die Kitas bereits vor Projektbeginn medial verhältnismäßig gut ausgestattet waren, allerdings ein Teil der Erzieherinnen überhaupt nicht wusste, welche Medien in der eigenen Einrichtung zur Verfügung stehen, um mit den Kindern zu arbeiten.

Die Relevanz einer frühen Medienerziehung und Leseförderung ist weder den Erzieherinnen noch Eltern wirklich bewusst. Oberste Priorität besitzt derzeit in den Dortmunder Kitas Sprachförderung und -diagnostik sowie Bewegungserziehung und Soziales Lernen.

Wie auch Ergebnisse aus der jährlich erscheinenden KIM-Studie (MPFS 2010) vermuten ließen und Daten aus weiteren Studien belegen (Feierabend & Mohr 2004; Marci-Boehncke, Weise & Rath 2009; EOA 2011), nutzen bereits Kinder im Kita-Alter eine breite Medienpalette. Der PC und das Internet gehören längst nicht mehr zu den Randerscheinungen, sondern spielen bereits im Alltag von 4- und 5-Jährigen für etwa ein Drittel eine zentrale Rolle. Dementsprechend kann die Kita als erste und früheste öffentliche Bildungsinstitution nicht länger als medienfreier Raum definiert werden. Vielmehr muss, ausgehend von der medial verfassten Lebenswelt der Kinder, bereits in der Frühen Bildung Verantwortung für Medienkompetenzvermittlung realisiert werden, die rezeptive Medienerfahrungen der Kinder auffangen und produktive Möglichkeiten verantwortungsbewusst erweitern.

Die bewahrpädagogischen Annahmen, die Erzieherinnen bislang einer frühen Medienerziehung entgegenbrachten, können, so die Ergebnisse unserer Studie, nicht länger standhalten. Die These, dass Medien aggressiv machen und Kinder verängstigen, kann nicht nur bereits nach der ersten Erhebungswelle durch Aussagen der Eltern entkräftet werden, sondern wird auch aus unserer bisherigen Forschung als falsch erwiesen. Eine weitere Befürchtung, dass Kinder vor dem PC vereinsamen, konnte ebenfalls widerlegt werden, da die Ergebnisse der Erzieherinnen-Befragung im zweiten Durchgang deutlich zeigen, dass Kinder – ähnlich wie Jugendliche auch (vgl. Barthelmes & Sander 2001; Marci-Boehncke & Rath 2007a) – den PC am liebsten mit Freunden und anderen Kindern im Spiel teilen und nur ein kleiner Teil der Kinder das Medium am liebsten alleine nutzt. Somit hat das Hybridmedium Computer neben Informations- und Gestaltungsfunktion ebenfalls eine Kommunikationsfunktion und ist selbst Ort sozialen Kontakts.

Deutlich wird an den bisherigen Ergebnissen unserer Untersuchung, dass die bewahrpädagogischen Einstellungen der Erzieherinnen vor allem aus *Mangel an Wissen* über Medien und *Mangel an eigenen Erfahrungen* mit Medien resultieren.

7. Ergebnisse

Wie die Ergebnisse der ersten Evaluation zeigen, kann jedoch eine Intervention, die die Erzieherinnen kontinuierlich begleitet, Abhilfe schaffen.

In Bezug auf die Kinder fördert, wie bereits vermutet, der Umgang mit einer breiten Medienpalette auch eine breite Palette an Kompetenzen. Die Arbeit mit Medien wirkt sich nicht nur gewinnbringend auf technische und kognitive Kompetenzen aus, sondern auch positiv auf das Sozialverhalten der Kinder. Medien bekommen Integrationsfunktion und auch die personale Kompetenz konnte in vielen Fällen gestärkt werden. Kinder, die bislang Schwierigkeiten hatten, sich in der Kita zu beweisen, gewinnen an Selbstbewusstsein und können hier „Experten" sein. So wurde mehrfach von den Erzieherinnen beobachtet, dass Kinder einander Hilfestellung leisten.

Zudem stieg nicht nur das Interesse an elektronischen Medien, sondern die Begeisterung an Printmedien und den zur Rezeption benötigten Kompetenzen nahm ebenfalls zu. Somit sollte der Computer nicht länger als Konkurrenzmedium zum Buch betrachtet werden, denn in integrativer Medienarbeit lassen sich durch eine breite Medienpalette literarische und mediale Kompetenzen gemeinsam fördern. Die Ergebnisse zeigen, dass die übergreifende Medienarbeit auch das Interesse an Büchern fördern konnte.

Eltern sind noch nicht ausreichend in pädagogische Interventionen wie *Medienkompetent zum Schulübergang* involviert. Ein Teil der Eltern scheint sich für das Projekt nicht zu interessieren und hätte hier durch aktive Elternarbeit noch stärker eingebunden werden müssen. Denn obgleich sich in 60 % der Elternhäuser, nach Angaben der Eltern, das familiäre Medienverhalten verändert haben soll, nehmen die entscheidenden Aspekte der Medienerziehung auch nach der Intervention einen zu geringen Raum ein. So kommt die Anschlusskommunikation über Medien und Medieninhalte mit 10 % deutlich zu kurz und auch ein kritischer Medienumgang durch schärferen Blick auf die Medieninhalte und Medieninteressen der Kinder bleibt in vielen Haushalten bislang aus.

8. Die medienpädagogische Intervention

8.1 Beschreibung der Intervention

Kinder, Erzieherinnen, die städtische Trägereinrichtung FABIDO und in der dritten Interventionsphase auch die Träger der Offenen Ganztagsschulen OGS sowie angehende Lehrkräfte werden in diesem Projekt zusammengeführt. Letztere betreuen die Kitas in den Projekten medienpädagogisch und erheben zugleich Teildaten für die Evaluation des Gesamtprojekts. Damit lernen sie neben forschungsmethodischen Grundlagen und ihrer Anwendung für ihre zukünftige Tätigkeit im Bildungsbereich den „Übergang" der Kinder von der Kita in die Schulen richtig einzuschätzen und machen wichtige Erfahrungen mit der Lebens- und Medienwelt der Kinder vor dem Eintritt in die Grundschule.

Durch die Beteiligung von IBM Deutschland im Rahmen ihres CSR-Engagements konnte mit den KidSmart-Stationen und der Lernsoftware sowie Druckern vom Träger FABIDO die Medienausstattung der Einrichtungen deutlich verbesser werden. Die durch Mittel des Trägers finanzierten Fortbildungen (die Durchführung oblag zunächst der Berliner Fortbildungsinstitution Bits21) stärkten die Erzieherinnen vorrangig in ihrer medienpädagogischen und medientechnischen Kompetenz und vermittelten ihnen Wissen über Ziele der Medienerziehung. Die studentische Begleitung bot zudem personelle Unterstützung vor Ort sowie Ansprechpartner hinsichtlich technischer und didaktischer Fragen.

Vor der Einrichtung und Inbetriebnahme der KidSmart-Stationen wurden in Kooperation mit der Berliner Fortbildungsinstitution Bits21 und dem Dortmunder Systemhaus *DoSys* je zwei Multiplikatoren pro teilnehmende Einrichtung zu Projektbeginn medientechnisch und medienpädagogisch fortgebildet. Die Fortbildung umfasste jeweils vier Termine. Die Erzieherinnen setzten sich hierbei mit ihrer eigenen Medienbiographie auseinander, lernten den technischen Umgang mit verschiedenen Medien und Software zur kreativen Gestaltung im Kita-Alltag kennen und erhielten einen Überblick über Konzepte der Medienkompetenz und deren Förderung. Auf einem weiteren Fortbildungstermin durch Dosys wurde die Arbeit auf der Lernplattform erklärt und geübt.

Im Anschluss an das Projekt entwickelten die Erzieherinnen in Kooperation mit den am Projekt beteiligten Studierenden, die ebenfalls zuvor Fortbildungen bekommen hatten, individuelle, medienübergreifende Projekte zur kreativen und kritischen Mediennutzung im Kontext lebensweltlich angebundener Themen und Inhalte. Die Projekte richteten sich hierbei an den neuen Bildungsgrundsätzen NRW (vgl. Bildungsgrundsätze 2011) aus, die 2012 verbindlich in Kraft traten. Durch die enge Vernetzung mit der Universität bot sich die Möglichkeit, zukünftige Lehrkräfte aus dem Fach Deutsch in das Projekt mit einzubinden. Diese wurden für den Schulübergang sensibilisiert und zielgerichtet ausgebildet.

Die Vermittlung eines breiten Spektrums kreativer Medienarbeit stand bei der Planung der Projekte im Mittelpunkt. Je nach Interessenslage kamen die unterschiedlichsten Projekte zustande, die vom Fingerspiel über das Buch, den digitalen Fotoapparat, Scanner und Kopierer bis hin zum Computer viele Medien mit einbezogen. Eine tabellarische Auflistung aller Projekte findet sich im Anhang. Die Durchführung der Projektarbeit wurde kontinuierlich, meist im wöchentlichen Rhythmus, von den Studierenden vor Ort betreut.

Zur Vernetzung von Eltern, Erzieherinnen und Forscherteam wurde von Dosys die Lernplattform *Moodle* eingerichtet. Hier sollten sich alle Projektmitwirkenden untereinander austauschen und die Kinder ihre kreative Medienarbeit präsentieren können. Diese Möglichkeit wurde jedoch leider im Verlauf des Projekts aus datenschutzrechtlichen Bedenken auf Seiten des Kita-Trägers und der Stadt rückgängig gemacht.

Viele anderweitige Bedenken des für FABIDO zuständigen Personalrat der Stadt Dortmund konnten durch die hohe Präsenz des zuständigen Leiters der Abteilung *Corporate Citizenship & Corporate Affairs* von IBM Deutschland, der als CSR-Verantwortlicher und damit zugleich als Investor *sozialen* Kapitals eine wichtige Rolle im Projekt einnimmt, ausgeräumt werden. Diese betrafen vor allem den verfügbaren Internetzugang. So konnten wichtige Kindersuchmaschinen und all ihre kontrollierten Links schließlich angesteuert werden. Ebenso wurden bildungsrelevante *freeware*-Programme installiert.

Ziel der Intervention war und ist es, die Medienkompetenz der Erzieherinnen und der Kinder zu stärken, aktive Elternarbeit zu leisten und Kitas materiell und personell bei der Projektplanung und Durchführung vor Ort zu unterstützen. Hierdurch soll eine kontinuierliche und konsekutive Förderung in der Bildungsbiographie der Kinder gesichert werden.

8.2 Die Projekte – kurzer Einblick in die Intervention

Der Interventionsteil des Projekts war so angelegt, dass die beteiligten Kitas mit Unterstützung von geschulten Lehramts-Studierenden der TU Dortmund eigenständige Medienprojekte entwickelt haben. Diese waren an den Bildungsgrundsätzen NRW orientiert und sollten im Kontext lebensweltlich angebundener Themen und Inhalte ein breites Spektrum an kreativer und integrierter Medienarbeit vermitteln. Die KidSmart-Station stellt dementsprechend nur ein Medium unter vielen dar, die zur aktiven Gestaltung im Projekt mit den Kindern genutzt werden. Allerdings ist der KidSmart-Computer als Hybridmedium in besonderer Weise geeignet, medienbildnerische und mediendidaktische Angebote zu machen. Die Arbeit auch am PC ermöglicht Kindern eigenständige und mit schnellen Erfolgserlebnissen gratifizierte Mediengestaltung und fördert ästhetische ebenso wie kognitive Medienpraxis (vgl. Marci-Boehncke & Rath 2011). Das Projekt *Medienkompetent zum Schulübergang* ist also nicht als Computerprojekt zu missdeuten, aber es realisiert ein computerunterstütztes und nur dadurch konvergentes Projektkonzept.

Eingebettet ist die Intervention in die Ausbildung von Lehramtsstudierenden im Fach Deutsch, die Medienarbeit wird entsprechend in fachdidaktischer Hinsicht aus der Perspektive dieses Faches konzipiert. Dabei geht die Orientierung am Medienkompetenz- und am Medienbildungsbegriff (vgl. Kapitel 2. *Medienbildung in der Frühen Bildung*) einher mit fachlichen Überlegungen zum erweiterten Textbegriff. Sprechen – vor allem auch über Texte und Medien –, die Aufbereitung, Gestaltung und Zusammenfassung von Inhalten, die Analyse medialer Texte: Dies alles sind Kompetenzbereiche aus dem Fach Deutsch. Kommunikative, gestalterische, analytische und eben auch literarische Kenntnisse und Fertigkeiten werden so geübt. Dieses Verständnis von Medienarbeit geht auf Überlegungen von Jutta Wermke (1997) zur „Integrierten Medienerziehung" zurück. Wermke hatte bereits in den 1990er Jahren dafür plädiert, die Forderung nach Medienerziehung in den Fächern nicht bloß als formale Zuordnung zum bisherigen Orientierungsrahmen zu verstehen und damit lediglich als Additum zu bestehenden stofflichen Anforderungen, sondern darauf hingewiesen, dass sich medienpädagogische Ziele aus den Aufgaben und dem Selbstverständnis der Fächer ergeben müssten (vgl. ebd., 27). Diese schulisch orientierte Argumentation gilt für die beteiligten Studierenden und ihre Konzeptionen, sie ist analog aber auch auf die Arbeit in den Kitas auf der Basis der Bildungsvereinbarungen zu überragen. Wermke hat schon seinerzeit darauf hingewiesen, dass Kinder in jeden Fall Medienrezipienten sind bzw. werden und die Frage, ob sie auch Buchleser werden, nachgeordnet ist und abhängt vom Aufbau einer zusätzlichen Lesemotivation (ebd., 33). Integrierte Medienerziehung kann durch eine Orientierung auf solche Fragen und Tätigkeiten, die auch im literarischen und sprachlichen Kontext Bildung fördern, helfen, die vermeintliche Diskrepanz zwischen der vor allem in Deutschland „auratisierten Buchkultur" (Kerlen 2005, 28) und der aktuellen Medienwelt zu einer gemeinsamen Normalität aufzulösen.

Was für Kinder in allen Medien attraktiv ist, sind besonders Geschichten: solche, die erzählt werden, solche, die man selbst erzählt oder gestaltet. Die im Projekt *Medienkompetent zum Schulübergang* realisierten Interventionen greifen sowohl solche fiktionalen Stoffe und Geschichten als auch Sachthemen gestalterisch auf – die Kinder lernen ganzheitlich. Medien sind nicht eigener Themenbereich, sondern sie werden in vielfältiger Weise genutzt und thematisiert in Verbindung mit anderen Bildungsbereichen. Dabei wurden die konkreten Themen der einzelnen Projekte von der Gesamtkonzeption her inhaltlich und medial nicht vorgegeben. Entsprechend breit und bunt ist die Projektliste über die erste Phase.[33] Die Erzieherinnen haben im Verbund mit den sie begleitenden Studierenden gemäß der individuellen Situation und Planung jeder Kita Projekte konzipiert, wobei es Aufgabe der Studierenden war, die Medienintegration zu motivieren und technisch wie didaktisch zu unterstützen. Für die Erzieherinnen stellte zunächst die Konzeption eine Herausforderung dar:

- die Integration verschiedener Medien muss man sich zunächst vorstellen und ihre Relevanz zur Gestaltung eines Gesamtkonzeptes erkennen,
- dann muss man selbst technisch in der Lage sein, diese Medien auch zu nutzen,
- und schließlich stellte es eine Herausforderung dar, die Kinder auch angemessen selbständig mit den Medien umgehen zu lassen.

Überwog bei vielen Erzieherinnen am Anfang noch die Sorge vor nachlässigem Umgang der Kinder mit den technischen Geräten, setzte allmählich Selbstvertrauen und Vertrauen in die Kinder ein. Je sicherer der eigene Medienumgang erfolgte, desto souveräner konnten die Pädagoginnen auch die Kinder agieren lassen.

Was sich im Gesamtkontext des Projektes *Medienkompetent zum Schulübergang* sehr positiv auswirkte, war die gemeinsame Präsentation aller Projekte nach zwei Jahren im Kontext einer städtischen Veranstaltung, auf der auch die Ergebnisse der Befragung zurückgespiegelt wurden. Hier konnten sich alle Beteiligten ein Bild

---

33 Die Anschlussfähigkeit an die Kompetenzbereiche des Grundschullehrplans NRW ist in den Projekten jeweils berücksichtigt, kann hier aber nicht eigens ausgeführt werden.

8. Die medienpädagogische Intervention

davon verschaffen, was in den benachbarten Einrichtungen gestaltet worden ist. Die Teilnahme war hoch. Auch die Studierenden waren hier eingebunden. Sie wie auch die Erzieherinnen erhielten eine Urkunde über die erfolgreiche Teilnahme am Projekt, ausgehändigt vom Oberbürgermeister der Stadt Dortmund und den projektverantwortlichen Wissenschaftlern. Dieses – mit Bordieu gesprochen – symbolische Kapital als öffentliche Anerkennung des neu erworbenen kulturellen Kapitals war als Bestätigung gedacht, die die Medienarbeit auf Nachhaltigkeit anlegen sollte.

Im Folgenden werden tabellarisch 33 der 35 durchgeführten Medienprojekte der Kitas vorgestellt. Nach einer laufenden *Nummer* wird zunächst der *Projekttitel* genannt. Daran schließen sich die im Projekt verwendeten *Medien* an, die eigentliche *Projektidee*, die im Projekt bearbeiteten *Bildungsbereiche* gemäß der Bildungsgrundsätze NRW (2011) sowie die im Projekt erworbenen *Gratifikationen* der Kinder. Abschließend werden die an Dieter Baacke anschließenden und von uns um Medienkommunikation erweiterten *Medienkompetenzfelder* (vgl. Kapitel *2. Medienbildung in der Frühen Bildung*) genannt, die im Projekt gefördert wurden.

Nr.	Projekttitel	Medien	Projektidee	Bildungsbereiche	Gratifikationen	Medienkompetenzfelder
1	„Unser Wohnort"	Bücher Digitalkamera Videokamera Computer Drucker Kassettenrekorder Diktiergerät Internet	Die Kinder lernen ihren Wohnort kennen (Bücher, Bilder, Spaziergänge), machen Fotos, sprechen mit den Menschen, erforschen, wie der Ort früher aussah.	Bewegung Sprache und Kommunikation Soziale, kulturelle und interkulturelle Bildung Ökologische Bildung Medien	Motivation Selbstausdruck Wissensbereicherung Lerneffekt Kommunikation Identitätsbildung Gemeinschaftsstiftung Integration	Medienrezeption Anschlusskommunikation nach Medienrezeption Medienumgang Mediennutzung Mediengestaltung
2	„Gefühle"	Bilderbuch Digitalkamera Videokamera Drucker Computer	Anhand von Bildkarten und einem Bilderbuch sprechen Kinder und Erz. über Gefühle, basteln Gefühlsbarometer, Bilderlotto und spielen Theater.	Körper, Gesundheit und Ernährung Sprache und Kommunikation Musisch-ästhetische Bildung Medien	Motivation Selbstausdruck Wissensbereicherung Lerneffekt Kommunikation Identitätsbildung Gemeinschaftsstiftung Integration	Medienrezeption Anschlusskommunikation nach Medienrezeption Medienumgang Mediennutzung Mediengestaltung
3	„Das bin ich"	Digitalkamera Videokamera Computer	Die Kinder stellen sich selbst dar und lernen einander besser kennen.	Körper, Gesundheit und Ernährung Sprache und Kommunikation Soziale, kulturelle und interkulturelle Bildung Medien	Motivation Selbstausdruck Lerneffekt Kommunikation Identitätsbildung Gemeinschaftsstiftung Integration	Medienumgang Mediennutzung Mediengestaltung

8. Die medienpädagogische Intervention 217

Nr.	Projekttitel	Medien	Projektidee	Bildungsbereiche	Gratifikationen	Medienkompetenzfelder
4	„Computerfüchse"	Digitalkamera Computer	Ein Buch über die Einrichtung mit Steckbriefen und Fotos der Kinder, selbst gemalten Bildern am PC, usw. wird erstellt.	Körper, Gesundheit und Ernährung Sprache und Kommunikation Musisch-ästhetische Bildung Medien	Motivation Selbstausdruck Wissensbereicherung Lerneffekt Kommunikation Identitätsbildung Gemeinschaftsstiftung Integration	Medienumgang Mediennutzung Mediengestaltung
5	„Rezepte und Ideen aus der Küchenwerkstatt"	Koch- und Bastelbücher Zeitschriften Digitalkamera Computer Mikrofon und Kopfhörer Drucker Laminiergerät Internet	Abläufe werden visualisiert. Z. B. Backrezepte, kleine chemische Versuche, Herstellung von Kreide, Schminke u. ä. ähnliches. In Form von Rezeptkarten / Anleitungen werden „Arbeitshilfen" erstellt.	Körper, Gesundheit und Ernährung Sprache und Kommunikation Soziale, kulturelle und interkulturelle Bildung Musisch-ästhetische Bildung Naturwissenschaftlich-technische Bildung Medien	Motivation Selbstausdruck Wissensbereicherung Lerneffekt Kommunikation Identitätsbildung Gemeinschaftsstiftung Integration	Medienrezeption Anschlusskommunikation nach Medienrezeption Medienumgang Mediennutzung Mediengestaltung
6	„Unsere Kita"	Digitalkamera Videokamera Computer Drucker Diktiergerät	Die eigene Kita wird erforscht: Wer gehört alles dazu, wie verläuft der Tagesablauf usw. Die Dokumentation wird durch Fotografie und Diktiergerät auf dem PC festgehalten und eine Mappe wird angelegt.	Bewegung Körper, Gesundheit und Ernährung Sprache und Kommunikation Soziale, kulturelle und interkulturelle Bildung Medien	Motivation Selbstausdruck Wissensbereicherung Lerneffekt Kommunikation Identitätsbildung Gemeinschaftsstiftung Integration	Medienrezeption Anschlusskommunikation nach Medienrezeption Medienumgang Mediennutzung Mediengestaltung

Nr.	Projekttitel	Medien	Projektidee	Bildungsbereiche	Gratifikationen	Medienkompetenzfelder
7	„Mein Weg zur Kita" (Verkehrserziehung)	Bilderbücher Digitalkamera Videokamera Computer Drucker Laminiergerät Scanner Diktiergerät Internet	Namensschilder, Fotos vom Weg zur Kita und Bilder aus dem Internet (Google Earth) werden erstellt. Die Kinder sollen ihr Umfeld kennenlernen und das richtige Verhalten im Straßenverkehr.	Körper, Gesundheit und Ernährung Sprache und Kommunikation Soziale, kulturelle und interkulturelle Bildung musisch-ästhetische Bildung Ökologische Bildung Medien	Motivation Selbstausdruck Wissensbereicherung Lerneffekt Kommunikation Identitätsbildung Gemeinschaftsstiftung Integration	Medienrezeption Anschlusskommunikation nach Medienrezeption Medienumgang Mediennutzung Mediengestaltung
8	„Mülltrennung"	Digitalkamera Computer Drucker Internet	Kinder lernen Müll zu trennen und die Umwelt zu schonen.	Bewegung Körper, Gesundheit und Ernährung Sprache und Kommunikation Soziale, kulturelle und interkulturelle Bildung Ökologische Bildung Medien	Motivation Selbstausdruck Wissensbereicherung Lerneffekt Kommunikation Identitätsbildung Gemeinschaftsstiftung Integration	Medienrezeption Anschlusskommunikation nach Medienrezeption Medienumgang Mediennutzung Mediengestaltung
9	„Drachen, Ritter und Computer"	Bücher Digitalkamera Computer Drucker Internet	Aufgreifen eines den Kindern bereits bekannten Themas und Weitergestaltung durch den Einsatz verschiedener Medien.	Sprache und Kommunikation Soziale, kulturelle und interkulturelle Bildung Musisch-ästhetische Bildung Naturwissenschaftlich-technische Bildung Medien	Motivation Selbstausdruck Wissensbereicherung Lerneffekt Kommunikation Gemeinschaftsstiftung Integration	Medienrezeption Anschlusskommunikation nach Medienrezeption Medienumgang Mediennutzung Mediengestaltung

8. Die medienpädagogische Intervention

Nr.	Projekttitel	Medien	Projektidee	Bildungsbereiche	Gratifikationen	Medienkompetenzfelder
10	„Hier wohne ich"	Bücher Digitalkamera Computer Drucker Internet	Kinder lernen ihren Stadtteil kennen und die vielfältigen Möglichkeiten in ihrem Wohnumfeld.	Sprache und Kommunikation Soziale, kulturelle und interkulturelle Bildung Ökologische Bildung Medien	Motivation Selbstausdruck Wissensbereicherung Lerneffekt Kommunikation Identitätsbildung Gemeinschaftsstiftung Integration	Medienrezeption Anschlusskommunikation nach Medienrezeption Medienumgang Mediennutzung Mediengestaltung
11	Verkehrserziehung	Bücher Digitalkamera Computer Drucker Internet	Kinder lernen Gefahren im Straßenverkehr kennen, lernen sich richtig im Straßenverkehr zu verhalten.	Körper, Gesundheit und Ernährung Sprache und Kommunikation Soziale, kulturelle und interkulturelle Bildung Ökologische Bildung Medien	Motivation Selbstausdruck Wissensbereicherung Lerneffekt Kommunikation Identitätsbildung Gemeinschaftsstiftung Integration	Medienrezeption Anschlusskommunikation nach Medienrezeption Medienumgang Mediennutzung Mediengestaltung
12	„Sinnvoll erleben"	Digitalkamera Computer Drucker Mikrofon Diktiergerät elektronisches Mikroskop	Es wird der Frage nachgegangen, was Sinne sind. Kinder sollen den Umgang mit Medien „sinnvoll" erleben und erlernen.	Körper, Gesundheit und Ernährung Sprache und Kommunikation Soziale, kulturelle und interkulturelle Bildung Musisch-ästhetische Bildung Medien	Motivation Selbstausdruck Wissensbereicherung Lerneffekt Kommunikation Identitätsbildung Gemeinschaftsstiftung Integration	Medienrezeption Anschlusskommunikation über Medienerlebnisse und -erfahrungen Anschlusskommunikation nach Medienrezeption Medienumgang Mediennutzung Mediengestaltung

Nr.	Projekttitel	Medien	Projektidee	Bildungsbereiche	Gratifikationen	Medienkompetenzfelder
13	„Rund um Obst"	Digitalkamera Computer Drucker Internet	Kinder lernen Obstsorten kennen und werden zu einer geschmackvollen, gesunden Ernährung hingeführt. Obst wird fotografiert, Fotos hochgeladen, bearbeitet, ausgestellt.	Körper, Gesundheit und Ernährung Sprache und Kommunikation Soziale, kulturelle und interkulturelle Bildung Ökologische Bildung Medien	Motivation Selbstausdruck Wissensbereicherung Lerneffekt Kommunikation Identitätsbildung Gemeinschaftsstiftung Integration	Medienrezeption Anschlusskommunikation nach Medienrezeption Medienumgang Mediennutzung Mediengestaltung
14	„Freundschaft"	Bilderbuch Digitalkamera Computer Drucker	Ein Bilderbuch zum Thema „Freundschaft" wird erstellt. Im Anschluss wird der Buchinhalt szenisch dargestellt.	Körper, Gesundheit und Ernährung Sprache und Kommunikation Soziale, kulturelle und interkulturelle Bildung Musisch-ästhetische Bildung Medien	Motivation Selbstausdruck Wissensbereicherung Lerneffekt Kommunikation Identitätsbildung Gemeinschaftsstiftung Integration	Medienrezeption Anschlusskommunikation nach Medienrezeption Medienumgang Mediennutzung Mediengestaltung
15	Märchen „Schneewittchen"	Bilderbücher Digitalkamera Computer Drucker Internet	Ein eigenes Märchenbuch wird erstellt.	Sprache und Kommunikation Soziale, kulturelle und interkulturelle Bildung Musisch-ästhetische Bildung Medien	Motivation Selbstausdruck Wissensbereicherung Lerneffekt Kommunikation Identitätsbildung Gemeinschaftsstiftung Integration	Medienrezeption Anschlusskommunikation nach Medienrezeption Medienumgang Mediennutzung Mediengestaltung

8. Die medienpädagogische Intervention

Nr.	Projekttitel	Medien	Projektidee	Bildungsbereiche	Gratifikationen	Medienkompetenzfelder
16	„Zahlen und Buchstaben"[32]	Bücher, Digitalkamera, Computer, Scanner, Drucker, Laminiergerät	Mit Hilfe der verschiedenen Medien sollen Zahlen und Buchstaben den Kindern näher gebracht werden. Es wird am PC gemalt, Zahlen und Buchstaben im Kindergarten und außerhalb entdeckt, fotografiert und ausgedruckt. Daraus wird dann ein Bilderlotto erstellt. Im Anschluss erwerben die Kinder ihren „PC-Führerschein".	Sprache und Kommunikation, Soziale, kulturelle und interkulturelle Bildung, Mathematische Bildung, Medien	Motivation, Selbstausdruck, Wissensbereicherung, Lerneffekt, Kommunikation, Identitätsbildung, Gemeinschaftsstiftung, Integration	Medienrezeption, Anschlusskommunikation nach Medienrezeption, Medienumgang, Mediennutzung, Mediengestaltung
17	„Farben im Kindergarten"	Bilder, Digitalkamera, Videokamera, Computer, Drucker	Kinder lernen verschiedene Farben kennen und lernen diese auf unterschiedliche Weisen und mit unterschiedlichen Medien gestaltend darzustellen.	Sprache und Kommunikation, Soziale, kulturelle und interkulturelle Bildung, Musisch-ästhetische Bildung, Medien	Motivation, Selbstausdruck, Wissensbereicherung, Lerneffekt, Kommunikation, Identitätsbildung, Gemeinschaftsstiftung, Integration	Medienrezeption, Anschlusskommunikation nach Medienrezeption, Medienumgang, Mediennutzung, Mediengestaltung
18	„Phönixsee und seine Umgebung"	Bücher, Digitalkamera, Videokamera, Computer, Laminiergerät, Internet	Durch die Flutung des Phönixsees verändert sich das Stadtbild und somit das Umfeld der Kinder. Sie sollen ihre Umgebung näher kennenlernen, ihre Wohnhäuser fotografieren und in eigene Fotos einarbeiten. Ein Videofilm wird gedreht und ein Verkehrszeichen-Bilderlotto erstellt. Zudem sollen sie an der Spielplatzplanung teilhaben.	Sprache und Kommunikation, Soziale, kulturelle und interkulturelle Bildung, musisch-ästhetische Bildung, Ökologische Bildung, Medien	Motivation, Selbstausdruck, Wissensbereicherung, Lerneffekt, Kommunikation, Identitätsbildung, Gemeinschaftsstiftung, Integration	Medienrezeption, Anschlusskommunikation nach Medienrezeption, Medienumgang, Mediennutzung, Mediengestaltung

32 Vgl. hierzu Marci-Boehncke, Müller und Strehlow (2012).

Nr.	Projekttitel	Medien	Projektidee	Bildungsbereiche	Gratifikationen	Medienkompetenzfelder
19	Gestaltung und Erstellung eines Speiseplans	Bücher Digitalkamera Computer Drucker Laminiergerät	Ein neuer Speiseplan mit wöchentlich wechselnden Fotos wird gestaltet, um Speisen für die Kinder visualisierend darzustellen.	Körper, Gesundheit und Ernährung Sprache und Kommunikation Soziale, kulturelle und interkulturelle Bildung Musisch-ästhetische Bildung Ökologische Bildung Medien	Motivation Selbstausdruck Wissensbereicherung Lerneffekt Kommunikation Identitätsbildung Gemeinschaftsstiftung Integration	Medienrezeption Anschlusskommunikation nach Medienrezeption Medienumgang Mediennutzung Mediengestaltung
20	Zahngesundheit	Bilderbücher Digitalkamera Computer Mikrofon Kopfhörer Drucker	Kinder lernen das Gebiss kennen und Zähneputzen nach dem KAI-Prinzip. Hierzu werden u.a. auch Bilderbücher betrachtet und eine Collage aus selbst erstellten Fotos gebastelt.	Körper, Gesundheit und Ernährung Sprache und Kommunikation Soziale, kulturelle und interkulturelle Bildung Medien	Motivation Selbstausdruck Wissensbereicherung Lerneffekt Kommunikation Identitätsbildung Gemeinschaftsstiftung Integration	Medienrezeption Anschlusskommunikation nach Medienrezeption Medienumgang Mediennutzung Mediengestaltung
21	„Wir lernen den Computer kennen"	Digitalkamera Computer Drucker Internet	Kinder sollen an das Medium Computer herangeführt werden. Sie sollen Einzelteile des Computers kennenlernen und die vielfältigen Möglichkeiten der Computernutzung, aber auch Gefahren. U. a. werden Mal-, und Bildbearbeitungsprogramme genutzt.	Sprache und Kommunikation Soziale, kulturelle und interkulturelle Bildung Naturwissenschaftlich-technische Bildung Medien	Motivation Selbstausdruck Wissensbereicherung Lerneffekt Kommunikation Identitätsbildung Gemeinschaftsstiftung Integration	Anschlusskommunikation über Medienerlebnisse und Medienerfahrungen Anschlusskommunikation nach Medienrezeption Medienumgang Mediennutzung Mediengestaltung Medienreflexion

8. Die medienpädagogische Intervention

Nr.	Projekttitel	Medien	Projektidee	Bildungsbereiche	Gratifikationen	Medienkompetenzfelder
22	„Eine Reise um die Welt"	Bücher Digitalkamera Computer Internet Drucker Laminiergerät Beamer	Die Kinder haben viele unterschiedliche Nationalitäten und sollen im Projekt Unterschiede und Gemeinsamkeiten entdecken. Wöchentlich wird ein neues Land kennengelernt. Es werden Kontinente gebastelt, Lieder gesungen, Spielzeug aus „Müll" hergestellt, am PC und Beamer Bücher gelesen, Fotos am PC bearbeitet und ein Teppich-Bilderlotto erstellt. Im Projekt wird mit dem Kindermuseum „Mondomio" zusammengearbeitet, wo zum Projektabschluss ein Museumsbesuch geplant ist.	Sprache und Kommunikation Soziale, kulturelle und interkulturelle Bildung Musisch-ästhetische Bildung Ökologische Bildung Medien	Motivation Selbstausdruck Wissensbereicherung Lerneffekt Kommunikation Identitätsbildung Gemeinschaftsstiftung Integration	Medienrezeption Anschlusskommunikation nach Medienrezeption Medienumgang Mediennutzung Mediengestaltung
23	„Abenteuer Wald – Kleine Entdecker auf Spurensuche"	Buch Digitalkamera Computer Internet Scanner Drucker	Das Projekt wird in den wöchentlichen Waldtag integriert. Kinder werden hier zu Fotografen und erstellen Bilder, aber auch Tonaufnahmen. Ziel ist die Erstellung eines Waldbuchs, das die Entwicklung des Waldes über den Zeitraum eines halben Jahres dokumentiert.	Bewegung Sprache und Kommunikation Musisch-ästhetische Bildung Ökologische Bildung Medien	Motivation Selbstausdruck Wissensbereicherung Lerneffekt Gemeinschaftsstiftung	Medienrezeption Medienumgang Mediennutzung Mediengestaltung

Nr.	Projekttitel	Medien	Projektidee	Bildungsbereiche	Gratifikationen	Medienkompetenzfelder
24	„Experimentieren"	Bücher Digitale Spiegelreflex-kamera Computer Mikrofon Internet Drucker Laminiergerät Beamer	Kinder experimentieren mit unterschiedlichen Elementen (Wasser, Eis, Luft) und recherchieren nach weiteren spannenden Experimenten im Internet und in Büchern. Sie fotografieren sich gegenseitig in Forscher-Schutzkleidung und basteln ihren eigenen „Experimentierausweis". In Zweiergruppen suchen sich die Kinder ein Experiment aus, bei dem sie sich gegenseitig filmen. Die einzelnen Filme werden im Anschluss mit Windows Movie Maker zu einem großen „Experimentierfilm" zusammen geschnitten, der mit Fotos ergänzt wird. Zusätzlich werden Audioaufnahmen gemacht, in denen sich jedes Kind vorstellt. Diese werden jeweils mit einem vom Kind selbst ausgewählten Foto des Kindes im Forscheroutfit unterlegt und als Vorspann vor den Film gesetzt. Der fertige Film wird im Bewegungsraum via Beamer gezeigt.	Sprache und Kommunikation Musisch-ästhetische Bildung Naturwissenschaftlich-technische Bildung Medien	Motivation Selbstausdruck Wissensbereicherung Lerneffekt Kommunikation Identitätsbildung Gemeinschaftsstiftung Integration	Medienrezeption Anschlusskommunikation nach Medienrezeption Medienumgang Mediennutzung Mediengestaltung Medienreflexion

8. Die medienpädagogische Intervention 225

Nr.	Projekttitel	Medien	Projektidee	Bildungsbereiche	Gratifikationen	Medienkompetenzfelder
25	„Erstellung eines Fotobuchs"	Buch Digitalkamera Computer Internet Drucker	Die Kinder erstellen zum Thema Wald ein Fotobuch. Hierzu verwenden sie Fotos, die sie beim wöchentlichen Waldspaziergang aufnehmen. Diese zeigen z. B. Tiere und Pflanzen, die sie im Wald entdecken.	Bewegung Sprache und Kommunikation Musisch-ästhetische Bildung Ökologische Bildung Medien	Motivation Selbstausdruck Wissensbereicherung Lerneffekt Gemeinschaftsstiftung	Medienrezeption Medienumgang Mediennutzung Mediengestaltung
26	„Unsere Kita"	Videokamera Computer Internet Beamer	Die Kinder erstellen einen Film, in dem sie ihre Kita vorstellen. Adressat des Films sind die neuen Kita-Kinder und ihre Eltern. In dem Film zeigen die Kinder die Räumlichkeiten ihrer Kita und informieren die neuen Kinder und Eltern über Öffnungszeiten, Mittagessensregelungen und Projekte. Einzelne Sequenzen der Aufnahmen werden von den Kindern ausgesucht und mit dem Windows Movie Maker zusammen geschnitten. Abschluss des Projekts bildet ein Kinovormittag mit Popcorn.	Sprache und Kommunikation Musisch-ästhetische Bildung Medien	Motivation Selbstausdruck Lerneffekt Kommunikation Identitätsbildung Gemeinschaftsstiftung Integration	Medienumgang Mediennutzung Mediengestaltung

Nr.	Projekttitel	Medien	Projektidee	Bildungsbereiche	Gratifikationen	Medienkompetenzfelder
27	„Mutig mutig"	Buch Computer Mikrofon	Die Kinder erstellen ein Hörbuch zum Buch „Mutig mutig" von Lorenz Pauli. Sie setzen sich mit den Themen Mut und Angst auseinander und reden über Gefühle. Sie lernen Texte, teilen Rollen auf und sprechen sie am Computer mit dem Programm Audacity ein.	Sprache und Kommunikation Musisch-ästhetische Bildung Medien	Motivation Selbstausdruck Lerneffekt Kommunikation Identitätsbildung Gemeinschaftsstiftung Integration	Medienrezeption Anschlusskommunikation nach Medienrezeption Medienumgang Mediennutzung Mediengestaltung
28	„Wir kommen in die Schule"	Bücher Digitalkamera Computer Drucker Diktiergerät	Der Schulübergang wird mit den Kindern thematisiert und gemeinsam die Grundschulen abgelaufen. Diese werden im Anschluss aus der Erinnerung gemalt, abfotografiert und am PC mit einem Malprogramm bearbeitet. Den Kindern wird u.a. das Buch „Conni geht in die Schule" vorgelesen u. im Anschluss wird mit ihnen über die Vorfreude, aber auch über Sorgen hinsichtlich des Schulanfangs gesprochen. In Interviews befragen sich die Kinder gegenseitig zum Schulanfang. Gemeinsam wird das ABC-Lied gelernt, gesungen u. am PC aufgenommen. Schultüten werden mit Paint gemalt. Am Ende wird das Projekt in einer PowerPoint zusammengefasst.	Sprache und Kommunikation Soziale, kulturelle und interkulturelle Bildung Musisch-ästhetische Bildung Medien	Motivation Selbstausdruck Lerneffekt Kommunikation Identitätsbildung Gemeinschaftsstiftung Integration	Medienrezeption Anschlusskommunikation nach Medienrezeption Medienumgang Mediennutzung Mediengestaltung

8. Die medienpädagogische Intervention

Nr.	Projekttitel	Medien	Projektidee	Bildungsbereiche	Gratifikationen	Medienkompetenzfelder
29	„Ernst des Lebens"	Buch Digitalkamera Computer Mikrofon	Die Kinder setzen sich mit dem Buch „Ernst des Lebens" auseinander und sprechen über Angst und den ersten Schultag. Ziel ist es, gemeinsam einen Film zum Buch zu drehen.	Sprache und Kommunikation Musisch-ästhetische Bildung	Motivation Selbstausdruck Wissensbereicherung Lerneffekt Kommunikation Identitätsbildung	Medienrezeption Anschlusskommunikation nach Medienrezeption Medienumgang Mediennutzung Mediengestaltung
30	„Die 15 kleinen Raupen der Kita Kunterbunt"	Buch Digitalkamera Computer Drucker Mikrofon	Das Buch „Die Raupe Nimmersatt" wird vorgelesen und besprochen. Anschließend werden aus Pappkarton die jeweiligen Früchte zum Buch gebastelt und im Freien Fotos von den Kindern mit dem Pappobst vor Pflanzen gemacht. Dabei ahmen die Kinder die Raupe nach, die sich durch das Obst frisst. Die Fotos werden via Windows Movie Maker zusammengefügt und die Geschichte wird von den Kindern am Mikrofon eingesprochen. Des Weiteren wird gemeinsam eine Collage über die Projektarbeit angefertigt und aufgehängt.	Sprache und Kommunikation Körper, Gesundheit und Ernährung Musisch-ästhetische Bildung Medien	Motivation Selbstausdruck Wissensbereicherung Lerneffekt Kommunikation Gemeinschaftsstiftung Integration	Medienrezeption Anschlusskommunikation nach Medienrezeption Medienumgang Mediennutzung Mediengestaltung

Nr.	Projekttitel	Medien	Projektidee	Bildungsbereiche	Gratifikationen	Medienkompetenzfelder
31	„Baustelle"	Zeitung Digitalkamera Computer Diktiergerät Internet	Die Kinder als „KidSmart-Reporter" dokumentieren den Umbau ihrer Kita als Online-Zeitung. Hierzu werden Bilder gemalt, fotografiert und Handwerker interviewt. Im Anschluss müssen sie die Informationen auswählen und gezielt filtern. Den Abschluss soll der Besuch eines Zeitungsverlags darstellen.	Sprache und Kommunikation Soziale, kulturelle und interkulturelle Bildung Musisch-ästhetische Bildung Medien	Motivation Selbstausdruck Wissensbereicherung Lerneffekt Kommunikation Identitätsbildung Gemeinschaftsstiftung	Medienrezeption Anschlusskommunikation nach Medienrezeption Medienumgang Mediennutzung Mediengestaltung Medienreflexion
32	„Was tun, wenn's brennt" – Ein Film zum Thema Brandschutz	Buch Digitalkamera Computer Aufnahmegerät Mikrofon Drucker Beamer	Die Kinder machen während verschiedener Aktivitäten im Rahmen des Themas Brandschutzerziehung Foto- und Videoaufnahmen. Ausgewählte Aufnahmen werden mit Hilfe des Programms Windows MovieMaker zu einem Film zusammengeschnitten. Die Kinder nehmen Kommentare und Erläuterungen dazu auf. Der Film dient als Informationsfilm zum Brandschutz.	Sprache und Kommunikation Musisch-ästhetische Bildung Medien	Motivation Selbstausdruck Wissensbereicherung Lerneffekt Kommunikation	Medienrezeption Anschlusskommunikation nach Medienrezeption Medienumgang Mediennutzung Mediengestaltung

8. Die medienpädagogische Intervention

Nr.	Projekttitel	Medien	Projektidee	Bildungsbereiche	Gratifikationen	Medienkompetenzfelder
33	„Jonas und das Weltall"	Bücher Digitalkamera Computer Drucker	Die Kinder setzen sich anhand von Büchern und dem Fotografieren mit ihrem eigenen Körper auseinander und lernen alle Körperteile zu benennen. Zum Buch „Jonas und das Weltall" fotografieren sie sich gegenseitig in verschiedenen Posen und basteln im Anschluss mit den mehrfach ausgedruckten Fotos eine Weltraumcollage.	Sprache und Kommunikation Körper, Gesundheit und Ernährung Medien	Motivation Selbstausdruck Wissensbereicherung Lerneffekt Kommunikation Identitätsbildung	Medienrezeption Anschlusskommunikation nach Medienrezeption Medienumgang Mediennutzung Mediengestaltung

Tabelle 9: Übersicht über die Projekte der ersten und zweiten Projektphase (33 Kitas)

9. Zusammenfassung und Schlussfolgerungen

9.1 Konzeption und Zielsetzung

Medienkompetent zum Schulübergang, das Kooperationsprojekt zwischen TU Dortmund, Pädagogischer Hochschule Ludwigsburg, IBM Deutschland und der Stadt Dortmund, ist in Konzeption und Größe innerhalb der Interventionsforschung im Bereich Frühe Bildung ein Ausnahmeprojekt in Deutschland. Insgesamt wurden Kinder mit einem Migrationsanteil von fast 70 % und deren Eltern (vorrangig aus sozial schwachen Einzugsgebieten der Stadt Dortmund) erreicht (vgl. Tabelle 10).

1. Projektphase September 2010-Juni 2011	• 22 Kitas in Dortmund mit je 2 Multiplikatoren • 175 Erzieherinnen (FABIDO Dortmund) • über 300 Kinder im Alter von 4 bis 5 Jahren • über 300 Eltern (Paare und Einzelne) • 17 Studierende Lehramt (TU Dortmund) • 25 KidSmart-Stationen (IBM Deutschland) • 8 Fortbildungstermine für die Erzieherinnen (Bits21 Berlin, Dosys, PH Ludwigsburg, TU Dortmund) • 3 Fortbildungseinheiten für die Studierenden (PH Ludwigsburg, TU Dortmund)
2. Projektphase September 2011 – Juni 2012	• 35 Kitas in Dortmund mit je 2 Multiplikatoren, davon 21 Kitas aus der 1. Phase • 12 Studierende Lehramt (TU Dortmund) • über 450 Kinder im Alter von 4 bis 6 Jahren (z.T. aus 1. Phase) • über 450 Eltern (Paare und Einzelne) • 64 KidSmart-Stationen (IBM Deutschland) • 2 Fortbildungstermine für die Erzieherinnen (Bits21 Berlin, Dosys, PH Ludwigsburg, TU Dortmund) • 3 Fortbildungseinheiten für die Studierenden (PH Ludwigsburg, TU Dortmund)
3. Projektphase: „Übergang in die Schule gestalten!" September 2012 – Juni 2013	• 29 Grundschulen im Offenen Ganztagsangebot (OGS) in Dortmund, ortsnah zu den Kitas aus Phase 1 und 2, mit je 2 Multiplikatoren (Familienprojekt Dortmund, Schulamt Dortmund) • ca. 360 Kinder im Alter von 6 bis 7 Jahren • Studierende Lehramt (TU Dortmund) • 32 KidSmart-Stationen (IBM Deutschland) • Weiter-/Fortbildungen der beteiligten Kollegien (TU Dortmund, PH Ludwigsburg) • 3 Fortbildungseinheiten für die Studierenden (PH Ludwigsburg, TU Dortmund)

Tabelle 10: Eckdaten des Projekts

Damit nehmen wir den auch bildungspolitisch als prekär anerkannten Bereich des Schulübergangs in den Blick, und zwar in dem Bereich, der vor allem für bildungsschwache Milieus zusätzliche Bildungschancen bietet: dem außerunterrichtlichen Ganztag.

9.1.1 Ziele der Intervention

- Vermittlung von Medienkompetenz an das pädagogische Personal und Erarbeitung von didaktischen Umsetzungshilfen für die Projektarbeit unter Einbeziehung von Computern und anderen, vor allem Kreativ-Medien in der Frühen Bildung
- Ausgleich von Bildungsunterschieden vor Schulbeginn durch integrative Medienbildungsmaßnahmen, auch über kulturelle und soziale Grenzen hinweg
- Einbindung der Eltern durch aktive Medienarbeit und Umgang mit einer Lernplattform
- Sensibilisierung und Ausbildung zukünftiger Lehrkräfte im Bereich Medienkompetenzvermittlung für den Übergang von der Frühen Bildung in die Schule
- Sicherung einer kontinuierlichen und konsekutiven Förderung der Bildungsbiographie aller Kinder
- Etablierung eines nachhaltig agierenden Bildungsnetzwerks auf lokaler Ebene unter Vernetzung von Stadt, Kita-Träger, Jugendhilfe/Familienprojekt und Universität
- Ermöglichung und Initiierung von Kapitalienflüssen (vgl. Kapitel *3.1 Kapitalsorten- und Habitustheorie (Pierre Bourdieu)*) zwischen allen beteiligten Akteuren und Institutionen mit dem Ziel, eine *Win-Win*-Situation für alle Beteiligten zu erreichen

9.1.2 Ziele im Bereich Forschung

- Eine umfassende und authentische Erfassung der Medienrealität im Elementarbereich geschlossener Kita-Gruppen und später in der OGS im gleichen Schulsprengel
- Inhaltlicher und methodischer Beitrag zur Medienbildungsforschung
- Entwicklung von nachhaltigen Konzepten zum Abbau von Bildungsbenachteiligungen in der Frühen Bildung
- Gestaltung von Forschungsnetzwerken als Teil der „forschenden Lehre" in anwendungs- und vermittlungsorientierter universitärer Arbeit
- Erfassung von Kapitalienflüssen (vgl. Kapitel *4.3 Kapitalienflüsse im Rahmen des Gesamtprojekts*) im Rahmen von Bildungsnetzwerken

9. Zusammenfassung und Schlussfolgerungen

9.2 Ergebnisse und Schlussfolgerungen

Die Ergebnisse des Projektes lassen sich knapp und bezogen auf die unterschiedlichen Akteure, die in diesem Bildungsnetzwerk agiert haben, wie folgt beschreiben:

9.2.1 Erzieherinnen

Auch 15 Jahre nach der ersten Erhebung zu Medienerziehung im Frühförderbereich durch Six, Gimmler und Frey (1998) hat sich die Gesamtsituation zum Bildungsbereich Medien in den Kitas noch immer nicht grundlegend geändert.

Dabei scheint es zunächst eine Diskrepanz zu geben zwischen der eigenen Mediennutzungskompetenz der Erzieherinnen und ihrer Bewertung dieser Kompetenzen als Gegenstand der Vermittlung auch an die Kinder in den Einrichtungen. Die rezeptiven Kompetenzen der Erzieherinnen sind stärker ausgeprägt als die vermittlungsorientierten. Bei der Produktion von Filmen und der Fotobearbeitung fehlt Übung. Ebenso beim Umgang mit Lernplattformen und Präsentationsmedien. Diese medienpraktischen Fähigkeiten bilden einen zentralen Teil des kulturellen Kapitals, das die Erzieherinnen mitbringen bzw. nicht mitbringen und das ihren medialen Habitus prägt.

Verantwortlich für diesen Kompetenzstand ist zunächst die Ausbildungsinstitution für Erzieherinnen. Hier wurde deutlich, dass bei den derzeit Beschäftigten erst für die Generation, die seit etwa 11-15 Jahren im Dienst ist – und dies wären, auf die Daten von ganz NRW bezogen (vgl. Bock-Famula/Lange 2012, S. 181), noch erst 45 % –, Medienbildung überhaupt in der Ausbildung thematisiert wurde. Allerdings haben wir auch da noch keine Informationen darüber, was in der Ausbildung genau vermittelt wurde. Im Landesdurchschnitt NRW haben rund 71 % des pädagogischen Kita-Personals einen Fachschulabschluss – diese Institutionen sind somit zentral gefordert, sowohl die technische als auch die didaktisch-pädagogische Dimension von Medienbildung zu vermitteln. Dazu gehört auch, den medialen Habitus der Erzieherinnen dahingehend zu prägen, dass die konstruktive Auseinandersetzung mit dem Medienalltag von Kindern zentraler Bestandteil der Kita-Arbeit in öffentlichen Einrichtungen wird.

Wie auch Ergebnisse aus der jährlich erscheinenden KIM-Studie (MPFS 2010) vermuten ließen und Daten aus weiteren Studien belegen (Feierabend & Mohr 2004; Marci-Boehncke, Weise & Rath 2009; EOA 2011), nutzen bereits Kinder im

Kita-Alter eine breite Medienpalette. Der PC und das Internet gehören längst nicht mehr zu den Randerscheinungen, sondern spielen bereits im Alltag von 4- und 5-Jährigen für etwa ein Drittel eine zentrale Rolle. Dementsprechend kann die Kita als erste und früheste öffentliche Bildungsinstitution nicht länger als medienfreier Raum definiert werden. Vielmehr muss, ausgehend von der medial verfassten Lebenswelt der Kinder, bereits in der Frühen Bildung Verantwortung für Medienkompetenzvermittlung realisiert werden, die rezeptive Medienerfahrungen der Kinder auffängt und produktive Möglichkeiten verantwortungsbewusst erweitert.

Die bewahrpädagogischen Annahmen, die Erzieherinnen bislang einer frühen Medienerziehung entgegenbrachten, können, so die Ergebnisse unserer Studie, nicht länger standhalten. Die These, dass Medien aggressiv machen und Kinder verängstigen, kann nicht nur bereits nach der ersten Erhebungswelle durch Aussagen der Eltern entkräftet werden, sondern wird auch aus unserer bisherigen Forschung als falsch erwiesen. Eine weitere Befürchtung, dass Kinder vor dem PC vereinsamen, konnte ebenfalls widerlegt werden, da die Ergebnisse der Erzieherinnen-Befragung im zweiten Durchgang deutlich zeigen, dass Kinder – ähnlich wie Jugendliche auch (vgl. Barthelmes & Sander 2001; Marci-Boehncke & Rath 2007a) – den PC am liebsten mit Freunden und anderen Kindern im Spiel teilen und nur ein kleiner Teil der Kinder das Medium am liebsten alleine nutzt. Somit hat das Hybridmedium Computer neben Informations- und Gestaltungsfunktion ebenfalls eine Kommunikationsfunktion und ist selbst Ort sozialen Kontakts.

Deutlich wird an den bisherigen Ergebnissen unserer Untersuchung auch, dass die bewahrpädagogischen Einstellungen der Erzieherinnen vor allem aus *Mangel an Wissen* über Medien und *Mangel an eigenen Erfahrungen* mit Medien resultieren. Wie die Ergebnisse der ersten Evaluation zeigen, kann jedoch eine Intervention, die die Erzieherinnen kontinuierlich begleitet, Abhilfe schaffen.

Im Projekt wurde insgesamt deutlich, dass die Erzieherinnen kein klares Bild besitzen von der Bedeutung, die Medien in der kindlichen Lebenswelt besitzen. In ihren Einstellungen zu Chancen und Gefahren sind diejenigen besonders indifferent, die sich gegen eine Teilnahme am Projekt entschieden haben. Für eine Teilnahme haben sich vor allem jene Erzieherinnen entschieden, die eine positivere Einstellung gegenüber Medien besitzen und auch ein breites Spektrum an eigenen Medienkompetenzen mitbrachten. Allerdings zeigte sich mit der Erfahrung über zwei Projektjahre auch bei den beteiligten Erzieherinnen ein Einstellungswandel: Sie beurteilen die Gefahren durch Medien nun deutlich geringer, und zugleich hat

9. Zusammenfassung und Schlussfolgerungen

die Beurteilung der positiven Wirkungen von Medien im Bereich der Wissensvermittlung dabei keine Einbußen erlitten.

Solange also Medienbildung in den Kitas nur ein freiwilliger Auftrag bleibt, wirken Fortbildungen auch hier als „Heilung der Gesunden". Es scheint einen immerhin deutlich dominanten Teil der Erzieherinnen zu geben, die auf freiwilliger Basis nicht von der Notwendigkeit und auch nicht von der Attraktivität von Medienbildung in der Kita zu überzeugen sind.

Insgesamt findet sich bei den Erzieherinnen – ebenso, wie dies seit Jahrzehnten für die Einschätzung durch Lehrkräfte beschrieben wird (vgl. Sacher 1994; Marci-Boehncke & Gast 1997; Gast 1999; Marci-Boehncke 2005) – eine Verschiebung der Verantwortung auf die Bedingungen des „sozialen Feldes" (vgl. Bourdieu 1987) dahingehend, dass dort nur eine spärliche Realisierung von Medienarbeit möglich sei. Es fehle an zusätzlichem Personal, an Zeit und an Ausstattung. Im Detail zeigt sich, dass diese Einschätzungen stereotyp sind – etwa Ausstattung vorhanden ist, von der Erzieherinnen keine Kenntnis genommen haben. Deutlich wird, dass eine Medienarbeit in den Kitas, die nicht nur kurzfristig über eine initiale technische Fortbildung begleitet wird, sondern Projektarbeit im Team realisiert, eine bessere Chance besitzt, medientechnische und mediendidaktische Fertigkeiten und Motivation bei den Erzieherinnen zu etablieren. Eine Veränderung des medialen Habitus – in seinen technischen und didaktischen Kompetenzen sowie Motivationen und Haltungen – bedarf des Erlebens von Selbstwirksamkeit. Das Projekt *Medienkompetent zum Schulübergang* hat versucht, hier ein Arbeitsmodell zu entwickeln, das traditionelle Fortbildungen durch gemeinsame Teamarbeit ergänzt und nachhaltiges Zutrauen und eigene Motivation der Erzieherinnen zu kreativer Medienarbeit etabliert. Bei allem Optimismus aber macht das Projekt deutlich, dass auch auf breiterer Basis das Ziel der Medienbildung in den Blick genommen werden muss:

- Die Ausbildung in den Fachschulen muss technisch und didaktisch aktualisiert werden und das Ziel haben, die aktuelle Medienwirklichkeit der Kinder aufzugreifen.

- Weiterbildung im Bereich der Medienbildung sollte ganze Kita-Teams ansprechen und *idealiter* vor Ort zentral in den jeweiligen Einrichtungen stattfinden. Nur so kann das soziale Kapital, was zur Sicherung nachhaltiger Arbeit vor Ort nötig ist, gewährleistet werden.

- Die Einrichtungen müssen einen für alle transparenten und aktiv gepflegten Medienbestand haben, der auch explizit für die Arbeit mit den Kindern vorgesehen ist und konsequent eingesetzt wird. Die Sicherung der Arbeitsbedingungen durch Verbrauchsmaterial muss durch den Kita-Träger gewährleistet werden – entweder konkret-materiell, oder durch die kommunizierte Möglichkeit für die Kita, eigenständig Spenden anzuwerben oder zumindest entgegen zu nehmen.

- Medienbildungskompetenz der Erzieherinnen sollte vom Träger gratifiziert werden – etwa durch Zertifikate oder Berichte in der internen wie öffentlichen Presse. Außerdem sollten entsprechende Medien-Kita-Profile an Eltern kommuniziert werden. Als gemeinsame Erziehungsaufgabe erkannt, hilft dies Eltern bei der Auswahl der Einrichtung, kann positives Alleinstellungsmerkmal werden. Die Kita-Träger sollten ihren Mitarbeiter und Mitarbeiterinnen Sicherheit darüber vermitteln, dass sie dieses Bildungsziel „Medienarbeit" mit unterstützen.

- Die Medienarbeit in den Kitas sollte breit angelegt sein und selbstverständlich in die übrigen Bildungsbereiche integriert werden. Es geht nicht um ausschließlich kritische Medienregulierung, sondern um kreative, sichere, partizipative und genussvolle Nutzung und Gestaltung.

- Das konkrete mediale Handeln in den Kitas sollte aktiv kommuniziert werden – Lernplattformen ermöglichen dies ebenso wie Wandgestaltungen oder Rundmails. Die Kommunikation im elektronischen Raum schon in der Kita kann helfen, Eltern zu gewinnen und für Kompetenzen zu schulen, die später in der Bildungsbiographie von Kindern unterstützend wirken können. Denn die Arbeit mit Lernplattformen setzt sich in schulischen Kontexten fort. Eltern werden so bereits früh für den Übergang ihrer Kinder in die Schule interessiert und kompetent gemacht.

9.2.2 Die Kinder

Kinder zeigen von Anfang an über alle Geschlechter und unabhängig vom kulturellen Hintergrund ein breites Spektrum an medialen Erfahrungen. Die Nutzung von elektronischen Medien inklusive Internet ist für die meisten Kinder selbstverständlich. Auch wenn die Eltern nur für ca. 30 % angeben, dass Computerkenntnisse vorhanden sind, zeigten die Interviews hier Nutzerkenntnisse und inhaltliche Orientierung bei den meisten Kindern. Eine genaue quantitative Auswertung der offenen Interviews steht noch aus. Einige Kinder sind gerade in der Nutzung der quartären Medien besser orientiert als ihre Eltern.

9. Zusammenfassung und Schlussfolgerungen 237

Kinder verfolgen die für sie relevanten Themen in den Medien, suchen sich Vorbilder und Helden aus medialen Formaten und verfolgen diese konvergent in TV, Film, Internet. Sie eignen sich die Figuren im Spiel, aber auch über den Besitzwunsch an, der Merchandising-Markt hat in Kindern konsumbegeisterte Kunden. Angst und Aggression spielen bei den Kindern als Medienreaktionen nach Angabe der Eltern keine Rolle. Nicht alle der von den Kindern genannten Helden sind auch unmittelbar für diese Altersgruppe entworfen. Einige der aktuellen Favoriten der Kinder aus der Studie – Hanna Montana, Mr. Bean und Spiderman – richten sich eher an eine ältere Zielgruppe. Hier zeigt sich, dass Medien eingebettet sind in familiäres Handeln, denn die Kinder rezipieren auch mit Geschwistern und Eltern. Andererseits wird deutlich, dass es schon in dieser Altersgruppe mediale Diskurse gibt, bei denen mediale Figuren eine Rolle spielen, ohne dass deren Verortung in einer vollständigen Geschichte geleistet werden kann. So sind vielen Kita-Kindern die Helden der Science Fiction-Kultfilme von Star Wars bekannt, es scheinen aber eher Versatzstücke zu sein, die in der Kinderkultur zum Topos geworden sind und als Medienzitate in verschiedenen anderen Erzählkontexten vorkommen und übernommen werden.

Die Arbeit mit Medien hat den Kindern – da waren sich Erzieherinnen und Eltern einig – überwiegend gut gefallen. Sie hat die Kinder nicht nur in technischer Hinsicht, sondern auch im Sozialverhalten gefördert. Eltern geben in den offenen Antworten auch an, dass besonders die Jungen angesichts dieses Angebots mehr und gern von der Kita erzählen.

In Bezug auf die Kinder fördert, wie bereits vermutet, der Umgang mit einer breiten Medienpalette auch eine breite Palette an Kompetenzen. Die Arbeit mit Medien wirkt sich nicht nur gewinnbringend auf technische und kognitive Kompetenzen aus, sondern auch positiv auf das Sozialverhalten der Kinder. Kinder, die bislang Schwierigkeiten hatten, sich in der Kita zu beweisen, gewinnen an Selbstbewusstsein und können hier „Experten" sein. Auch wurde von den Erzieherinnen beobachtet, dass Kinder in der gemeinsamen Medienpraxis einander Hilfestellung leisten. Medien bekommen Integrationsfunktion und die personale Kompetenz konnte in vielen Fällen gestärkt werden.

Auch die Breite und konkrete Orientierung der kindlichen Medienpräferenzen haben sich im Projekt verändert. Es stieg nicht nur das Interesse an elektronischen Medien, sondern die Begeisterung an Printmedien und den zur Rezeption benötigten Kompetenzen nahm zu. Somit kann der Computer nicht länger als Konkurrenzmedium zum Buch betrachtet werden, denn in integrativer Medienarbeit lassen sich durch eine breite Medienpalette literarische und mediale Kompetenzen gemeinsam fördern. Die Ergebnisse zeigen, dass die übergreifende Medienarbeit auch das Interesse an Büchern fördern konnte.

Die vorinstallierte Lernsoftware brachte die Kinder zwar leicht mit dem Computer in Kontakt, aber die Kinder fanden auch schnell den Weg zu einer eigenständigen Nutzung, die zudem erlaubte, sich gegenseitig zu helfen. Eine nachhaltige Faszination übte die EdSmart-Software nicht aus. Sie wurde – obwohl in verschiedenen Sprachen angeboten – fast ausschließlich auf Deutsch genutzt. Als Möglichkeit zum Erlernen anderer Herkunftssprachen wurde sie von den Kindern selbst nicht entdeckt und von den Erzieherinnen auch nicht moderiert – zumindest gilt dies für die Beobachtungsfenster unserer begleitenden Projektstudierenden.

Im Hinblick auf die weitere Bildungsarbeit in den Kitas scheinen folgende Aspekte aus Sicht der Kinder der Berücksichtigung wert:

- Kinder wollen, dass auch ihre medialen Erfahrungen in der Kita eingebracht werden können. Sie sprechen mit anderen Kindern viel über das, was sie sehen und medial erleben, und sie helfen sich beim kreativen medialen Handeln. Hier zeigen sich auch soziale Kompetenzen bei solchen Kindern, die im traditionellen Spiel eher weniger beteiligt sind. Sie sind stolz, ihr Können einbringen zu dürfen, und auch die Erzieherinnen erleben, dass dies zu prosozialen und nicht zu dissozialen Verhaltensweisen führt.

- Im Hinblick auf vergleichbare Ausgangsbedingungen für alle Kinder zum Schulbeginn – auch in Fragen der Medienkompetenz – ist Medienbildung in der Kita notwendig. Obwohl die Kinder insgesamt ein breites Medienspektrum aufweisen, zeigen sich Polarisierungen. Weder ist eine einseitige mediale Konsumorientierung wünschenswert, noch ein Medien-Eremitentum – egal, mit welchem Medium, auch einseitige Buchlesefokussierung ist angesichts der gegenwärtigen medialen Herausforderungen nicht an sich gut und wünschenswert.

- Medienkompetenz umfasst alle Medienaspekte, von der primärmedialen Stimme bis zum quartärmedialen Internet. Medienkompetenz ist keine reine technische Nutzungskompetenz, sondern bezieht sich auf Inhalte, fordert Bewertungen und fördert mediale Kenntnisse und Handlungen. Erzieherinnen

9. Zusammenfassung und Schlussfolgerungen

und Eltern sollten sich in diesem Spektrum orientieren, Kinder ernst nehmen und Gesprächspartner sein.

- Kinder wünschen sich hinsichtlich ihres Medienverhaltens klare und verständliche Unterstützung. Sie brauchen pädagogisch immer wieder Navigatoren, die mal mehr technische, vor allem aber inhaltliche Orientierungsfunktion übernehmen. Medien sind für Kinder identitätsstiftend, insofern möchten sie ernst genommen werden mit ihren medialen Interessen und Bedürfnissen. Dies ist vordringlich ein Appell an die Familien. Gleichwohl dürfen sich Bildungsinstitutionen aber dieser Rolle nicht entziehen, sie müssen hier schon aus Gründen der Bildungsgerechtigkeit wichtigen sozialen Ausgleich leisten. Das heißt andererseits: Aus pädagogischer Professionalität sollte in jedem Fall konstruktive Orientierung geleistet werden können – nicht nur Restriktion, Aussparung oder Handlungsalternativen geboten werden. Bewahrpädagogik ist nicht nur keine Hilfe, sie ist in einer mediatisierten Gesellschaft definitiv keine Option mehr.

- Meist wird Kindern eher die Möglichkeit eingeräumt, technische Geräte zu nutzen, als dass sie konsequent kreativ und kritisch in der Auswahl, Rezeption und Gestaltung von Medienthemen begleitet würden. Kitas sollten im Rahmen ihrer wohlverstandenen Erziehungsarbeit in beiderlei Hinsicht Verlässlichkeit anbieten: Übungsmöglichkeiten für mediales Handeln und ebenso Gesprächsmöglichkeiten für mediale Themen – und zwar für alle Kinder, auch die aus anderen Kulturkreisen. Damit geht die Forderung nach einer integrierten, kultursensiblen und interkulturell kompetenten Medienerziehung in der Frühen Bildung einher.

- Lob und Anerkennung ist für Kinder auch in der Medienarbeit wichtig. Projektarbeit ermöglicht es, Aufmerksamkeit von Eltern und der Öffentlichkeit zu bekommen. Gerade digitale Medienarbeit ermöglicht die Produktion kostengünstiger Erinnerungen auf DVD oder im Ausdruck. So spart die digitale Arbeit auch ökonomische Ressourcen und schafft gleichzeitig für die Kinder soziales und symbolisches Kapital.

9.2.3 Die Eltern

Das Thema „Mediennutzung und Medienerziehung von Kindern" wird von Eltern als ein auf sie selbst bezogenes soziales Thema häufig tabuisiert – gerade weil es in der medialen Öffentlichkeit so polarisiert diskutiert wird. Umso größer ist zunächst die Bereitschaft der Eltern zu werten, ihre Kinder am Projekt teilnehmen zu lassen und selbst die Befragung zu unterstützen. Wie bei allen personenbezogenen Befragungen, die auf identitätsstiftende Verhaltensweisen abzielen, muss hier mit vermeintlich sozial erwünschten Antworten gerechnet werden.

Die Elternbefragung zeigt, dass Familien Kindern einen breiten Zugang zu den verschiedenen Medien ermöglichen – und zwar unabhängig von Geschlecht und kultureller Herkunft. Sie zeigt weiterhin, dass Medien für Kinder zwar eine wichtige Rolle spielen, allerdings immer nachgeordnet zum Spiel im Freien – was in diesem Alter in der Regel als gemeinsames Spiel stattfindet. Nur als Alternative zum Alleinspielen rangiert die rezeptive Mediennutzung von TV oder Film leicht höher. Diese Ergebnisse bestätigen andere seit Jahren regelmäßig durchgeführte Mediennutzungsstudien, die Kinder ab dem Schulalter in den Blick nehmen. Medien sind darüber hinaus ein wichtiger Bereich, mit dem sich Familienleben gestaltet. Gerade das gemeinsame Fernsehen ermöglicht familiäre Nähe und Kommunikation. Hier wird Familie gemeinsam erlebt (*doing family*) (vgl. Sander & Lange 2006; Theunert & Lange 2012). Gleiche Funktion besitzt das gemeinsame Bücherlesen. Aus lesedidaktischer Sicht sind hier zwar auch wesentliche Unterschiede zu nennen, nach denen der gemeinsamen Interaktion beim Vorlesen auch zusätzliche sprachbildende und symbolverstehende Funktion für das Kind zugewiesen werden können, weil hier eben aktiver gestaltet wird als bei der gemeinsamen „Fremdrezeption" – dennoch entsteht auch aus familialer Rezeption ein gemeinsamer Kontext zwischen Eltern und Kindern, der wiederum Gegenstand gemeinsamer Anschlusskommunikation darstellt. Obwohl das Vorlesen auf Platz 2 der kindlichen (64%) und gemeinsamen familiären (70%) Mediennutzung steht, werden bei differenziertem Blick die Unterschiede zwischen Kindern aus Familien mit und ohne Migrationshintergrund sehr deutlich. Kinder ohne Migrationshintergrund bekommen mehr vorgelesen als Kinder ohne Zuwanderungsgeschichte. Interessant ist aber unter einer allgemeinen, nicht kulturspezifisch differenzierten Perspektive, dass Jungen nach Angaben der Eltern insgesamt mehr vorgelesen wird als Mädchen.

Medien und das Medienverhalten etablieren damit insgesamt familienintern Diskurse, die von gegenseitigen Machtinteressen geprägt sind. Solche Diskurse setzen sich in den Peer-Groups der Kita fort (vgl. Schwerhoff 2012) und werden über Merchandising-Produkte und mediensprachliche Unterhaltung unter den Kindern weiter geführt. Eltern nehmen Konsumwünsche als Folge von Medienkonsum wahr

9. Zusammenfassung und Schlussfolgerungen

– und erfüllen diese wohl auch häufig. Angst und Aggression als Folge medialer Beschäftigung werden zu so geringen Prozentangaben vermerkt, dass selbst bei unterstellter „sozialer Erwünschtheit" in den Antworten hier entweder kollektive Ignoranz eines Problembereichs stattfindet oder aber diese Reaktionen wirklich eher die Ausnahme darstellen.

Im Elternhaus spielen die Medien im Erziehungskontext eine wichtige Rolle. Ein Viertel der antwortenden Eltern nutzen Medienverbote als Erziehungsmittel. Über 50% der antwortenden Eltern gibt aber auch an, ihr Kind bei der Mediennutzung zu begleiten. Wie weit allerdings diese Begleitung geht, konnte im Rahmen der Studie nicht konkreter untersucht werden. Deutlich wird an den Kinderinterviews, dass die Eltern bei der TV-Rezeption in gemeinsamen Wohnräumen häufig eingebunden sind. Befindet sich ein TV Gerät im Kinderzimmer, wählen die Kinder unbegleitet aus und rezipieren zeitlich und inhaltlich unkontrolliert. Bei der Computernutzung sind die Eltern für den Zugang eingebunden, die Spiele – häufigste Nutzungsfunktion des Computers im Kita-Alter – spielen die Kinder allein oder unter Geschwistern und Freunden. Ein Fünftel der Familien gibt an, in medientechnischer Hinsicht gemeinsam und voneinander zu lernen – und fast die Hälfte der antwortenden Eltern konstatiert, dass es Medienhandlungen gibt, die ihr Kind besser kann als sie. Dass dies zunächst Computerspiele sind, ist erwartbar. Aber es gilt auch für 30% der Eltern beim TV und für über 20% für den Computer allgemein. Väter scheinen hier technisch versierter zu sein und auch den Zugang zu Medien eher zu haben als Mütter. Ökonomische Ressourcen liegen damit dominanter unter väterlicher Kontrolle, kulturelles Kapital ist medienabhängig ausgebildet: Im Inhaltebereich sind die Mütter eher Ansprechpartner und besitzen die für Kinder relevanten Kompetenzen, technisch sind es die Väter, die reparieren oder in Betrieb nehmen. Die FIM-Studie (2012) hatte diese Ergebnisse bereits für Familien mit älteren Kindern beschrieben.

Das Projekt *Medienkompetent zum Schulübergang* hat sich um eine intensive Elternbeteiligung bemüht. Dies war schon aus datenschutzrechtlichen Überlegungen notwendig. So wurden alle Eltern schriftlich über den Forschungs- und Interventionsverlauf informiert. Dieses Schreiben lag in insgesamt sieben Sprachen vor, die zuvor über die Kitas als Herkunftssprachen in den Familien abgefragt worden waren. Es sollten explizit möglichst alle Familien unabhängig von ihrer deutschen Sprachkompetenz einbezogen werden. Dennoch hat die Mehrheit der Familien mit Migrationshintergrund doch die deutschen Informations- und Erhebungsbögen genutzt. Einige Kitas haben – in Zusammenarbeit mit den in ihrer

Einrichtung aktiven Studierenden oder auch allein – Elternabende angeboten, auf denen das Projekt *Medienkompetent zum Schulübergang* zusätzlich vorgestellt und Medienerziehung thematisiert wurde. Die Koordination und Entscheidung darüber sollte aber bewusst jede Einrichtung selbst treffen. Von Seiten der wissenschaftlichen Leitungsebene haben wir Eingangs- und Abschlusserhebung kommuniziert, die Erlaubnis zur Projektteilnahme des Kindes und die zur Befragung eingeholt. Außerdem wurde auch noch eine Erlaubnis eingeholt, Fotodokumentationsmaterial über das Projekt zu erstellen, worauf die Kinder ggf. abgebildet sind. Zum Ende des Projekts erhielten die Eltern von uns eine kleine Projektauswertung mit wichtigen Ergebnissen, die kindliches Medienverhalten und die familiäre Mediensituation betreffen. Außerdem waren hier weitere Hinweise auf medienpädagogische Informationsstellen und -materialien vermerkt.

Eine vollständige Beteiligung der Eltern wurde nicht erreicht. Ein Teil der Eltern schien sich für das Projekt nicht zu interessieren. Es wäre sicher wünschenswert gewesen, die Elternarbeit noch zu intensivieren. Denn obgleich sich in 60% der Elternhäuser nach Angaben der antwortenden Eltern das familiäre Medienverhalten verändert haben soll, nehmen die entscheidenden Aspekte der Medienerziehung auch nach der Intervention einen zu geringen Raum ein. So kommt die Anschlusskommunikation über Medien und Medieninhalte mit 10% deutlich zu kurz und auch ein kritischer Medienumgang durch schärferen Blick auf die Medieninhalte und Medieninteresse der Kinder bleibt in vielen Haushalten bislang aus. Positiv allerdings fällt auf, dass vor allem Familien mit Zuwanderungsgeschichte ihr medienpädagogisches Verhalten modifiziert haben. Für nur knapp 25% hat sich auch nach dem Projekt nichts verändert – bei Familien ohne Migrationshintergrund geben über 45% an, in ihrem Verhalten nichts geändert zu haben. Die gemeinsame Mediennutzung und das Informationsverhalten zum Thema Medien haben sich bei Familien mit Zuwanderungsgeschichte ebenso verändert wie größeres Zutrauen zum Kind bei der Mediennutzung entstanden ist und offensichtlich auch gezieltere Reglementierungen getroffen werden. Familien ohne Migrationshintergrund achten stärker auf die Inhalte und sprechen mehr mit ihren Kindern über die Mediennutzung. Diese Ergebnisse zeigen, dass es gelungen ist – zumindest im Selbstbild der Antwortenden – eine Sensibilisierung zum Thema Medienerziehung in der Familie über das Projekt herzustellen. Die offenen Antworten zur Projektreaktion des Kindes zeigen meist Begeisterung. Bei Jungen wird durch das Projekt an vorhandenes kulturelles Kapital angeknüpft – damit ergibt sich für sie soziales Kapital in der Kommunikation auch mit den Eltern. Bei Mädchen stellen

9. Zusammenfassung und Schlussfolgerungen

die Eltern im Medienumgang eine Zunahme an Selbstvertrauen fest. Hier wird kulturelles Kapital gestärkt.

Aus pädagogischer Sicht und unter der Perspektive von Bildungsorganisation halten wir fest:

- Medienerziehung ist ein familiärer Tabu-Bereich, der über ein Forschungs- und Interventionsprojekt aufgebrochen werden kann. Gemeinsame Forschung und die Ansprache der Eltern als Experten können helfen, Unsicherheiten in der eigenen Erziehungsposition über anonymisierte Fragebögen in den Hintergrund treten zu lassen. Es ging also zunächst in unserem Projekt darum, Vertrauen herzustellen und damit soziales Kapital zu generieren. Erst danach kann über die Befragungsergebnisse Klarheit über vorhandenes kulturelles Kapital in den Familien gewonnen werden, um dieses ggf. – verstanden als pädagogische Kompetenz – zu stärken.

- Die Ansprache in verschiedenen Herkunftssprachen war ein Zeichen, dem eine Wirkung unterstellt wird, unabhängig davon, wie intensiv von der tatsächlichen Nutzung herkunftssprachlicher Fragebögen Gebrauch gemacht wurde. Der Charakter des Projektes als *Förder*projekt sollte damit glaubwürdiger werden.

- Die Sensibilisierung der Familien für Medienerziehung hat bei vielen funktioniert. Ein kontinuierlicher Informationsfluss auch über die Kita mit Verlauf und Ergebnissen der Projekte ist wünschenswert. Eine klare Position der Kita zum Thema Medienpädagogik stärkt das soziale Kapital in der Beziehung zwischen Eltern und Erzieherinnen.

- Eltern wissen um die identitätsstiftende Wirkung von Medieninhalten für ihre Kinder. Nicht in jedem Fall kennen sie Details, aber sie unterstützen über Beschäftigungsmöglichkeiten und Konsumwunscherfüllung die Aneignungsbedürfnisse ihrer Kinder. Ihre pädagogische Bedeutung können sie dabei nicht selbstbewusst einschätzen. Ihr Erziehungsverhalten zeigt Unsicherheit.

- Klare medienpädagogische Erziehungspositionen der Kita und die Etablierung metakommunikativer Strukturen über Medienprojektarbeit können helfen, familiäres Erziehungsverhalten reflektierbar zu machen und damit zu stärken – auch und gerade in Familien mit Migrationshintergrund.

9.2.4 Die Studierenden

Das Projekt *Medienkompetent zum Schulübergang* sollte auch für die beteiligten Studierenden pädagogische und fachdidaktische Relevanz haben. Die Kompetenzgewinne der Studierenden (inkorporiertes kulturelles Kapital) lassen sich durch die aus der jeweiligen Projektmitarbeit resultierenden Qualifikationsarbeiten (objektiviertes kulturelles Kapital sowie institutionelles kulturelle Kapital) objektivieren. In diesen Arbeiten waren konzeptionell die metakognitiven Reflexionen der Studierenden angelegt. Darüber hinaus wurde im Nachgang zu den ersten beiden Projektphasen eine Studierendenbefragung initiiert, deren Ergebnisse jedoch noch nicht vorliegen. Eine solche Befragung nach der dritten Phase ist geplant. Zum jetzigen Zeitpunkt (12/2012) lässt sich die Zahl der erstellten Qualifikationsarbeiten beschreiben:

Es liegen zehn Qualifikationsarbeiten zum Bachelor of Arts aus dem Themenbereich des Projekts *Medienkompetent zum Schulübergang* in den Kitas vor sowie sieben Masterarbeiten und eine Magisterarbeit. Es sind weitere Masterarbeiten aus dem Kita-Projekt-Kontext und weitere BA- und MA-Arbeiten aus der noch laufenden OGS-Phase in Vorbereitung. Schließlich werden zur Zeit drei Dissertationen auf der Basis der Projekt-Daten erstellt. Mündliche Prüfungen mit Abschlussrelevanz (institutionalisiertes kulturelles Kapital) haben darüber hinaus bis heute weitere acht Studierende im Projekt gemacht. Damit haben aus der ersten Phase fast alle Studierenden mit ihrer eigenen Projektarbeit und im Verbund des gesamten Forschungsprogramms Daten und Thematik zum Erwerb kulturellen Kapitals nutzen können.

Dieses intensive Engagement (und damit die Kapitalisierung der geleisteten Projektarbeit) drückt sich nicht zuletzt im hohen persönlichen Aufwand aus, den die beteiligten Studierenden und *postgraduates* an diesem Projekt geleistet haben. Sie hatten in ein- bis zwei Semestern vorbereitende Veranstaltungen und Trainings zu absolvieren und nahmen dann in der konkreten Projektphase 10-12 ca. 90minütige Interventionstermine in den Kitas wahr. Darüber hinaus entstand noch ein hoher Organisationsaufwand durch die eigenverantwortlichen Terminplanungen und Terminabsprachen vor Ort sowie die anfangs zu leistenden Kennenlern-Termine, die als vertrauensbildende Maßnahme für die zukünftige Zusammenarbeit mit den Erzieherinnen ebenso notwendig waren wie für die anstehende konkrete Projektarbeit mit den Kindern. Einige Studierende wurden zudem in die Elternarbeit der jeweiligen Kita eingebunden. Auch bei der Abschlussveranstaltung zur gemeinsamen Projektpräsentation vor einer städtischen und regionalen pädagogischen Öffentlichkeit brachten sich die Studierenden in ihrer Schnittstellenfunktion

9. Zusammenfassung und Schlussfolgerungen

zwischen Forscherteam und Kita ein und waren als Organisationsteam im Vorfeld und als Ansprechpartner am Event fast vollständig involviert. Hier wurde und wird für die Studierenden zum Teil mit Wirkung über die Projektphase hinaus eine Vernetzung erreicht, die zunächst als soziales Kapital zu werten ist und auch teilweise zu weiterer Mitarbeit in den Institutionen führt (etwa als pädagogischer Betreuer im OGS-Bereich) und damit weitere Kapitalien generierbar macht.

Doch dieser positive Output war im Detail durchaus schwierig zu realisieren. So war v. a. im ersten Interventionssemester den Studierenden häufig noch nicht klar, wie forschungsintensiv und theoriegestützt der Anspruch des Projekts war – im Rahmen der Vorbereitung wurden die Studierenden zwar auf diese Aspekte hingewiesen, aber der bisherige Erfahrungshintergrund der Studierenden, die häufig noch wenig mit konkreten Forschungszusammenhängen in Berührung gekommen waren, machte es manchen Studierenden schwer, diese Hinweise richtig einzuordnen. So berichten einige in ihren Abschlussarbeiten, dass sie sich eine längere Seminarvorbereitung gewünscht hätten. Diese „Lösungsstrategie" für die in der Auswertungsphase deutlich werdende eigene Unterschätzung theoretischer, forschungsmethodischer und forschungspraktischer Schulung ist nicht nur studientechnisch wenig realistisch, da die Studierenden sehr bedarfsorientiert im Sinn eines zügigen Studienabschlusses studieren und Veranstaltungen in einem Modul auch aus Kapazitätsgründen nicht mehrfach besucht werden dürfen. Vielmehr haben im Nachhinein bewusst werdende Defizite ihre Ursache häufig in mangelnder Disziplin oder Ernsthaftigkeit in der Vorbereitungsphase. Die Notwendigkeit intensiver Lektüre – die in großer Zahl über Reader und Literaturlisten zur Verfügung gestellt worden war – ist einigen Studierenden erst in der Phase der Erstellung der Abschlussarbeiten deutlich geworden. Zwar führte dies zu einer sukzessiven Differenzierung der Studierenden, die besonders leistungsorientiert sind (nicht nur gegenüber den Projektleitenden, sondern auch innerhalb der Studierendengruppe), was man in Bezug auf eine realistische akademische Selbsteinschätzung der Studierenden durchaus begrüßen kann. Auf der anderen Seite wird damit deutlich, dass eine frühzeitige Orientierung der Hochschullehrenden allgemein an der „forschenden Lehre", die Forschungszusammenhänge aktiv und konkret in die Lehre einfließen lässt, hilft, die Effizienz der Lehrinvestitionen für alle zu erhöhen. Schließlich muss man auch zur Kenntnis nehmen, dass die Einbindung in komplexe Forschungs- und Interventionsstrukturen häufig auch erst sukzessive Wirkung entfaltet. So berichten Studierende, dass ihnen die Relevanz des Projektes auch für ihre eigene Zukunft als Lehrkraft an Schulen erst zum Abschluss des Projekts richtig klar geworden sei – nicht nur, weil sie ihre eigene Medienkompetenz im Vergleich zu den Kindern überschätzt hatten respektive die

Medienkompetenz der Kinder unterschätzt hatten, sondern weil die Forschungsperspektive auf die eigene Interventionsgruppe ihnen wichtige Übung für eigene kleine Empirien im Klassenraum gegeben hat. Auch die didaktische Verknüpfung von sehr unterschiedlichen Sachthemen mit medienpädagogischen Arbeitsformen wurde als eine wichtige Übungschance wahrgenommen.

Alle Studierenden im Projekt bestätigen, dass sie nun mit dem Wissen für ihre Schullaufbahn starten, vor welchem curricularen Hintergrund Kinder in Kitas vorgebildet wurden, die zu ihnen in die Schule kommen. Dies hat ihre eigenen methodisch-didaktischen Vorstellungen von den Arbeitsmöglichkeiten mit Kindern im und nach dem Schulübergang nicht nur medial, sondern auch inhaltlich geprägt. Bei allen herrschte großer Respekt, ja Überraschung über die schnellen Lernfähigkeiten, das vorhandene Medienwissen und die große Motivation, die Lernen mit Medien für Kinder bedeutet. Gerade die kreative Medienarbeit hat den Studierenden selbst viel Freude gemacht – das zeigen viele engagierte Projektergebnisse.

Ein Studierender hat darüber hinaus mit seiner Kita an einem Umwelt-Wettbewerb teilgenommen und mit dem in der von ihm betreuten Kita durchgeführten Medien-Projekt zum Wald den ersten Preis gewonnen. Dieser Preis, der mit 1000 Euro dotiert war und der Kita-Arbeit zugutekommt, ist nicht nur ökonomisches Kapital für die Kita, er ist auch symbolisches Kapital für den Studenten, der sich dies auch im Lebenslauf im Kontext der Projektteilnahme eintragen kann.

Weitere Studierende haben sich mit ihren Arbeiten und Projekten für praktische und wissenschaftliche Medienpreise beworben. Allein die Kenntnis solcher Wettbewerbe stellt für die Studierenden kulturelles Kapital dar, Wissen, auf das sie auch in ihrer Berufspraxis zurückgreifen können, und das Motivation erzeugt und symbolisches sowie soziales Kapital ermöglicht.

Studierende, die sich wissenschaftlich weiterqualifizieren und als *postgraduates* ihre Dissertation im Projekt erstellen, konnten, zum Teil alleine, z. T. zusammen mit den Verfassern, Publikationen in verschiedenen Fachorganen realisieren und damit bereits in der Qualifikationsphase ihr kulturelles und soziales Kapital erhöhen.

Außerdem präsentieren die *postgraduates* Teilergebnisse ihrer Dissertationsprojekte bereits auf nationalen und internationalen Tagungen, wodurch soziales (und kulturelles) Kapital generiert wird. Zudem profilieren sich viele der Studierenden des Projekts gleich doppelt: Sie verbinden in der Projektarbeit Lesekompetenzförderung

9. Zusammenfassung und Schlussfolgerungen

mit Medienbildung und nutzen die Interventionsphase als Praxisteil im Rahmen eines Zusatzzertifikats zur Literaturpädagogik. Damit binden sie bereits in der Ausbildung Lese- und Medienförderung zusammen und sind so praxiserprobt für eine moderne Förderung von Lesen im Medienkontext, wie sie auf breiter Ebene gefordert wird.

9.2.5 Governance-Ebene

Das Gesamtprojekt *Medienkompetent zum Schulübergang* verstand und versteht sich als ein Prozess, der alle beteiligten Akteure, d. h. die Forschenden selbst, die Intervenierenden und die Zielgruppen der Forschung und der Intervention, im Sinne der Action Research einbindet. Auf der Steuerungsebene wurden konzeptionell im Sinne eines Bildungsnetzwerkes verschiedene Akteursgruppen zusammengebracht, um gleichberechtigt aktiv das Projekt nicht nur zu steuern, sondern auch eigene metakognitive Reflexionen anstellen zu können. Dabei wurden – wie gezeigt werden konnte – auch auf dieser Ebene verschiedene Kapitalien generiert.

Allerdings zeigte sich auch, und damit geht die Governance-Ebene über ein rein delegiertes Projektmanagement und eine rein umsetzende Administration hinaus, dass die auf der Governance-Ebene agierenden Institutionen bzw. diese repräsentierenden Personen mit je eigenen normativen Vorstellungen und strategischen Intentionen in diesen Prozess eingestiegen sind.

So wollte IBM Deutschland nicht im Sinne eines Sponsorings die ökonomische Basis für ein dann vom Unternehmen unabhängiges Projekt zur Verfügung stellen und auch nicht im Sinne unternehmerischer Partikularinteressen eine spezifische Forschung beauftragen. Das Unternehmen trat vielmehr als CSR-Akteur auf, also unter dem Anspruch im Rahmen des eigenen *Corporate Social Responsibility*-Konzepts einen Beitrag zur Bildungsverantwortung aktiv zu übernehmen. Die Einbindung des Unternehmens konnte naturgemäß nicht inhaltlich-konzeptionell erfolgen, sondern nur politisch: durch aktive Vernetzungsarbeit des Unternehmens mit kommunalen und anderen medialen Akteuren und durch die Beteiligung des Unternehmens im Rahmen des konkreten Projektmanagements als managerieller Berater.

Die Stadt Dortmund trat als politisch verantwortliche Trägerin der Kitas auf, die neben einem expliziten politischen Willen zur Medienarbeit in der Frühen Bildung auch die rechtliche Aufsicht für die Projektdurchführung für sich als Aufgabe sah. Darüber hinaus war die Stadt in ihrem internen IT-Dienstleister aber auch Instanz der technischen Realisierung und organisatorische Instanz für die konkrete Verwaltungsarbeit im Projekt, soweit es die Kitas, die Stadt als Kommune, die Koordination der Mitglieder der Projektmanagementgruppe sowie die Umsetzung der Beschlüsse der Projektmanagementgruppe anging. Dabei traten auch innerhalb der Kommune Spannungen und unterschiedliche Interessenlagen deutlich zutage. Pädagogische Sinnhaftigkeit musste sich, z. T. außerhalb der Governance-Ebene, aber innerhalb der städtischen Administration, gegen auf den ersten Blick juristische Bedenken (Arbeitsrecht, Datenschutz) durchsetzen – was nicht in jedem Fall gelang. Deutlich wurde dabei, dass kommunale Akteure ihre Interessen in Konflikten, die innerhalb der Stadt unabhängig vom Projekt *Medienkompetent zum Schulübergang* bestanden, über Einflussnahmen im Projektprozess durchzusetzen versuchten. Daneben musste auch das pädagogische Personal der Stadt neue pädagogische Reflexionen und Diskurse in Bezug auf Medienbildung führen, die so ohne den Anlass des konkreten Projekts zu diesem Zeitpunkt nicht aufgetreten wären.

Die Universität setzte sich mit der Stadt sowie mit IBM Deutschland auf einer zunächst juristischen Ebene auseinander, ein sehr engagierter Prozess von beiden Seiten, der zu bisher ungewöhnlichen und nicht standardmäßig gewählten Kooperationsformen führte. CSR-Projekte im Verbund mit Bildungsträgern sind immer noch nicht hinreichend als mögliche Rechtsform verselbständigt, so dass immer wieder neu Aushandlungsdiskurse mit allen beteiligten, nicht wissenschaftlichen Akteuren geführt werden mussten, um das Projekt in der Durchführung und den ökonomischen wie auch urheberrechtlichen Folgen in den Blick zu nehmen.

Für Stadt und IBM Deutschland ergaben sich aus der gemeinsamen Projektarbeit weitere Vernetzungen (soziales Kapital), die zu konkreten kommunalen, bildungspolitischen und pädagogischen Projekten führen (ökonomisches, kulturelles und soziales Kapital). Für die Forschenden ergab die v. a. mediale Außenwahrnehmung neue Kontakte (soziales Kapital), die entweder zu weiteren Projektanfragen führten oder in anderen institutionellen Zusammenhängen Anerkennung erzeugten (symbolisches Kapital). So wurde das Projekt beispielsweise im „Medienpädagogischen Atlas NRW" des Grimme-Instituts zum Projekt des Monats April 2011 gewählt. Darüber hinaus wird die öffentliche Wahrnehmung zugleich zum Expertisenerweis (quasi institutionalisiertes kulturelles Kapital), was – ganz im Sinne des Projekts als Bildungsnetzwerk – zu Vorträgen, Schulungen und Weiterbildung anderer haupt- oder ehrenamtlicher Pädagoginnen und Pädagogen führt (soziales Kapital). Schließlich lässt sich auch eine zunehmende politische Wahrnehmung feststellen, die sich in expliziter Politikberatung im Bereich Medienbildung realisiert (symbolisches Kapital).

10. Literatur

Adelman, C. (1993). Kurt Lewin and the Origins of Action Research. *Educational Action Research 1*(1), S. 7-24.

Altrichter, H. & Posch, P. (2010). Reflective Development and Developmental Research: Is There a Future for Action Research as a Research Strategy in German-Speaking Countries? *Educational Action Research 18*(1), S. 57-71.

Amos, S. K. (Hrsg.) (2010). *International Education Governance*. Bingley, U.K.: Emerald.

Anand, S. & Krosnick, J. A. (2005). Demographic Predictors of Media Use Among Infants, Toddlers, and Preschoolers. *American Behavioral Scientist*, 48(5), S. 539-561.

Anderson, D. (2010). Interview. In M. D. Souza & P. Cabello (Hrsg.), *The Emerging Media Toddlers*. (S. 41-43). Göteborg: Nordicom/Published by The International Clearinghouse on Children, Youth and Media.

Arbeitsmarktreport NRW (2010). *4. Quartalsbericht Dezember 2010*. Hrsg. vom Ministerium für Arbeit, Integration und Soziales des Landes Nordrhein-Westfalen. Düsseldorf. http:In:www.arbeit.nrw.de/pdf/arbeit/arbeitsmarktreport_quartalsbericht_2010_04.pdf [06.08.2012].

Asamen, J. K. & Berry, G. (2012). Television, Children, and Multicultural Awareness. Comprehending the Medium in a Complex Multimedia Society. In D. G. Singer & J. L. Singer (Hrsg.), *Handbook of Children and the Media* (S. 363-377). Thousand Oaks, CA: Sage.

Atteslander, P. (2008). *Methoden der empirischen Sozialforschung*. Berlin: Erich Schmidt.

Baacke, D. (1996).Medienkompetenz – Begrifflichkeit und sozialer Wandel. In A. v. Rein (Hrsg.), *Medienkompetenz als Schlüsselbegriff* (S. 4-10).Bad Heilbrunn: Klinkhardt.

Bachmair, B. (1994). Handlungsleitende Themen: Schlüssel zur Bedeutung der bewegten Bilder für Kinder. In Deutsches Jugendinstitut (Hrsg.), *Handbuch Medienerziehung im Kindergarten. Teil 1: Pädagogische Grundlagen* (S. 171-184). Opladen: Leske + Budrich.

Bandura, A. (1977). Self-Efficacy: Toward a Unifying Theory of Behavioral Change. *Psychological Review,* 84(2), S. 191-215.

Barthelmes, J. & Sander, E. (2001). *Erst die Freunde, dann die Medien. Medien als Begleiter in Pubertät und Adoleszenz*. München/Opladen: DJI/Leske + Budrich.

Baumert, J., Maaz, K., Gresch, C., McElvany, N., Anders, Y., Jonkmann, K., Neumann M. & Watermann, R. (2010). Der Übergang von der Grundschule in die weiterführende Schule – Leistungsgerechtigkeit und regionale, soziale und ethnisch-kulturelle Disparitäten: Zusammenfassung der zentralen Befunde. In J. Baumert, C. Gresch, K. Maaz & N. McElvany (Hrsg.), *Der Übergang von der Grundschule in die weiterführende Schule. Leistungsgerechtigkeit und regionale, soziale und ethnisch-kulturelle Disparitäten* (S. 5-21). Bonn, Berlin: Bundesministerium für Bildung und Forschung.

Becker, B. & Biedinger, N. (2006). Ethnische Bildungsungleichheit zu Schulbeginn. *Kölner Zeitschrift für Soziologie und Sozialpsychologie* 58(4), S. 660-684.

Becker, R. & Lauterbach, W. (2004). Vom Nutzen vorschulischer Kinderbetreuung für Bildungschancen. In R. Becker & W. Lauterbach (Hrsg.), *Bildung als Privileg? Erklärungen und Befunde zu den Ursachen der Bildungsungleichheit* (S. 127-159). Wiesbaden: VS Verlag.

Bethge, C. (2004). Das KidSmart-Projekt in Brandenburg: Gehört ein Computer in eine Kindertagestätte? (S. 95-98). *KitaDebatte*, Heft 1 (2004) „Grundsätze elementarer Bildung". http://www.mbjs.brandenburg.de/sixcms/media.php/5526/kitadebatte0104.pdf [27.12.2012].

Bildungsgrundsätze (2011). Ministerium für Generationen, Familie, Frauen und Integration des Landes Nordrhein-Westfalen (MGFFI)/Ministerium für Schule und Weiterbildung des Landes Nordrhein-Westfalen (MSW) (Hrsg.): *Mehr Chancen durch Bildung von Anfang an – Entwurf – Grundsätze zur Bildungsförderung für Kinder von 0 bis 10 Jahren in Kindertageseinrichtungen und Schulen im Primarbereich in Nordrhein-Westfalen*. Düsseldorf. http://www.schulministerium.nrw.de/BP/Schulsystem/Bildungsgrundsaetze_fuer_den_Elementar-_und_Primarbereich/Bildungsgrundsaetze_fuer_den_Elementar-_und_Primarbereich.pdf [06.08.2012].

Bildungsvereinbarung (2003). Ministerium für Schule, Jugend und Kinder des Landes Nordrhein-Westfalen (Hrsg.): *Bildungsvereinbarung NRW – Fundament stärken und erfolgreich stärken*. Düsseldorf. https://services.nordrheinwestfalendirekt.de/broschuerenservice/download/1343/bildungsvereinbarung.pdf [06.08.2012].

Bleckmann, P. (2012). *Medienmündig: Wie unsere Kinder selbstbestimmt mit dem Bildschirm umgehen lernen.* Stuttgart: Klett Cotta.

Bock-Famulla, K. & Lange, J. (2011): *Länderreport Frühkindliche Bildungssysteme. Transparenz schaffen – Governance stärken.* Gütersloh: Verlag Bertelsmann Stiftung.

Bonfadelli, H. & Bucher, P. (2008). *Jugend, Medien und Migration. Empirische Ergebnisse und Perspektiven.* Wiesbaden: VS Verlag.

Bourdieu, P. (1982). *Die feinen Unterschiede. Kritik der gesellschaftlichen Urteilskraft.* Frankfurt am Main: Suhrkamp.

Bourdieu, P. (1983). Ökonomisches Kapital, kulturelles Kapital, soziales Kapital. In R. Kreckel (Hrsg.), *Soziale Ungleichheiten* (S. 183-198). Göttingen: Schwartz.

Bourdieu, P. (1987). *Sozialer Sinn. Kritik der theoretischen Vernunft.* Frankfurt am Main: Suhrkamp.

Bourdieu, P. (1992): *Rede und Antwort*. Frankfurt am Main: Suhrkamp.

Bourdieu, P. (1993*): Soziologische Fragen*. Frankfurt am Main: Suhrkamp.

Bourdieu, P. & Wacquant Loïc J.D. (1996). *Reflexive Anthropologie*. Frankfurt am Main: Suhrkamp.

Bromberger, D., Marci-Boehncke, G. & Rath, M. (2006). Frühkindliche Medienbildung in Deutschland – Zur Realität vorschulischer Medienwelten und den Grenzen pädagogischer Provinz. *Ludwigsburger Beiträge zur Medienpädagogik, Ausgabe 8/2006.* http://www.ph-ludwigsburg.de/fileadmin/subsites/1b-mpxx-t-01/user_files/Online-Magazin/Ausgabe9/Forschung9.pdf [06.08.2012].

Brown, J. S., Collins, A. & Duguid P. (1989). Situated Cognition and the Culture of Learning. *Educational Researcher 18(1)*, S. 32-42.

10. Literatur

Charlton, M. (2007). Das Kind und sein Startkapital. In H. Theunert (Hrsg.), *Medienkinder von Geburt an. Medienaneignung in den ersten sechs Lebensjahren* (S. 25-40). München: kopaed.

Cho, J. & Trent, A. (2006). Validity in qualitative research revisited. *Qualitative Research* 6(3), S. 319-340.

Christakis, D. A. (2009): The effekts of infant media usage: what du we know and should we learn?: *Acta Paediatrica 98*(1), S. 8-16.

Czaja, D. (Hrsg.) (1997). *Kinder brauchen Helden. Power Rangers & Co. unter der Lupe.* München: kopaed.

Czajka, S. & Jechová, P. (2012). Informationsgesellschaft. Der Einsatz von Computer und Internet in privaten Haushalten in Deutschland. Ergebnisse der Erhebung 2011. In *Wirtschaft und Statistik, Mai 2012*, S. 415-424. https://www.destatis.de/DE/Publikationen/WirtschaftStatistik/Informationsgesellschaft/EinsatzComputerInternet052012.pdf?__blob=publicationFile [3.8.2012].

Denzin, N. K. (2009). *The Research Act. A Theoretical Introduction to Sociological Methods.* New Brunswick, London: AldineTransaction (1. Aufl.: Chicago: Aldine Publisher 1970).

Destatis (2012). *Zahl der Woche vom 24.4.2012: 3,6% der Beschäftigten in der Kindertagesbetreuung sind männlich.* Statistisches Bundesamt, Wiesbaden. https://www.destatis.de/DE/PresseService/Presse/Pressemitteilungen/zdw/2012/PD12_017_p002.html [4.8.2012].

Diefenbach, H. (2007). *Kinder und Jugendliche aus Migrantenfamilien im deutschen Bildungssystem. Erklärungen und Befunde.* Wiesbaden: VS Verlag.

Dortmunder Statistik (2011). *Jahresbericht. Dortmunder Statistik 2011. Bevölkerung. Nachdruck.* Hrsg. von der Stadt Dortmund. http://www.dortmund.de/media/downloads/pdf/statistik/veroeffentlichungen/jahresberichte/bevoelkerung_1/Nummer_193_-_Bevoelkerung_2011.pdf [14.12.2011].

Durner, A. & Lassner, A. (2008). Interkulturelle Medienbildung fördern! Der „PRIX JEUNESSE Koffer für Kids". *television, 21*(1), S. 60-63. http://www.br-online.de/jugend/izi/deutsch/publikation/television/21_2008_1/durner.pdf [28.04.2012].

Eckhardt, A. G. (2008). *Sprache als Barriere für den schulischen Erfolg. Potentielle Schwierigkeiten beim Erwerb schulbezogener Sprache für Kinder mit Migrationshintergrund.* Münster: Waxmann.

Eggert, S. (2010). *Medien im Integrationsprozess: Motor oder Bremse? Die Rolle der Medien bei der Integration von Heranwachsenden aus der ehemaligen Sowjetunion.* München: kopaed.

Ehmke, T. & Jude N. (2010). Soziale Herkunft und Kompetenzerwerb.In E. Klieme, C. Artelt, J. Hartig, N. Jude, O. Köller, M. Prenzel, W. Schneider & P. Stanat (Hrsg.), *PISA 2009. Bilanz nach einem Jahrzehnt* (S. 231-254). Münster: Waxmann.

Elias, N. & Lemish, D. (2008). Medien, Migrationserfahrung und Adoleszenz. Die Rolle von Fernsehen und Internet für russischstämmige 6- bis 18-Jährige in Deutschland und Israel. *televizion 21*(1), S. 24-28. http://www.br-online.de/jugend/izi/deutsch/publikation/televizion/21_2008_1/elias_lemish.pdf [28.04.2012].

Enquete-Kommission „Internet und digitale Gesellschaft" (2011). *Zweiter Zwischenbericht. Medienkompetenz.* Deutscher Bundestag, 17. Wahlperiode. Drucksache 17/7286 vom 21.10.2011. http://dipbt.bundestag.de/dip21/btd/17/072/1707286.pdf [27.12.2012].

Fedorov, A. (2001). Russland – Von der Filmpädagogik zur Medienpädagogik. *merz 45*(4), S. 256-261.

Fedorov, A. (2003). Media Education and Media Literacy: Experts' Opinions. In *UNESCO: Mentor. A Media Education Curriculum for Teachers in the Mediterranean. The Thesis of Thessaloniki* (S. 1-17). UNESCO 2003. http://www.european-mediaculture.org/fileadmin/bibliothek/english/fedorov_experts/fedorov_experts.pdf [01.05.2012].

Fedorov, A. (2008). Media Education around the world: brief history. *Acta Didactica Napocensia 1*(2), S. 56-68. http:edu.of.ru/attach/17/39849.pdf [30.03.2012].

Feierabend, S. & Mohr, I. (2004). Ergebnisse der ARD/ZDF-Studie „Kinder und Medien" 2003. Mediennutzung von Klein- und Vorschulkindern. *Media Perspektiven*, Heft 9, S. 453-461. http://www.media-perspektiven.de/uploads/tx_mppublications/09-2004_Feierabend_Mohr.pdf [28.04.2012].

Feierabend, S. & Mohr, I. (2012): Was Kinder sehen. Eine Analyse der Fernsehnutzung Drei- bis 13-Jähriger 2011. *Media Perspektiven*, Heft 4, S. 203-214. http://www.media-perspektiven.de/uploads/tx_mppublications/04-2012__Feierabend_Klingler_01.pdf [06.08.2012].

Feil C., Decker, R. & Gieger, C. (2004). *Wie entdecken Kinder das Internet? Beobachtungen bei 5- bis 12-jährigen Kindern*. Wiesbaden: VS.

Feilitzen, C. von (2012). Children's Media Use in a Global Perspective. In Singer, D. G. & Singer, J. L. (Hrsg.), *Handbook of Children and the Media* (S. 379-394). Thousand Oaks, CA: Sage.

Flick, U. (2004). *Triangulation. Eine Einführung*. Wiesbaden: VS.

Flick, U. (2005). Triangulation in der qualitativen Forschung. In Flick, U., von Kardorff, E. & Steinke, I. (Hrsg.). *Qualitative Forschung. Ein Handbuch* (4. Auflage) (S. 309-318). Reinbek bei Hamburg: Rowohlt Taschenbuch Verlag.

Fricke, W. (2011). Socio-political Perspectives on Action Research. Traditions in Western Europe – Especially in Germany and Scandinavia. *International Journal of Action Research 7*(3), S. 248-261.

Fritzsche, B. (2007). Sozialisation und Geschlecht in der Medienkultur. In Hoffmann, D. & Mikos, L. (Hrsg.). *Mediensozialisationstheorien. Neue Modelle und Ansätze in der Diskussion* (S. 167-184). Wiesbaden: VS.

Fthenakis, W. E. (Hrsg.) (2009). *Frühe Medienbildung*. Troisdorf: Bildungsverlag EINS.

Fuchs, C. (2005). Selbstwirksam lernen im schulischen Kontext. Kennzeichen – Bedingungen Umsetzungsbeispiele. Bad Heilbrunn : Klinkhardt.

Fuenmayor, V. (2010). Interview. In Souza, M. D. & Cabello, P. (Hrsg.), *The Emerging Media Toddlers* (S. 45-47). Göteborg: Nordicom/Published by The International Clearinghouse on Children, Youth and Media.

Gast, W. (1999). „Bonner Runde": Medienpädagogik im Fach Deutsch. Theorie und Praxis der Lehrenden in Schule und Hochschule. Eine kleine Empirie. In H. D. Erlinger & G. Marci-Boehncke (Hrsg.), *Deutschdidaktik und Medienerziehung. Kulturtechnik Medienkompetenz in Unterricht und Studium* (S. 35-54). München: kopaed.

10. Literatur

Geißler, R. (2008). Was ist „mediale Integration"? Die Rolle der Medien bei der Eingliederung von MigrantInnen. *televizion,21*(1), S. 11-16. http://www.br-online.de/jugend/izi/deutsch/publikation/televizion/21_2008_1/geissler.pdf [28.04.2012].

Glaser, B. G. & Strauss, A. (1998). *Grounded Theory. Strategien qualitativer Forschung.* Göttingen: H. Huber.

Gogolin, I., Krüger-Potratz, M., Kuhs, K., Neumann, U. & Wittek, F. (Hrsg.) (2005). *Migration und sprachliche Bildung.* Münster: Waxmann.

Götz, Maya (Hrsg.) (2006. *Mit Pokemon in Harry Potters Welt. Medien in den Fantasien von Kindern.* München: kopaed.

Groeben, Norbert (2002): Dimensionen der Medienkompetenz: Deskriptive und normative Aspekte. In N.Groeben & B. Hurrelmann (Hrsg.), Medienkompetenz. Voraussetzungen, Dimensionen, Funktionen. (S. 160-197). Weinheim und München: Juventa

Grüniger, C. & Lindemann, F. (2000). *Vorschulkinder und Medien. Eine Untersuchung zum Medienkonsum von drei- bis sechsjährigen Kindern unter besonderer Berücksichtigung des Fernsehens.* Opladen: Leske + Budrich.

Hanke T. & Röllecke, R (1997). Beschreibung und Analyse. In D. Baacke, M. Lenssen & R. Röllecke (Hrsg.), *Von Mäusen und Monstern. Kinderfernsehen unter der Lupe. Beschreibungen, Analysen, Hintergründe, Praxismodelle* (S. 22-211). Bielefeld: GMK.

Harrell, S. P. & Gallardo, M. E. (2008). Socio-political and community dynamics in the development of a multicultural worldview. In Asamen, J. K., Ellis, M. L. & Berry, G. L. (Hrsg.), The SAGE handbook of child developement, multiculturalism, and media (S. 113-127). Thousand Oaks, Ca.: Sage.

Hasselhorn, M. (1992). Metakognition und Lernen. In G. Nold (Hrsg.), *Lernbedingungen und Lernstrategien: welche Rolle spielen kognitive Verstehensstrukturen?* (S. 35-63). Tübingen: Narr.

Hatton, N. & Smith, D. (1995). Reflection in teacher education: Towards definition and implementation. *Teaching and Teacher Education 11(1)*, S. 33-49. http://dx.doi.org/10.1016/0742-051X(94)00012-U

Heimbach-Steins, M. (2011). Kooperative Bildungsverantwortung zwischen Familie/Elternhaus, kirchlichen Trägern, Kommunen und Gesetzgeber – Sozialethische Perspektiven. In Heimbach-Steins, M. & Kruip, G. (Hrsg.), *Kooperative Bildungsverantwortung. Sozialethische und pädagogische Perspektiven auf „Educational Governance"* (S. 123-142). Bielefeld: W. Bertelsmann Verlag.

Heimbach-Steins, M. & Kruip, G. (Hrsg.) (2011). *Kooperative Bildungsverantwortung. Sozialethische und pädagogische Perspektiven auf „Educational Governance".* Bielefeld: W. Bertelsmann Verlag.

Heinen, R.(2010). Nachhaltige Integration digitaler Medien in Schulen aus Sicht der Educational Governance. In Schroeder, U. (Hrsg.), *Interaktive Kulturen – Workshop-Band* (S. 231-238). Berlin: Logos-Verlag.

Hengst, H. (2009). Collective Identities. In Qvortrup, J, / Corsaro W. A. & Honig, M.-S. (Hrsg.), *The Palgrave Handbook of Childhood Studies* (S. 202-214). Basingstoke: Palgrave Macmillan.

Herfurtner, R. (2010). Film ab für Vorschulkinder? Medienangebote, Chancen und Grenzen frühkindlicher Medienbildung. *Kulturelle Bildung. Reflexion. Argumente. Impulse,* 4(6), S. 25-27.

Hoffmann, L. (2012). *Deutsche Grammatik. Grundlagen für Lehrerausbildung, Schule, Deutsch als Zweitsprache und Deutsch als Fremdsprache*. Berlin: Erich Schmidt.

Högerle, W. & Döring, H.-G. 82009). *Mein Wimmelbuch – unterwegs zum Kindergarten*. Ravensburg: Verlag F.X. Schmidt.

Huerta, J. E. (2010). Protection des mineurs in France. In Souza, M. D. & Cabello, P. (Hrsg.), *The Emerging Media Toddlers* (S. 21-28). Göteborg: Nordicom/Published by The International Clearinghouse on Children, Youth and Media.

Huntemann, N. & Morgan, M. (2012). Media and Identity Development. In D. G. Singer & J. L. Singer (Hrsg.), *Handbook of Children and the Media* (S. 303-319). Thousand Oaks, CA: Sage.

Hurrelmann, B. (2004). Sozialisation der Lesekompetenz. In Schiefele, U., Artelt, C., Schneider, W. & Stanat, P. (Hrsg.), *Struktur, Entwicklung und Förderung von Lesekompetenz. Vertiefende Analysen im Rahmen von PISA 2000* (S. 37-61). Wiesbaden: VS Verlag.

Hurrelmann, B. (2004a). Informelle Sozialisationsinstanz Familie. In Groeben, N. & Hurrelmann, B. (Hrsg.), *Lesesozialisation in der Mediengesellschaft. Ein Forschungsüberblick* (S. 169-202). Weinheim/München: Beltz Juventa.

Hurrelmann, K., Hammer, M. & Nieß, F. (Hrsg.) (1993). *Lesesozialisation. Leseklima in der Familie. Band 1*. Gütersloh: Bertelsmann Stiftung.

Hust, S. J. T. & Brown, J. D. (2011). Gender, Media Use, and Effects. In S. L. Calvert & B. J. Wilson (Hrsg.), *The Handbook of Children, Media, and Development* (S. 98-120). Chichester: Wiley-Blackwell.

IBM KidSmart (2009). *Early Learning Programme. Case Studies from 15 Countries which Demonstrate the Impact of KidSmart for Children with Special Educational Needs*. IBM Corporation. http://resources.eun.org/insight/brochure_Kidsmart_148x210_ANG_11.pdf, in weiteren Sprachen unter: http://blog.eun.org/insightblog/2009/10/kidsmart_case_studies_and_trav.html [06.08.2012].

Jacobs, J. E. & Paris, S. G. (1987). Children's Metacognition About Reading: issues in Definition, Measurement, and Instruction. *Educational Psychologist 22(3-4)*, S. 255-278. http://dx.doi.org/10.1080/00461520.1987.9653052

Jörges, M. (2012). *„Da sind so zwei Internets. Eine orange (...) und noch eine blaue." Medienumgang von Kindern im Dortmunder KidSmart-Projekt. Eine qualitativ-empirische Studie*. Unveröffentlichte Arbeit im Fach Deutsch zur Erlangung des Master-Grades (Master of Education). Dortmund: Technische Universität Dortmund.

Jörissen, B. (2011). „Medienbildung" – Begriffsverständnisse und Reichweiten. In H. Moser, P. Grell & H. Niesyto (Hrsg.), *Medienbildung und Medienkompetenz. Beiträge zu Schlüsselbegriffen der Medienpädagogik* (S. 211-237). München: kopaed.

Katz, L. G. & Chard, S. C. (2000). *Engaging children's minds: The project approach* (2. Auflage). New York, NY: Ablex Publishing Corporation

Kerlen, Dietrich (2005). Jugend und Medien in Deutschland. Eine kulturhistorische Studie. Hg. v. M. Rath und G. Marci-Boehncke. Weinheim und Basel: Beltz

Keuneke, S. (2000). „Ich sehe was, das du nicht siehst". Verbale Erfassung kindlicher Geschlechts(-re)konstruktion zu Bilderbuchangeboten. In Paus-Haase, I. & Schorb, B. (Hrsg.), *Qualitative Kinder- und Jugendmedienforschung: Theorie und Methoden: Ein Arbeitsbuch* (S. 91-100). München: kopaed.

10. Literatur

Kittel, C. (2008). Aufwachsen in Medienwelten. Die Rolle der Familie in der Mediensozialisation von Vorschulkindern. *Ludwigsburger Beiträge zur Medienpädagogik*, H. 11. http://www.ph-ludwigsburg.de/fileadmin/subsites/1b-mpxx-t-01/user_files/Online-Magazin/Ausgabe11/Kittel11.pdf [14.08.2012].

Kleining, G. (1990). Textanalyse als Heuristik. *Angewandte Sozialforschung, 16*, S. 23-29.

Kleining, G. (1994). *Qualitativ-heuristische Sozialforschung. Schriften und Theorie und Praxis.* Hamburg: Fechner.

Krainer, L., Lerchster, R. & Goldmann, H. (2012). Interventionsforschung in der Praxis. In L. Krainer & R. Lerchster (Hrsg.), *Interventionsforschung. Bd. 1* (S. 175-243). Wiesbaden: VS-Verlag.

Krotz, F. (2001). *Die Mediatisierung kommunikativen Handelns. Der Wandel von Alltag und sozialen Beziehungen, Kultur und Gesellschaft durch Medien*. Wiesbaden: Westdeutscher Verlag.

Krotz, F. (2005). *Neue Theorien entwickeln. Eine Einführung in die Grounded Theory, die Heuristische Sozialforschung und die Ethnographie anhand von Beispielen aus der Kommunikationsforschung*. Köln: Halem Verlag.

Krotz, F. (2007). *Mediatisierung: Fallstudien zum Wandel von Kommunikation*. Wiesbaden: VS Verlag für Sozialwissenschaften.

KVA (2011): *KidsVerbraucheranalyse 2011 – Erstmals mit Daten zu Vorschulkindern!* Pressemitteilung Berlin, 9. August 2011. http:In:egmont-mediasolutions.de/pdf/services/studien/KVA%202011_PM.pdf [Zugriff 2.6.2012].

Lai, E. R. (2011). Metacognition: A Literature Review. Research Report. Pearson's research report series. http://www.pearsonassessments.com/hai/images/tmrs/Metacognition_Literature_Review_Final.pdf [27.12.2012].

Lerchster, R. (2012). Zentrale Grundannahmen der Interventionsforschung. In L. Krainer & R. Lerchster (Hrsg.), *Interventionsforschung. Bd. 1* (S. 23-74). Wiesbaden: VS-Verlag.

Lewin, K. (1946). Action Research and Minority Problems. *Journal of Social Issues 2*(4) S. 34-46.

Livingstone, S. & Haddon, L. (2009). Opportunities and Risks for European Children. In *Young People in the European Digital Media Landscape. A Statistical Overwiew*. Published by The International Clearinghouse for Youth and Media. – Göteborg: Nordicom..

Luca, R. (1998). *Medien und weibliche Identitätsbildung. Körper, Sexualität und Begehren in Selbst- und Fremdbildern junger Frauen*. Frankfurt am Main/New York: Campus.

Luca, R. (2010). Gender. In R. Vollbrecht & C. Wegener (Hrsg.), Handbuch *Mediensozialisation* (S. 357-363). Wiesbaden: VS Verlag.

Marci-Boehncke, G. (2005). Zwischen Lesebuch und Handy: Medienerziehung im Fach Deutsch. Eine „kleine Empirie" zur Hauptschule in Baden-Württemberg. In J. Stückrath & R. Strobel (Hrsg.), *Deutschunterricht empirisch. Beiträge zur Überprüfbarkeit von Lernfortschritt im Sprach, Literatur und Medienunterricht* (S. 212-227). Baltmannsweiler: Schneider Hohengehren.

Marci-Boehncke, G. (2008a). Fragebögen als Metatexte. *Praxis Schule 5-10 19*(1), S. 36-40.

Marci-Boehncke, G. (2008b). Lesemotivation stärken – Lesemaßnahmen evaluieren. *Lehren und lernen 34*(6), S. 4-7.

Marci-Boehncke, G. (2008c). Medienerziehung in der KiTa – Kompetenzen und Meinungen der Erzieherinnen. *Ludwigsburger Beiträge zur Medienpädagogik*, Heft 11/2008. http://www.ph-ludwigsburg.de/fileadmin/subsites/1b-mpxx-t-01/user_files/Online-Magazin/Ausgabe11/M-Boehncke11.pdf [22.12.2012]

Marci-Boehncke, G. (2009a). „Hallo SpongeBob!" oder kindliche Mediennutzung im Medienverbund. In J. Lauffer & R. Röllecke (Hrsg.), *Dieter Baacke Preis Handbuch 4. Kinder im Blick. Medienkompetenz statt Medienabstinenz* (S. 37-49). Bielefeld: GMK. http://www.gmk-net.de/fileadmin/pdf/Materialien-Artikel/db4_marci-boehncke2009.pdf [06.08.2012].

Marci-Boehncke, G. (2009b). Über Medien reden: Die Medienmatrix als „Kleine Empirie" im Klassenraum. In Marci-Boehncke, G. & Rath. M. (Hrsg.), *Jugend – Werte – Medien: Das Modell*, (S. 33-42). Weinheim und Basel: Beltz.

Marci-Boehncke, G. (2009c). Zwischenbericht zur Evaluation des KMK-Projekts ProLesen. In Landesinstitut für Schulentwicklung Baden-Württemberg (Hrsg.), *ProLesen. Auf dem Weg zur Leseschule. Durchführung des KMK-Projekts Schuljahr 2008 / 2009 in Baden-Württemberg* (S. 55-60). Stuttgart: Landesinstitut für Schulentwicklung Baden-Württemberg. http://www.schule-bw.de/unterricht/paedagogik/lesefoerderung/Lesefoerderprojekte/prolesen/Zwischenstandsbericht.pdf [22.12.2012].

Marci-Boehncke, G. (2010). Medienverbund und Medienpraxis im Literaturunterricht. In Frederking, V., Krommer A. & Meier C. (Hrsg.), *Taschenbuch des Deutschunterrichts. Band 2: Literatur- und Mediendidaktik* (S. 482-502). Baltmannsweiler: Schneider Hohengehren.

Marci-Boehncke, G. (2011a). Medienkompetente Erzieherinnen. *Kindergarten heute. Die Fachzeitschrift für Erziehung Bildung und Betreuung von Kindern*, Heft 2, S. 9-14.

Marci-Boehncke, G. (2011b): Verantwortungskooperationen zur Medienbildung: Zwischen Selbstsozialisation und Erziehungsverantwortung – Ein Blick auf die Frühe Bildung. In M. Heimbach-Steins & Kruip, G. (Hrsg.), *Kooperative Bildungsverantwortung. Sozialethische und pädagogische Perspektiven auf „Educational Governance"* (S. 143-160). Bielefeld: Bertelsmann Verlag.

Marci-Boehncke, G. & Gast, W. (1997). Zwischen „Faust" und der daily soap. Medienpädagogik im Fach Deutsch. *Merz 41*(5), S. 293-302.

Marci-Boehncke, G. & Rath, M. (2005). „Kinder auf die Spuren bringen". Medien-und Lesekompetenz in der Elementarbildung. *Ludwigsburger Beiträge zur Medienpädagogik*, Heft 7/2005. http://www.ph-ludwigsburg.de/fileadmin/subsites/1b-mpxx-t-01/user_files/Online-Magazin/Ausgabe7/Projekte7.pdf [22.12.2012].

Marci-Boehncke, G. & Rath, M. (2007a). *Jugend – Werte – Medien: Die Studie*. Weinheim: Beltz.

Marci-Boehncke, G. & Rath, M. (2007b). *Medienkompetenz für Erzieherinnen. Ein Handbuch für die moderne Medienpraxis in der frühen Bildung*. München: kopaed.

Marci-Boehncke, G. & Rath, M. (2009a). *Jugend – Werte – Medien: Das Modell*. Weinheim: Beltz.

Marci-Boehncke, G. & Rath, M. (2009b). Wissenschaftskonvergenz Medienpädagogik. Medienkompetenz als Schnittfeld von Medienpädagogik, KMW und anderer Wissenschaften. *Medienjournal 33*(3), S. 11-23.

10. Literatur

Marci-Boehncke, G. & Rath, M. (2010). Medienkompetenz für Erzieherinnen II. Ein Handbuch für die konvergente Medienpraxis in der frühen Bildung. München: kopaed.

Marci-Boehncke, G. & Rath, M. (2011a). Medienbildung konvergent. Was die Deutschdidaktik mit Medienpädagogik und Medien- und Kommunikationswissenschaft verbindet. In Marci-Boehncke, G., Rath, M. (Hrsg.), *Medienkonvergenz im Deutschunterricht* (S. 21-37). München: kopaed.

Marci-Boehncke, G. & Rath, M. (2011b). Skypen mit der Oma in der Ukraine. Neue Medien im Kindergartenalter. ProJugend, 2011 – Heft 3, S. 4-7.

Marci-Boehncke, G. & Rath, M. (Hrsg.) (2006). *Jugend – Werte – Medien: Der Diskurs*. Weinheim: Beltz

Marci-Boehncke, G. & Rose, S. (2012). Leseförderung. In Gradmann, S. & Umlauf, K. (Hrsg.), *Handbuch Bibliothek* (S. 189-196). Stuttgart: Metzler.

Marci-Boehncke, G. & Weise, M. (2007). Angst vorm Fernseher und PC? Medienkompetenz für Erzieherinnen. *TPS – Leben, Lernen und Arbeiten in der Kita*, Heft 6, S. 44-46.

Marci-Boehncke, G., Müller, A. & Strehlow, S. K. (2012). Das Ypsilon in der Astgabel – Wie Kita-Kinder mit digitalen Medien die Welt und die Sprache erkunden. In E. Brinkmann & R. Valtin (Hrsg.), *Lesen- und Schreibenlernen mit digitalen Medien*. Berlin: Deutsche Gesellschaft für Lesen und Schreiben, S. 102-122.

Marci-Boehncke, G., Müller, A. & Strehlow, S. K. (2013). K8: „Und der Computer gehört auch mir" – Frühe Medienbildung im Kita-Alter. *Merz 57(2)* (im Druck).

Marci-Boehncke, G., Rath, M. & Güneşli, H. (2013). Das Mediennutzungsverhalten türkischer Jungen der dritten Generation und ihre sprachliche Entwicklung im sozialen Integrationsprozess. In L. Hoffmann (Hrsg.), *Nach 50 Jahren: Migration – Mehrsprachigkeit – Bildung*. Dortmund (im Druck).

Marci-Boehncke, G., Rath, M. & Müller, A. (2012). Medienkompetent zum Schulübergang: Erste Ergebnisse einer Forschungs- und Interventionsstudie zum Medienumgang in der Frühen Bildung. *Medienpädagogik. Zeitschrift für Theorie und Praxis der Medienbildung*, Heft 22: Frühe Medienbildung. www.medienpaed.com/22/marci-boehncke1212.pdf [07.03.2013].

Marci-Boehncke, G., Weise, M. & Rath, M. (2009). „Kinder auf die Spuren bringen" – Medien- und Lesekompetenz in der Elementarbildung. In S. Salamonsberger, N. Stricker & V. Titel (Hrsg.), *Leseförderung im Kindergarten- und Grundschulalter. Wissenschaftlicher Diskurs und praktische Initiativen* (S. 151-166). Erlangen: FAU/Buchwissenschaft.

Mares, M.-L., Palmer, E. & Sulliva, T. (2011). Prosocial Effects of Media Exposure. In S. L. Calvert & B. J. Wilson (Hrsg.), *The Handbook of Children, Media, and Development* (S. 268-289). – Chichester: Wiley-Blackwell.

McNamara, D. (1995). The influence of student teachers' tutors and mentors upon their classroom practice: An exploratory study. *Teaching and Teacher Education 11(1)*, S. 51-61. http://dx.doi.org/10.1016/0742-051X(94)00014-W.

Mey, G. (2006). Zugänge zur kindlichen Perspektive – Methoden der Kindheitsforschung. In *Das Familienhandbuch des Staatsinstituts der Frühpädagogik* (IFP). München. https:In:www.familienhandbuch.de/kindheitsforschung/allgemeines-kindheitsforschung/zugange-zur-kindlichen-perspektive-methoden-der-kindheitsforschung [26.09.2011].

Mikos, L. (2005). Teilnehmende Beobachtung. In L. Mikos & C. Wegener (Hrsg.), *Qualitative Medienforschung*. Konstanz: UVK Verlagsgesellschaft, S. 315-322.
Mikos, L. (2005). Teilnehmende Beobachtung. In L. Mikos & C. Wegener (Hrsg.), *Qualitative Medienforschung. Ein Handbuch* (S. 315-323). Konstanz: UVK.
Mikos, L. (2012). Mediengenerationen, Mediennutzung, Medienkompetenz. In S.Gaguin & D. Meister (Hrsg.), *Digital native oder digital naiv?* (S. 41-54). München: kopaed.
Mikos, L., Hoffmann, D. & Winter, R. (Hrsg.) (2009). *Mediennutzung, Identität und Identifikationen: Die Sozialisationsrelevanz der Medien im Selbstfindungsprozess von Jugendlichen*. Weinheim: Beltz Juventa.
Moser, H. (2005). Interkulturelle Medienbildung. Aufgaben, Ziele, Perspektiven. In K.-U. Hugger & D. Hoffmann (Hrsg.), *Medienbildung in der Migrationsgesellschaft* (S. 52-63). Bielefeld: GMK. http://www.gmk-net.de/fileadmin/pdf/buch_medienbildung_kapitel_interkulturelle.pdf [28.04.2012].
Moser, H., Grell, P. & Niesyto, H. (Hrsg.) (2011). *Medienbildung und Medienkompetenz. Beiträge zu Schlüsselbegriffen der Medienpädagogik*. München: kopaed.
MPFS (2011). *KIM-Studie 2010. Kinder + Medien. Computer + Internet. Basisuntersuchung zum Medienumgang 6- bis 13-Jähriger in Deutschland*. Stuttgart: Medienpädagogischer Forschungsverbund Südwest.
MPFS (2012a). *FIM-Studie 2011. Familie, Interaktion & Medien. Untersuchung zur Kommunikation und Mediennutzung in Familien*. Stuttgart: Medienpädagogischer Forschungsverbund Südwest.
MPFS (2012b).*JIM 2011. Jugend, Information, (Multi-) Media. Basisstudie zum Medienumgang 12- bis 19-Jähriger in Deutschland*. Stuttgart: Medienpädagogischer Forschungsverbund Südwest.
Müller, A. (2011). *Zukunft: Medien-Lesen. Förderung der Leseentwicklung und Medienkompetenz zum Schulübergang. Eine Bundesländer vergleichende Analyse von Orientierungsplänen und Fördermaßnahmen unter besonderer Berücksichtigung von NRW und Baden-Württemberg*. Unveröffentlichte Magisterarbeit. Ludwigsburg: Pädagogische Hochschule Ludwigsburg.
Müller, A., Marci-Boehncke, G. & Rath, M. (2012). KidSmart – Medienkompetent zum Schulübergang. Konzeption und erste Ergebnisse eines Interventions- und Forschungsprojektes zum Abbau von Bildungsbenachteiligung in der frühen Bildung. *Medienimpulse. Beiträge zur Medienpädagogik, 4(1),* 13 Seiten. http://www.medienimpulse.at/articles/view/393 [27.12.2012]
Myasnikova, T. (2009). Mediaobrazovanije v Rossii – perspektivy razvitija mediakompetentnosti studentov universiteta [Medienpädagogik in Russland – Perspektiven in der Entwicklung von Medienkompetenz bei Studierenden]. *Vestnik Kostromskogo gosudarstvennogo universiteta imeni N.A. Nekrasova, Serija: Pedagogika/Psichologija/Social'naja rabota/Juvenologija/Sociokinetika 15*(4), S. 75-79.
Neuenschwander, M. P. & Grunder, H.-U. (Hrsg.) (2010). *Schulübergang und Selektion. Forschungsbefunde – Praxisbeispiele – Umsetzungsperspektiven*. Zürich: Rüegger.
Niederbacher, A. & Zimmermann, P. (2011). *Grundwissen Sozialisation. Einführung zur Sozialisation in Kindes- und Jugendalter* (4., überarbeitete und aktualisierte Auflage). Wiesbaden: VS Verlag.

10. Literatur

Niesyto, H. (2011). *Wozu Medienbildung? Manuskript des Plenumsbeitrags auf dem Medienpädagogischen Kongress am 25. März 2011 an der TU Berlin*. http://www.keine-bildung-ohne-medien.de/Niesyto_Wozu%20Medienbildung.pdf [27.12.2012].

O'Rourke, Maureen (2004). *IBM KidSmart Early Learning Programm. Asia Pacific Evaluation Final Report*. Australian National School Network. http://edpartnerships.edu.au/image/file/Asia_Pacific_KS_2004%20final_s.pdf [06.08.2012].

OECD (2006). *Starting Strong II. Early Childhood Education and Care*. Paris: OECD Publications.

OECD (2011). *Bildung auf einen Blick 2011. OECD-Indikatoren*. Bielefeld: W. Bertelsmann Verlag.

Paus-Haase, I. (1998). *Heldenbilder im Fernsehen. Eine Untersuchung zur Symbolik von Serienfavoriten in Kindergarten, Peer-Group und Kinderfreundschaften*. Opladen: Westdeutscher Verlag.

Paus-Hasebrink, I. (2005). Forschung mit Kindern und Jugendlichen. In L. Mikos & C. Wegener (Hrsg.), *Qualitative Medienforschung. Ein Handbuch* (S. 222-231).Konstanz: UVK.

Pross, H. (1972). *Medienforschung. Film, Funk, Presse, Fernsehen*. Darmstadt: Habel.

Rabe-Kleberg, U. (2010). Bildungsarmut von Anfang an? Über den Beitrag des Kindergartens im Prozess der Reproduktion sozialer Ungleichheit. In H.-H. Krüger, U. Rabe-Kleberg, R.-T. Kramer & J. Budde (Hrsg.), *Bildungsungleichheit revisited. Bildung und soziale Ungleichheit vom Kindergarten bis zur Hochschule* (S. 45-54). Wiesbaden: VS Verlag.

Rath, M. (1988). Systempurismus contra strukturale Eklektik? Zu den psychologischen Folgen eines ontologischen Entwurfs. In Plaum, E. (Hrsg.), *Eklektizismus in der Psychologie. Aktuelle Diskussionsbeiträge* (S. 95-113). Heidelberg: Asanger.

Rath, M. (2003). Das Internet – die Mutter aller Medien. In K. Huizing & H. F. Rupp (Hrsg.), *Medientheorie und Medientheologie* (S. 59-69). Münster: Lit.

Rath, M. (2008). Pädagogische Diagnostik als Bildungsforschung? Überlegungen zu einer Kritik der diagnostischen Vernunft in systemanalytischer Absicht. In G. G. Hiller, R. Trost & H. Weiß (Hrsg.), *Der diagnostische Blick. (Sonder-) pädagogische Diagnostik und ihre Wirkungen* (S. 149-156). Laupheim: Vaas.

Rath, M. (2011a). „Medienerziehung" – Statement zu einem Begriff. In H. Moser P. Grell & H. Niesyto (Hrsg.), *Medienbildung und Medienkompetenz. Beiträge zu Schlüsselbegriffen der Medienpädagogik* (S. 237-243). München: kopaed.

Rath, M. (2011b). Übergänge sind immer. Anthropologische Überlegungen zu einem pädagogischen Thema. *Friedrich Jahresheft (39), Themenheft „Übergänge"*, S. 10-13.

Rath, M. & Marci-Boehncke, G. (2004). „Geblickt?" – MedienBildung als Coping-Strategie. In A. Schavan (Hrsg.), *Bildung und Erziehung. Perspektiven auf die Lebenswelten von Kindern und Jugendlichen* (S. 200-229). Frankfurt am Main: Suhrkamp.

Rath, M. & Möbius, T. (2008). Globale Produktion – globale Inhalte – globale Rezeption? Zur Transkulturalität medialer Symbolsysteme am Beispiel Kinderfilm. In *LiCuS – Journal of Literary Theory and Cultural Studies, 3*(4), S. 41-57.

Rideout, V. & Hamel, E. (2006). *The Media Family: Electronic Media in the Lives of Infants, Toddlers, Preschoolers and their Parents*. Menlo Park: Henry J. Kaiser Family Foundation. http:/www.kff.org/entmedia/upload/7500.pdf [20.12.2012].

Rideout, V., Vandewater, E. & Wartella, E. A. (2003). *Zero to Six: Electronic media in the lives of infants, toddlers, and preschoolers*. Menlo Park, CA: Kaiser Family Foundation. http://www.kff.org/entmedia/upload/Zero-to-Six-Electronic-Media-in-the-Lives-of-Infants-Toddlers-and-Preschoolers-PDF.pdf [20.12.2012].

Rose, S. (2011): Crossover-Aspekte in aktuellen Kinderbuchverfilmungen. In G. Marci-Boehncke & M. Rath (Hrsg.), *Medienkonvergenz im Deutschunterricht* (S. 81-95). München: kopaed.

Röser, J. & Kroll, C. (1995). *Was Frauen und Männer am Bildschirm erleben. Rezeption von Sexismus und Gewalt im Fernsehen*. Düsseldorf: Ministerium für die Gleichstellung von Frau und Mann in Nordrhein-Westfalen.

Roth, H.-J. & Terhart, H. (2008). Kinder und Jugendliche mit Migrationshintergrund. Ihre Lebenssituation in Deutschland. *Televizion 21*(1), S. 4-9. http://www.br-online.de/jugend/izi/deutsch/publikation/televizion/21_2008_1/roth_terhart.pdf [28.04.2012].

Sacher, W. (1994). *Audiovisuelle Medien und Medienerziehung in der Schule. Strukturelle und typologische Ergebnisse einer Repräsentativ-Untersuchung*. München: kopaed.

Sander, E. & Lange, A. (2006). Familie und Medien im Spiegel von Medienrhetorik und empirischen Befunden. In G. Marci-Boehncke & M. Rath (Hrsg.), *Jugend – Werte – Medien. Der Diskurs* (S. 72-92). Weinheim: Beltz.

Schindler, F. (1996). Super Mario und Super Marion. Geschlechtsrollen in Computer- und Videospielen. *medien praktisch, 20*(3), S. 21-25.

Schlote, E. & Otremba, K. (2010). Kulturelle Vielfalt im Kinderfernsehen. Medienanalysen zum Kinderfernsehen weltweit und in Deutschland. *Televizion 23*(2), S. 9-14. http://www.br-online.de/jugend/izi/deutsch/publikation/televizion/23_2010_2/diversity_Schlote_Otremba.pdf [28.04.2012].

Schmitz, G. S. & Schwarzer, R. (2002). Individuelle und kollektive Selbstwirksamkeitserwartung von Lehrern. In M. Jerusalem & D. Hopf (Hrsg.), *Selbstwirksamkeit und Motivationsprozesse in Bildungsinstitutionen* (S. 192-214). Weinheim: Beltz.

Schneider, B., Scherer, H., Gonser, N. & Tiele, A. (Hrsg.) (2010). *Medienpädagogische Kompetenz in Kinderschuhen: eine empirische Studie zur Medienkompetenz von Erzieherinnen und Erziehern in Kindergärten*. Berlin: Vistas.

Schönbach, R., Greenleaf, C., Cziko, C. & Hurewitz, L. (2006). *Lesen macht schlau*. Berlin: Cornelsen.

Schorb, B. (2009). Gebildet und kompetent. Medienbildung statt Medienkompetenz? Merz 53(5), S. 50-56.

Schorb, B. & Theunert, H. (2000). Kontextuelles Verstehen der Medienaneignung. In I. Paus-Haase & B. Schorb (Hrsg.), *Qualitative Kinder- und Jugendmedienforschung: Theorie und Methoden: Ein Arbeitsbuch* (S. 33-58). München: kopaed.

Schwarzer, R. & Jerusalem, M. (2002). Das Konzept der Selbstwirksamkeit. In M. Jerusalem & D. Hopf (Hrsg.), *Selbstwirksamkeit und Motivationsprozesse in Bildungsinstitutionen* (S. 28-53). Weinheim: Beltz.

Schwerhoff, M. (2012). *Medienkompetenz und Medienerziehung in der Frühen Bildung. Ein Forschungs- und Interventionsprojekt mit Kita-Kindern in einer Tageseinrichtung im Dortmunder Süden*. Unveröffentlichte Arbeit im Fach Deutsch zur Erlangung des Bachelor-Grades (Bachelor of Education). Dortmund: Technische Universität Dortmund.

10. Literatur

Senatsverwaltung für Bildung, Jugend und Sport (2006). *Bildung für Berlin. Bericht des Senats über die Maßnahmen zum Jugendmedienschutz in Berlin*. Berlin. http://www.berlin.de/ imperia/md/content/sen-jugend/kinder_und_jugendschutz/bericht_jugendmedienschutz.pdf?start&ts=1160565644&file=bericht_jugendmedienschutz.pdf [06.08.2012].

Signorelli, N. (2012). Television's Gender-Role Images and Contribution to Stereotyping: Past, Present, Future. In D. G. Singer & J. L. Singer (Hrsg.), *Handbook of Children and the Media* (S. 321-339). Thousand Oaks, CA: Sage.

Simon, E. & Neuwöhner, U. (2011). Medien und Migranten 2011. Zielsetzung, Konzeption und Basisdaten einer repräsentativen Untersuchung der ARD/ZDF-Medienkommission. *Media Perspektiven*, Heft 10, S. 458-470. http://www.media-perspektiven.de/uploads/tx_mppublications/10-11_Simon_Neuwoehner.pdf [12.04.2012].

Siraj-Blatchford, J. & Siraj-Blatchford, I. (2001). *KidSmart: The Phase 1 UK Evaluation 2000-2001. Final Project Report. Prepared for International Business Machines (IBM), 15 October 2001*. Cambridge: University of Cambridge, Faculty of Education – London: University of London, Insitute of Education. http://www.327matters.org/Docs/IBM.pdf [06.08.2012].

Siraj-Blatchford, J. & Siraj-Blatchford, I. (2004). *IBM KidSmart Early Learning programme European Evaluation. France, Germany, Italy, Portugal, Spain and UK. Final Report June 2004*. Basingstoke: IBM United Kingdom. http://www-05.ibm.com/pt/ibm/ccr/evaluation_report.pdf [06.08.2012].

Six, U. (2010). Mediensozialisation und Medienbildung im Kindergarten. In R. Vollbrecht & C. Wegener (Hrsg.), *Handbuch Mediensozialisation* (S. 201-207). Wiesbaden: VS Verlag.

Six, U. & Gimmler, R. (2007). *Die Förderung von Medienkompetenz im Kindergarten: eine empirische Studie zu Bedingungen und Handlungsformen der Medienerziehung*. Berlin: Vistas.

Six, U., Frey, C. & Gimmler, R. (1998). *Medienerziehung im Kindergarten. Theoretische Grundlagen und empirische Befunde*. Opladen: Leske und Budrich.

Spanhel, Dieter (2010). Medienbildung statt Medienkompetenz. Zum Beitrag von Bernd Schorb. *Merz 54*(1), S. 49-54.

Strauss, A. L. (1991). *Grundlagen qualitativer Sozialforschung. Datenanalyse und Theoriebildung in der empirischen soziologischen Forschung*. München: Wilhelm Fink.

Strehlow, S. K. (2013a). „Am Computer lese ich viel gerner" – Medien- und Lesekompetenzförderung in medienintegrierenden Projekten in Offenen Ganztagsgrundschulen. In A. Barsch & O. Gätje (Hrsg.), *Zur Materialität und Medialität von Schrift und Text (Jahrbuch Medien im Deutschunterricht 2012)*. München: kopaed (im Druck).

Strehlow, S. K. (2013b). Lesekompetenz? Medienkompetenz? Medien-Lesekompetenz?. *DoLiMette. Online Zeitschrift des Lehrstuhls für Neuere Deutsche Literatur/Elementare Vermittlungs- und Aneignungsaspekte der TU Dortmund, 1*(1), S. 12-24. https://eldorado.tu-dortmund.de/handle/2003/29867 [16.1.2013]

Strübing, J. (2004): *Grounded Theory. Zur sozialtheoretischen und epistemologischen Fundierung des Verfahrens der empirisch begründeten Theoriebildung*. Wiesbaden: VS Verlag.

Subrahmanyam, K. & Greenfield, P. (2012). In D. G. Singer & J. L. Singer (Hrsg.), *Handbook of Children and the Media* (S. 75-96). Thousand Oaks, CA: Sage.

Terhart, H. & Roth, H.-J. (2008). „Wenn ich das auf Arabisch gucke, kann ich das mit keinem besprechen". Die TV-Lieblingsfiguren der 8- bis 12-Jährigen mit Migrationshintergrund.

Televizion, 21(1), S. 18-22. http://www.br-online.de/jugend/izi/deutsch/publikation/televizion/21_2008_1/terhart_roth.pdf [28.04.2012].

Theunert, H. (1995). „Mädchen haben sich halt total daran gewöhnt, dass sie sowieso bloß Nebenrollen spielen". In: G. Mühlen-Achs & B. Schorb (Hrsg.), *Geschlecht und Medien* (S. 119-138). München: kopaed.

Theunert, H. (1996a). Ein Fundus von Orientierungen – Der kindliche Umgang mit Zeichentrickfiguren. In H. Theunert & B. Schorb (Hrsg.), Begleiter der Kindheit. Zeichentrick und die Rezeption durch Kinder (S. 143-206). München: R. Fischer.

Theunert, H. (1996b). Nicht gar so ernst – Zeichentrickgewalt in Kinderaugen. In H. Theunert & B. Schorb (Hrsg.), Begleiter der Kindheit. Zeichentrick und die Rezeption durch Kinder (S. 101-142). München: R. Fischer.

Theunert, H. (1996c). Unterhaltung und mehr – Zeichentrickinhalte in der Sicht der Kinder. In H. Theunert & B. Schorb (Hrsg.), Begleiter der Kindheit. Zeichentrick und die Rezeption durch Kinder (S. 77-99). München: R. Fischer.

Theunert, H. (2005). Kinder und Medien. In J. Hüther & B. Schorb (Hrsg.), *Grundbegriffe Medienpädagogik* (4., vollständig neu konzipierte Auflage) (S. 195-202). München: kopaed.

Theunert, H. (Hrsg.) (2009). *Jugend, Medien Identität. Identitätsarbeit Jugendlicher in und mit Medien*. München: kopaed.

Theunert, H. & Demmler, K. (2007). Medien entdecken und erproben. Null- bis Sechsjährige in der Medienpädagogik. In H. Theunert (Hrsg.), *Medienkinder von Geburt an. Medienaneignung in den ersten sechs Lebensjahren* (S. 91-118). München: kopaed.

Theunert, H. & Lange, A. (2012). „Doing Family" im Zeitalter von Mediatisierung und Pluralisierung. *Merz 56*(2), S. 10-20.

Theunert, H. & Wagner, U. (Hrsg.) (2002). *Medienkonvergenz: Angebot und Nutzung*. München: Verlag Reinhard Fischer.

Többen, B. (2008). Stärkung der personalen Ressourcen durch emotionszentrierte Selbstreflexion und kollegiale Supervision? Ein Beitrag zur Gesundheit und Leistungsfähigkeit von Erzieherinnen und Sozialassistentinnen (in der Ausbildung). Lüneburg (Dissertation). http://opus.uni-lueneburg.de/opus/volltexte/2008/14163/pdf/Dissertation_Toebben.pdf [06.08.2012].

Trebbe, J. (2007). Akkulturation und Mediennutzung von türkischen Jugendlichen in Deutschland. In H. Bonfadelli & P. Bucher (Hrsg.), *Medien und Migration. Europa als multikultureller Raum?* (S. 183-208). Wiesbaden: VS Verlag.

Trebbe, J., Heft, A. & Weiß, H.-J. (Hrsg.) (2010). *Mediennutzung junger Menschen mit Migrationshintergrund. Umfragen und Gruppendiskussionen mit Personen türkischer Herkunft und russischen Aussiedlern im Alter zwischen 12 und 29 Jahren in Nordrhein-Westfalen*. Berlin: Vistas.

Treumann, K. P., Meister, D. M., Sander, U., Burkatzki, E., Hagedorn, J., Kämmerer, M., Strotmann, M. & Wegener, C. (2007). *Medienhandeln Jugendlicher. Mediennutzung und Medienkompetenz. Bielefelder Medienkompetenzmodell*. Wiesbaden: VS-Verlag.

Trittel, M. (2010). Einzelfallanalysen und Studien mit kleinen Fallzahlen. In T. Hascher & B. Schmitz (Hrsg.), *Pädagogische Interventionsforschung. Theoretische Grundlagen und empirisches Handlungswissen* (S. 280-286). Weinheim und München: Beltz Juventa.

10. Literatur

Tulodziecki, Gerhard (2010). Medienkompetenz und/oder Medienbildung? Ein Diskussionsbeitrag. *Merz 54*(3), S. 48-53.

Valdivia, A. (2010). Interview. In M. D. Souza & P. Cabello (Hrsg.), *The Emerging Media Toddlers*. (S. 49-53). Göteborg: Nordicom/Published by The International Clearinghouse on Children, Youth and Media.

Vollbrecht, R. (2005). Stichwort Medien. In L. Mikos & C. Wegener (Hrsg.), *Qualitative Medienforschung. Ein Handbuch* (S. 29-39). Konstanz: UVK.

Wagner, U. (2010). *Medienhandeln, Medienkonvergenz und Sozialisation: Empirie und gesellschaftswissenschaftliche Perspektiven*. München: kopaed.

Wagner, U. & Theunert, H. (2007). Konvergenzbezogene Medienaneignung in Kindheit und Jugend. *Medienpädagogik. Zeitschrift für Theorie und Praxis der Medienbildung*, Heft 14: Qualitative Forschung in der Medienpädagogik. www.medienpaed.com/14/wagner_theunert0712.pdf [16.08.2012].

Wagner, U. & Theunert, H. (Hrsg.) (2006). *Neue Wege durch die konvergente Medienwelt*. München: Verlag Reinhard Fischer.

Wegener, C. (2010). Medien in der frühen Kindheit. In R. Vollbrecht & C. Wegener (Hrsg.), *Handbuch Mediensozialisation* (S. 125-131). Wiesbaden: VS Verlag.

Weinert, F. E. (1984). Metakognition und Motivation als Determinanten der Lerneffektivität: Einführung und Überblick. In F. E. Weinert & R. H. Kluwe (Hrsg.), *Metakognition, Motivation und Lernen* (S. 9-21). Stuttgart: Kohlhammer.

Weinert, F. E. (2001). Vergleichende Leistungsmessung in Schulen – eine umstrittene Selbstverständlichkeit. In F. E. Weinert (Hrsg.), *Leistungsmessungen in Schulen* (S. 17-31). Weinheim und Basel: Beltz.

Weise M. (2008). Der Kindergarten wird zum „Forschungsort" – Das *Puppet Interview* als Forschungsmethode für die Frühe Bildung. *Ludwigsburger Beiträge zur Medienpädagogik*, H. 11. http://www.ph-ludwigsburg.de/fileadmin/subsites/1b-mpxx-t-01/user_files/Online-Magazin/Ausgabe11/Weise11.pdf [06.08.2012].

Weise, M. (2010). „Mutti hat Sendungen. Eine kommt nicht so spät, da dürfen wir mitschauen." Familiärer Mediengebrauch im Spannungsfeld zwischen „doing family" und „living together seperately". In *Merz 54*(6), S 18-27.

Weise, M. (2011). Kids konvergent. Wie Vorschulkinder konvergierende Medien (für sich) nutzen. In G. Marci-Boehncke & M. Rath (Hrsg.), *Medienkonvergenz im Deutschunterricht* (S. 50-69). München: kopaed.

Weise, M. (2012). *Kinderstimmen. Eine methodologische Untersuchung zum multiperspektivischen Erfassen kindlichen Mediennutzungsverhaltens und Medienerlebens – Ein Beitrag zur frühkindlichen Medienbildungsforschung*. Dortmund: Technische Universität Dortmund (zugleich Dissertation) [erscheint demnächst in der Reihe *MedienBildungForschung* im kopaed-Verlag, München].

Wieler, P. (2007). Medienrezeption, Sprachförderung und kulturelle Identität bei Migrantenkindern. In Bonfadelli, H. & Moser, H. (Hrsg.), *Medien und Migration. Europa als multikultureller Raum?* (S. 303-325) Wiesbaden: VS Verlag.

Wygotski, L. S. (1964). Denken und Sprechen. Frankfurt am Main: Fischer Verlag (original Moskau 1934).

Zukowski, R. (1979). „Mein Platz im Auto ist hinten". [Vinyl] Polydor. http://www.youtube.com/watch?v=5RETWb1OAj0&feature=relmfu [30.4.2012].

Zwischen den Kulturen (2006). *Zwischen den Kulturen Fernsehen, Einstellungen und Integration junger Erwachsener mit türkischer Herkunft in Nordrhein-Westfalen. Ergebnisse der Medienforschung August/September 2006.* Köln: Westdeutscher Rundfunk. http://www.wdr.de/unternehmen/presselounge/pressemitteilungen/2006/2006_11/Zusammenfassung_kap1-6.pdf [06.08.2012].